植木雅俊
Ueki Masatoshi

筑摩選書

# 日蓮の思想

『御義口伝』を読む

Nichiren's Philosophy

Reading the 'Ongi-kuden' (The Record of the Orally Transmitted Teachings)

日蓮の思想　『御義口伝』を読む　目次

『御義口伝鈔』上下巻（要法寺版）

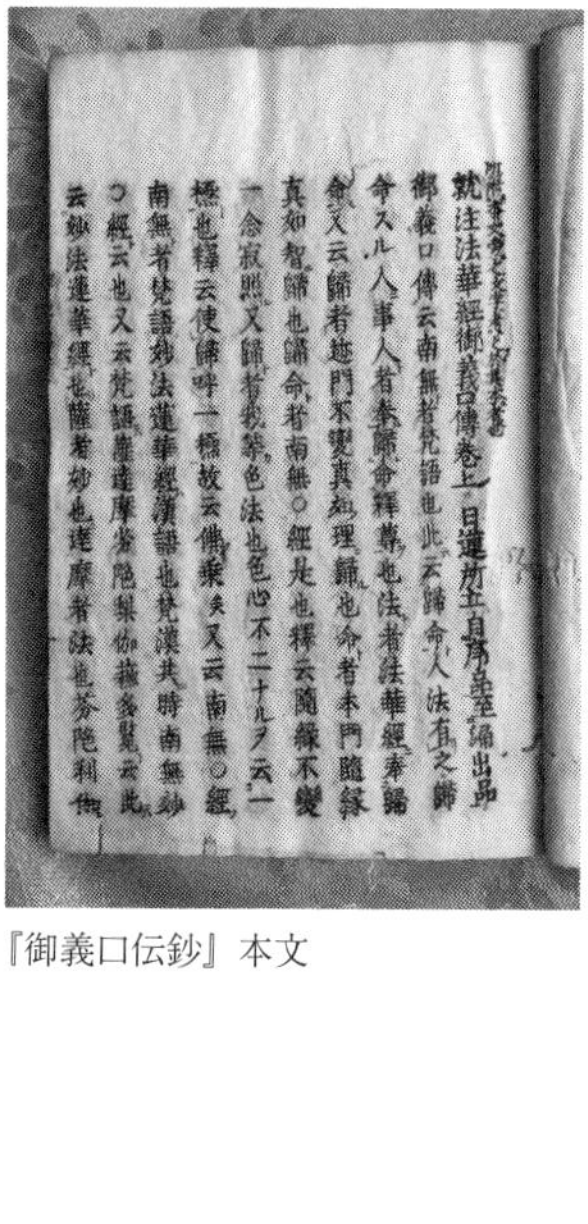

『御義口伝鈔』本文

## 凡　例

一、『御義口伝』の底本としては、要法寺版『御義口伝鈔』、『昭和定本　日蓮聖人遺文』、『日蓮大聖人御書全集』を用い、三者を比較検討した上で本文を表記した。その際、読者の読みやすさを考慮して、改行や、句読点、振り仮名、送り仮名を補った。

一、日蓮による口伝（講義）を日興が筆録した書物を『御義口伝』とし、その各項目に対する日蓮の口伝のことを『　』なしの御義口伝というように使い分けた。

一、サンスクリット語の動詞の語根（root）であることを示すために√の記号を用いた。例えば、「目覚める」という意味の動詞の「語根がbudh」であることを「√budh」と表記した。

一、「大正蔵」は、大正新脩大蔵経のことである。

# 日蓮の思想　『御義口伝』を読む

幼い頃、本を読み、学ぶことの楽しさを教えてくれた父・静馬（享年七十八）、病床の父に代わり長年、三つの仕事をして私を大学院まで行かせてくれた母・ミズカ（享年百）、その母に協力して私を学ばせてくれた兄・俊英（享年七十五）に感謝を込めて捧げます。

願わくはこの功徳をもって遍く一切に及ぼし、我らと衆生と皆共に仏道を成ぜん。

――『妙法蓮華経』化城喩品第七

# はじめに

日蓮生誕八百年に当たる二〇二二年、二月のNHK－Eテレ『100分de名著　日蓮の手紙』に出演した直後の春のことだった。NHK文化センター町田教室で『日蓮の手紙』の講座を受講されている方が、『御義《おんぎ》口伝鈔《くでんしょう》』上下巻なる和綴《わと》じの古書を持参されて、「私が持っていてもしようがないですから」と言って私に下さった。少し虫の食った跡が残っているが、文字は問題なく判読できた。巻末に「承応三年甲午《きのえうま》春正月開板《かいはん》」「享保《きょうほう》六年辛丑《かのとうし》秋七月重改」「華洛《からく》要法寺蔵板」とあり、一六五四年に彫られた版木をもとに京都（華洛）の要法寺によって初版が出版され、数えで日蓮生誕五百年に当たる一七二一年に重版されたものであった。その本文を見て、いわゆる『御義口伝』の要法寺版であることが分かった。

『日蓮の手紙』（角川ソフィア文庫）に続いて、次の課題を与えられた思いになって、読み始めることにした。『御義口伝鈔』（以下、『御義口伝』）はすべて漢文体で書かれているので、『昭和定本日蓮聖人遺文』の返り点や送り仮名などの訓点が付された漢文と、『日蓮大聖人御書全集』の全文書き下しのものとを見比べながら読んだ。本書では、書き下しの際、読者の読みやすさを考慮して、句読点の打ち方を改めたり、追加したりするとともに、送り仮名や振り仮名を適宜補った。

『御義口伝』は、「AはBなり」というような簡潔な文章で表現されているが、読み始めた当初は、AとBが懸け離れているものが多く、当初はその両者がどう結びつくのか難解で理解に苦しんだ。何度も読み返しながら、文章の構造が見えてきて、何となく理解できるかなという思いになった。それは、AとBとの関係がストレートにイコールではなく、一ひねりしなければならないことに気づいたからだ。

例えば、「AはBである」という文章として、「私は日本人である」という文章では、「私」と「日本人」とはイコールで結ばれる。だから、この場合は理解に苦しむことはないであろう。ところが、この『御義口伝』においては、AとBが単純にイコールで結ばれない形で用いられていることが多いので、分かりにくくなっている。

例えば、次のようなケースを挙げることができる。

①スプーンは匙《さじ》である。
②スプーンは食器である。
③スプーンは英語である。
④スプーンはカタカナである。
⑤スプーンは高価である。

①の場合は、スプーンと匙はイコールで結ばれているが、②は、スプーンがいかなる器具なの

かを言ったもので、③は「スプーン」がどこの国の言語であるかを述べたものだ。④は、表記した文字が何であるかを言ったもので、⑤はその価格を論じたものである。同じ「AはBである」という形の文章でも、このような違いが伴っている。

そのような文章の例を、私たちの日常生活から拾い出してみよう。例えば、友人たちと喫茶店に行ったとする。ウエイトレスが注文を取りに来る。順番に「コーヒー下さい」「紅茶を下さい」などと注文した。一人だけ迷っている人がいて、ウエイトレスが、「あなたは?」と尋ねた。その人が、「私は、オレンジジュースです」と言った。こんな場面に出くわしたことがあるであろう。この文章で、「私」と「オレンジジュース」とは、イコールで結ばれない。先ほどの「私」と「日本人」という関係とは異なった文章であることは、容易に理解できよう。それは、「私」と「オレンジジュース」がいかなるものであるかを、そこにいる誰もが理解しているからだ。

これがアメリカの喫茶店での会話であった場合、

I am Orange Juice.

と通訳する人もいないであろう。

I'd like to have orange juice.

と翻訳しなければ通じない。

日本語のこの返答に対して、「あなたは、オレンジジュースさんですか？」と聞き返す人もいないであろう。それは、この状況において、暗黙の了解事項として、「何を注文したいかといえば」という前提の下に「私は、オレンジジュースです」という文章が成り立っているからだ。高校時代に学んだ幾何学で、補助線を一本ひいただけで答えが見えてくるということに感動したものだが、それと同じように、前提が分かればすんなりと理解できると思った。

この例において、前提と状況が分かるがゆえに、「私は、オレンジジュースです」という文章も理解できた。この『御義口伝』においても、ある前提の下で「AはBなり」という文章を多用されているが、その前提そのものは書いてない。それは、この『御義口伝』を筆録した日興がわざとそうしたのかなとも思えるが、むしろその講義に参加していた人たちにとって、それは暗黙の了解事項であって、「そんなことは分かりきったことだ」というので端折《はしょ》られているのであろう。ところが、現在の我々にとって、その前提は了解事項ではない。そこに難解さがある。だから、そこはこちらが読み取るしかないということになる。

仏典を読んでいて、これ以外の「AはBなり」という文章の用法に気がついた。それは「世間とは差別の義なり」である。この一節を「世間とは、差別のことです」と、「世間」と「差別」をイコールで解釈しているものがあった。しかし、「世間」と漢訳されたサンスクリット語の「ローカ」（**loka**）は、英語のローカル（**local**）と語源は同じで、「空間」「現象世界」「場所」「地域」「地方」、あるいは「（そこに生きる）人々」を意味する。どこにも「差別」という意味は、見当たらない。どういうことかと、考えた末、「世間とは空間のことである」「その空間においては様々な現象が織りなされている」「その現象には種々の差別（区別）が伴っている」――ということを、途中を省いて「世間とは差別の義なり」と言っていたのだと気づいた。

同じ「AはBなり」という文章だけで、これだけ用法が異なるのだから、『御義口伝』を読むときには、こちらのイメージを豊かにしておかないと読めないところがあるようだ。言葉についての貧困なイメージや、物事に執着し、とらわれた心では読めないと思った。言葉尻にとらわれても読めない。それは、一般の書物を読む場合にも全く同じことが言えるが、『御義口伝』の場合はなおさらのことである。

学生時代に仏教に興味を持つようになって、独学で仏教書を読み漁《あさ》っていた時、天台大師智顗《ちぎ》（五三八～五九七）などの書の書き下し文を読んでチンプンカンプンであったことがあった。さっぱり分からない。そんなことが続いて、ある時、気分も爽快で、頭もすっきりとしていた時に何気なく読み返してみた。すると、何となく分かるような気がした。「じゃあ、しゃべってみろ」と言われると、しゃべれない。なぜ、しゃべれないかと言えば、それだけの表現能力も貧弱だし、表現手段としての言葉も知らないからだった。それでも、心に感じるものがあった。そうでありながら、それを言葉に表せない、うまく表現できないというもどかしさから、苛立《いらだ》たしい思いにかられるという不思議な体験があった。

その思いが何なのか、日蓮の『三世諸仏惣勘文教相廃立《さんぜしょぶつそうかんもんきょうそうはいりゅう》』の次の言葉で自分なりに納得することができた。

是《こ》れ皆悉《ことごと》く一人の身中の法門にて有るなり。然《しか》れば八万四千の法蔵は、我身一人の日記文《もん》書《じょ》なり。

とあるように、本来の仏教は私たち自身のことを言われているのであり、「八万四千」（〝多数〟を意味する慣用語）もの「経」や「論」はすべて、別人のことや、別世界のことを言っているわけではない。自分自身のことだから、分からないことはないはずだ。ところが、いかんせん、言葉に慣れていなかったり、ボキャブラリー（語彙《ごい》）が貧困だったり、日常性に埋没してしまっていてイメージが非常に貧弱になっているものだから、前提抜きに語られる「AはBなり」という文章に、ついていけないことになってしまう。

それは、いわば〝氷山の一角〟のようなもので、海面から突き出たわずかな部分が、「A」とか「B」とかいう言葉であるとするなら、その言葉に托された豊かなイメージが水面下に広がっている。私は、ポツンと海面から突き出た一角のような言葉にとらわれてしまって、水面下にある豊富な世界が見えなくて、何のことかさっぱり分からなかったことに気づいた。そのようなことを、独学で試行錯誤を繰り返している頃に感じたことがあった。

日蓮は、ものごとをありのままに見ることについて『御義口伝』の「薬草喩品五箇の大事」の中の「第五　我《が》観《かん》一切《いっさい》普《ふ》皆《かい》平等《びょうどう》無《む》有《う》彼《ひ》此《し》愛憎《あいぞう》之《し》心《しん》我《が》無《む》貪著《とんじゃく》亦《やく》無《む》限礙《げんげ》の事」で次のように述べていることも知った。

今《いま》、日蓮等の類《たぐ》い南無妙法蓮華経《なむみょうほうれんげきょう》と唱え奉《たてまつ》る者は豈《あに》、「我観一切普皆平等《がかんいっさいふかいびょうどう》」の九識《くしき》の修行に非《あら》ずや。爾《しか》らば「無有彼此《むうひし》」に非ずや。「愛憎之心《あいぞうししん》」に非ずや。「我無貪著《がむとんじゃく》」に非ずや。「亦《やく》無限礙《むげんげ》」に非ずや。

すなわち、今、日蓮らの類いが南無妙法蓮華経と唱えているのは、一切を普く皆平等と観ることのできる九識（九段階に分類された、物事を認識する働きの最深部である根本浄識＝根本にある最も浄らかな心）を己心《こしん》に体現するための修行だと言うのだ。それによって、偏狭な自我意識によって「あれ」（彼）とか「これ」（此）といった差異にとらわれたりすることもない。また、好き嫌いや愛憎の心にとらわれることもなくなる。さらには貪りや執着の心も乗り越えた境地を我が心に開くことになる。そして、障《さわ》りや妨げもなく、自由自在の心で、ありのままに物事を観ることができるようになる。日蓮は、そのために南無妙法蓮華経と唱えるのだと言っている。

それは、ものごとにとらわれない、伸び伸びとした清らかな心となり、イメージ豊かになることだと言ってよいと思う。そのような「我観一切普皆平等」の心で読むから、生命《いのち》に感じるものがあるのではないかと思った。

本書では、『御義口伝』の全編を逐一解説することはなく、思想的に重要と思われる箇所を選んで解説を加えることにする。

『御義口伝』には難解な言葉が多用されているので、本書を読んでいて分かりにくい箇所に突き当たることもあるかと思われるが、そこで立ち止まらないでいただきたい。どんどん先へと読み進んでいくうちに、分かってくるような書き方をするかと思う。

なお、『御義口伝』に関しては、偽書だと主張する人もおられると聞く。もしそうだとするならば、日蓮の直弟子たちの〝失策〟が指弾されよう。日蓮は、身延山《みのぶさん》に移り住んでいるとき、弟子たちに『法華経』や『摩訶止観《まかしかん》』を集中的に講じていた。それを筆録するものが誰もいなかったとするならば、よほどの〝不詳の弟子〟ばかりであったことになろう。

日蓮の手紙の中から、その講義について言及したところを拾い出してみよう。富木常忍《ときじょうにん》が訪れた建治二（一二七六）年三月頃の身延での研鑽の様子を、日蓮は、

法華読誦《どくじゅ》の音《こえ》青天に響き、一乗《いちじょう》談義の言《ことば》山中に聞《きこ》ゆ。

と『忘持経事《ぼうじきょうじ》』に記している。

ところが、その年の冬になると、十二月十三日付『道場神守護事《どうじょうじんしゅごのこと》』において、

此《こ》の所は、里中を離れたる深山なり。衣食乏少《ぼうしょう》の間、読経《どきょう》の声続き難《がた》く、談義の勤め廃しつ可《べ》し。

とあるので、衣食が欠乏して講義の中断を余儀なくされることもあったようだ。

一二七八年十一月の手紙『兵衛志殿御返事《ひょうえさかん》』によると、前年（一二七七年）の十二月三十日より下痢の症状があり、年が明けて春・夏にも治まることはなく、秋が過ぎて十月の頃には、深刻になっていた。少し平癒したけれども、どうかすると症状が現われる――と記している。その末尾に、「人はなき時は四十人、ある時は六十人」というあり様で、いくら留めても、「ここにいる者の兄です」「舎弟です」と言って姿を現わし、率いてくる者が相次いでいたようで、その煩雑さに悩まされていた。手紙では、「かかるわづら（煩）はしき事候《そうら》はず」という言葉を二度も繰り返し、「とし（年）あけ候《そうろう》はば、いづくへもにげんと存じ候ぞ」と記しているところを見ると、よほどたまりかねていたのであろう。それにしても、四十人から六十人ほどの弟子たちが身延に滞在していたという。

弘安二（一二七九）年六月二十日付の『松野殿女房御返事』には、

我が身は釈迦仏にあらず。天台大師にてはなけれども、まかるまかる昼夜に法華経をよみ、朝暮《ちょうぼ》に摩訶止観《まかしかん》を談ずれば、霊山浄土《りょうぜんじょうど》にも相似《あいに》たり。天台山にも異ならず。

という言葉も見られる。その二カ月後の八月十七日付の『曾谷《そや》殿御返事』には、

貴辺《きへん》の去《い》ぬる三月の御仏事に鵞目《がもく》、其《そ》の数《かず》有りしかば、今年、一百よ人の人を山中にやしなひて、十二時《じゅうにとき》の法華経をよましめ、談義して候《そうろう》ぞ。

というように、「昼夜」「朝暮に」、あるいは「十二時」、すなわち一日中、『法華経』や『摩訶止観』の講義をしていたという。それも、百人以上の弟子たちに対する講義であった。それが可能であったのは、「鵞目《がもく》」と呼ばれる鵞鳥《がちょう》の目に似ているお金（銭）を曾谷殿が十分に供養していたからだ。遠いところは、佐渡の地からも日蓮のもとで修学する弟子たちが多数集うようになっていた。

そこまで、集中的に講義していたのだから、だれかが筆録していてもいいはずだと思われる。天台大師智顗《ちぎ》が講義したことは、弟子の章安大師灌頂《かんじょう》（五六一～六三二）によって筆録されて、『摩訶止観』『法華文句《ほっけもんぐ》』『法華玄義《ほっけげんぎ》』の天台三大部として残った。もしも、日蓮の講義を誰も筆録していなかったとすれば、よほどの〝失策〟と言えよう。

ただ、『御義口伝《おんぎくでん》』と『御講聞書《おこうききがき》』の二つが現存している。日興《にっこう》（一二四六～一三三三）の筆録とされる『御義口伝』の末尾に記された日付は、「弘安元年戊《つちのえとら》寅正月一日」となっている。これは、筆録を完了した日と考えられる。日向《にこう》（一二五三～一三一四）の筆録とされる『御講聞書』の冒頭には、「弘安元年戊寅三月十九日より連連の御講、同三年五月二十八日に至るなり」とある。

これらの記述からすると、日蓮は、『御義口伝』にまとめられる内容の講義を一二七八年元旦以前に終え、続いて二カ月後に『御講聞書』に相当する講義を開始して、二年二カ月がかりで終了したということになる。

日蓮の弟子には、講義の筆録を忘れるような〝不肖の弟子〟はいなかったと信じたい。『御義口伝』の漢文体を見ていると、正規の漢文の語順と違って変則的な漢文体で書かれているところが散見される。例えば、「総論　南無妙法蓮華とは」の中の、

法《トハ》者法華経《ニ》奉《ルナリ》帰命《シ》。

とあるのは、動詞と目的語は日本語と逆になるので、

法《トハ》者奉《ルナリ》帰命《シ》法華経《ニ》。

と書くべきところである。これは、講義において「**法**というのは、**法華経**に**帰命**し**奉**ることです」という日蓮の声が耳から入ってきて、筆でメモする時に、聞こえた漢字の順番に書いたからこうなったのであろう。「奉」という文字は、三文字目に来るべきだが、耳から入ってくるのは、五文字も後になってのことである。既に「法華経」と書いてしまっていて、かろうじて二文字前の「帰命」の前に置いたということであろう。香港《ほんこん》出身の友人も、日本語を聞きながらメモする時は、そうなると教えてくれた。こうしたところや、「AはBなり」といった短い単文で書かれているところにも、日蓮の講義を直接メモしたと思われる形跡がうかがわれる。

万が一、それが偽書であったとしても、『御義口伝』で論じられている内容を主張する人がい

たということは歴史的な事実である。だれが考えたのかは別としても、そこで論じられている内容を思想として考察することには意義を認めてもいいであろう。

中村元《なかむらはじめ》先生（一九一二～一九九九）は、古い文献を取り扱う者の心得ておくべき重要なことについてよく話されていた。それは、「思想そのものを問題とする場合には、真作か偽作かということは大して問題とならない」（『普遍思想　世界思想史Ⅱ』、二四六頁）ということであった。

この点に関しては、コロンビア大学でプラグマティズムのジョン・デューイ（一八五九～一九五二）のもとで博士号を取得して中国の清華大学、北京大学などで教授を歴任した馮友蘭《ふうゆうらん》博士（一八九五～一九九〇）の考えが興味深いとして、中村先生は次の言葉を引用されている（『比較思想論』、二四六頁）。

馮友蘭博士は、これまでの中国の学問を研究する者で、真書と偽書の区別を知らない者があったり、区別することは知っていても、偽書は価値がないと決めつけたりする者があったと述べ、それが中国哲学に進歩が見られない一因だと論じた。その上で、次の所論を展開している。

もしただ哲学研究の立場より見れば、吾人《ごじん》は単に某書《ぼうしょ》に説かれた論説自身が過《あやま》りでないかどうかに重点を置く。この論説が果して何人《なんぴと》の説くものであるか、果して何時代のものかは、重要な関係はない。某書が偽書であっても、根本において価値があるならば、決して偽書だからといって、価値を失うことはない。また真実であっても、根本において価値がないならば、決して真書だからといって、価値を有することはない。

（柿村峻訳『支那古代哲学史』、三三二頁）

中村先生も、サンスクリット語、パーリ語、漢文、チベット語、英語、ドイツ語、フランス語、ギリシア語などのずば抜けた語学力で、だれよりも文献（原典）に基づいて研究されていたが、その文献学について、「研究の基礎となるものとして重要である」と押さえた上で、「思想の研究において文献学のみに頼って研究する人を、私は信用しません」と厳しく批判されていた。

これは、多くの文献学者にとって耳の痛い話ではないだろうか。これまで、重要なことが書いてあるにもかかわらず、「これは、偽作だ！」の一言のもとにバッサリと切って捨て、一顧《いっこ》だにしない研究者がいると聞いたことがある。

偽作（偽書）――すなわち、真作（真書）ではないものが書かれるには、次のように何らかの理由があるはずである。

①自分に都合のよいことを著名な人の名前をかたって権威づけるため。
②無名の自分の名前では相手にされないと考えて著名な人の名前で書いた。
③著名な人が主張したことを擁護したり、補足したりするためにその人の名前を使うこともあろう。

インド人の場合は、独特のものがある。それは、中村先生が『インド人の思惟方法』で「仏が説いたから真理であるのではなくて、真理であるから仏が説いたはずである」（一八八頁）という思考によるもので、「著者は誰であろうとも、正しいこと、すなわち真理を語っていさえすればよいのである」（一八九頁）という。これは、③の典型的なケースといえよう。

①については、厳しくチェックして排除するべきである。仏教でいえば、男性中心・出家者中心主義の保守・権威主義的傾向が著しく、小乗仏教と貶称《へんしょう》された説一切有部《せついっさいうぶ》（sarvāstivāda）による改竄《かいざん》（中村元著『原始仏教から大乗仏教へ』、八五頁）は、まさにこれに相当するものであろう。大乗仏教といえども、歴史上の人物である釈尊が徹底的に否定していた迷信を再びぶり返そうとして作られた経典もある。そこは、〝経典〟という形式であったとしても、価値の有無が厳しく問われなければならない。

②と③については、真作ではないということだけで切り捨てるわけにはいかない。一顧する価値は残っていよう。釈尊の時代から五百年近く経過して、釈尊の時代には想定されていなかった事態が現われ、対応が迫られて、「釈尊ならば、きっとこう言われるに違いない」という信念のもとに経典という表現形式で主張を展開した。いわば「釈尊の原点に還れ！」というものであった。従って、明らかに真作ではない。だからと言って、無価値とは言えない。時代に対応する思想運動の一環の書として理解すれば重大な意義が込められている。その詳細は、拙著『今を生きるための仏教100話』の「第六十一話　大乗非仏説論」を参照していただきたい。

このように、真作ではないと判断されたとしても、①であるのか、②③であるのかを弁別しなければならない。中村先生は、〝人間ブッダ〟の実像を明らかにすることを目指されていた。それを踏まえて、価値判断の基準を挙げてみよう。

拙著『仏教、本当の教え――インド、中国、日本の理解と誤解』（中公新書）の第一章でも述べたように、本来の仏教の目指した最低限のことは、①徹底して平等の思想を説いた。②迷信やドグマを徹底的に排除した。③絶対神に対する約束事としての西洋的倫理観と異なり、人間対人間という現実において倫理を説いた。④「自帰依」「法帰依」として、自己と法に基づくことを強調した。⑤釈尊自身が「私は人間である」と語っていたように、仏教は決して人間からかけ離れることのない人間主義であった――などの視点である。これを否定するのか、維持しようとするのか――価値判断の基準は明確である。

このような視点から、真作でなくても、この基準を維持し守ろうとするものは切り捨てるべきではない。その場合、「真作ではないが、このようなことを主張しなければならなかった歴史的必然性があった」というように但し書きをつけた上で、その文献を評価すべきである。

著名な人が直接に書いたものではないとしても、ある時代にそのようなことを考えた人がいたことは紛れもない事実である。そのような思想を展開する人がいたのである。その人が無名であることは何ら問題ない。そこに何が書かれているか、なぜそのようなことを書かねばならなかったのか――が重要である。

真作か偽作かということにこだわって、真作ではないと断定したら一顧だにしないというのは、日本に典型的な「誰が書いたかを見て、何が書かれているかを見ようとしない」偏向したものの見方と本質は同じことである。

偏狭なアカデミズムを最も嫌っておられた中村先生は、「誰が書いたか」ではなく、「何を書いたか」を見るべきだとして、「思想そのものは、権威者によって語られたものであっても、市井《しせい》の凡人によって語られたものであっても、真理性そのものに変わりはない」(『古代思想　世界思想史Ⅰ』、二四頁)と常に口にしておられた。そして、古代ギリシアのストア派の哲学者の名前を挙げて、次のように話された。

ストアの思想は、帝王であったマルクス・アウレリウスの言であろうと、奴隷であったエピクテートスの言であろうと、価値あるものが取り出されて論議されているではないか。

(同、二五頁)

日本では、同じことを在野の人が語っても、誰も注目しようとしないが、有名な人が語れば中身を問うこともなく珍重されるという学問的傾向が無視できない。これこそが、権威主義であり、独創的な学問の出現を阻んでいるということを中村先生は、厳しく指弾しておられた。それは、拙著『日蓮の女性観』(法藏館文庫)の巻末に元イリノイ大学教授・ムルハーン千栄子博士(一九三三～)が寄稿してくださった解説「アメリカの研究・出版事情から見た植木博士の業績」で言及されたこととも重なっている。

真作でないということだけで切り捨てるのは、自ら、その文献に書かれている内容の価値を評価する視点を持ち合わせていないということなのであろう。中村先生は、エピクテートスと並べて、古代インドの道徳否定論者プーラナ・カッサパが奴隷の身分でありながらも、自由な思索を展開していたことについて、「日本では身分は自由であっても、奴隷的思考に明け暮れしている研究者がいる」とも語っておられた（詳細は、拙著『仏教学者　中村元――求道のことばと思想』参照）。

また、中村先生は、「分からないことが学術的だと思っている人があるが、そうではありません。分かりやすいことが学術的なのです」「日本には、分からないことが有り難いことだとする変な思想があります」と常々語っておられた。この『御義口伝』も「分からないことが有り難いこと、すごいこと」だとしてはならない。だれ人にも分かるものにしなければならないと念願している。

以上のことを踏まえて、本書においては『御義口伝』を思想としてその意義内容について考察することにしたい。章立てとしては、「総論　南無妙法蓮華経とは」を冒頭に置かざるを得なかったが、ここが最も歯ごたえのあるところであり、ここは最後に読んでもかまわない。各章は、独立しているので順番にとらわれる必要はない。自分の関心の高い章から読んでいただいて結構である。

二〇二四年一月十九日

「仏教学を志して五十年」の歳月をかみしめながら。

総　論

# 南無妙法蓮華経とは

岩波文庫に柳宗悦《やなぎむねよし》著『南無阿弥陀仏《なむあみだぶつ》』（一九八六年）というタイトルの本があるのだから、『南無妙法蓮華経』というタイトルの本があってもいいのではないかと思ったことがあった。本章で取り上げる「南無妙法蓮華経」は、それに対応するものと言えるかもしれない。

**南無妙法蓮華経**

御義口伝《おんぎくでん》に云《いわ》く。**南無**《なむ》とは梵語《ぼんご》なり。此《ここ》には帰命《きみょう》と云《い》う。人《にん》・法之《ほうこ》れ有《あ》り。人《にん》とは釈尊に帰命し奉るなり。法とは法華経に帰命し奉るなり。また帰《き》と云うは、迹門《しゃくもん》不変真如の理に帰するなり。命《みょう》とは本門随縁真如の智に命《もとづ》くなり。帰命とは南無妙法蓮華経是《これ》なり。釈に云く、「随縁不変《ずいえんふへん》・一念寂照《いちねんじゃくしょう》」と。また帰《き》とは我等が色法《しきほう》なり。命《みょう》とは我等が心法《しんぽう》なり。色心不二《しきしんふに》なるを一極《いちごく》と云うなり。釈に云く、「一極に帰せしむ故に仏乗《ぶつじょう》と云う」と。

また云く、南無妙法蓮華経の**南無**とは梵語、**妙法蓮華経**は漢語なり。梵漢共時《ぐじ》に南無妙法蓮華経と云うなり。又云く、梵語には薩達磨《さだるま》・芬陀梨伽《ふんだりきゃ》・蘇多覧《そたらん》と云う。此《ここ》には妙法蓮華経と云うなり。薩は妙なり。達磨は法なり。芬陀梨伽は蓮華なり。蘇多覧は経なり。九字は九尊の仏体なり。

九界即仏界の表示なり。

**妙**とは法性《ほっしょう》なり。**法**とは無明《むみょう》なり。無明・法性一体なるを妙法と云うなり。**蓮華**とは因果の二法なり。是《これ》また因果一体なり。**経**とは一切衆生の言語音声《ごんごおんじょう》を経と云うなり。釈に云く、「声もて仏事を為《な》す。之《これ》を名《なづ》けて経と為す」と。或《あるい》は三世常恒《さんぜじょうごう》なるを経と云うなり。法界《ほうかい》は**妙法**なり。法界は**蓮華**なり。法界は**経**なり。

〔以下、略〕

これは、『御義口伝』全体の総論と言ってもかまわないものであろう。日蓮の仏法において最も重要なキーワードである「南無妙法蓮華経」に込められた意義が冒頭で明かされている。

## 〝御義口伝〟について

この『御義口伝』は、釈尊滅後約五百年頃ガンダーラ辺りの西北インドで編纂され、それから二、三百年後の四〇六年に鳩摩羅什《くまらじゅう》（Kumārajīva、三四四～四一三）によって漢訳された『法華経』の文文句句《もんもんくく》に対して、日蓮独自の観点から意義付けがなされたものだと言えよう。それは、「依義判文《えぎはんもん》」（義に依って文を判ず）という言葉に当てはめると、釈尊の説いた『法華経』が「文」に当たり、日蓮の独自の立場から付与される意味が「義」と言えよう。

そのような意味の「義」は日蓮独自の法門であるので、それに敬称を付けて「御義《おんぎ》」となり、それを弟子の日興らが日蓮の口から直々《じきじき》に講説・伝授されたということで「口伝」と言ったのであろう。だから、このタイトルは日蓮自身がつけたのではなく、日蓮の講義を筆録した日興の命名であろう。

そういう背景があって、「寿量品《じゅりょうぼん》廿七箇《にじゅうななこ》の大事」などというように、『法華経』二十八品《ほん》の各品において「大事」とされる項目を挙げて、それぞれ**「御義口伝に云く」**と前置きして、日蓮の言葉が記録されている。

## 帰命について

まず初めに「南無とは梵語なり。此には帰命と云う」とある。「南無」というのは、古代インド以来の雅語《がご》であるサンスクリット語の単語ということだ。「アルファベット」（alphabet）は、「**alpha-beta**」（αβ）の末尾の母音**a**が脱落したものであるのに対して、「サンスクリット」（Sanskrit）は、「完全に造られた（言語）」を意味する「サンスクリタ」（saṃskṛta < sam-s-√kṛ + **ta**）の最後の母音**a**を取り、**ṃ**を**n**に、**ṛ**を**ri**に置き換えたもので、「ブラフマー神（梵天）が作った言葉」という意義付けがなされて、「梵語」と漢訳された。「南無」と「梵語」がイコールだというのではなく、「南無」が何語かといえば、「梵語」だということである。

「南が無い」と書いてあるが、それは当て字であって、もとはサンスクリット語で「屈する」「折り曲げる」という意味の動詞の語根「ナム」（√**nam**）に由来した言葉である。これから「ナマス」（**namas**）という言葉ができて、「～に屈する」「～に頭《こうべ》をたれる」「～に敬礼し奉る」という意味になる。これが、次に来る文字によっては語尾が変化して「ナモー」（**namo**）となったりする。中国には、日本のカタカナのようなものがないので、外国語も漢字で表記するしかなく、この「ナモー」や「ナマス」が漢字で「南無」と音写された(1)。中国や日本の言葉では、「帰命」「帰依《きえ》」と訳されている。「帰命」というのは、対象に対して命を帰すことであり、対象と一体化することを意味している。

今でも、インドに行くと、「ナマス・テー」というあいさつが交わされる。「テー」(te)は「あなたに」だから、「あなたに敬礼(帰命)します」という意味だが、朝だけでなく、昼、夜のあいさつも、感謝の言葉も全部、これですむ。

ここは、「南無」が、中国語でも日本語でもなく、インドのサンスクリット語であって、中国では「帰命」と訳されているという語学的な定義を押さえたところである。

そこで、今度は「帰命」するといっても、一体、何に対して「帰命」するのかということが論じられている。それが、**「人・法之れ有り」**ということだ。帰命する対象に、「人《にん》」と「法《ほう》」の二つがあるというのだ。そして、それぞれの対象を具体的に**「人とは釈尊に帰命し奉るなり。法とは法華経に帰命し奉るなり」**と示している。

## 「無疑曰信」は、「不疑曰信」にあらず

筆者は、学生時代に学生運動家たちから議論をふっかけられ、よく「だから何なのだ?」と問い詰められた。それ以来、何かの説明を聞いても、「だから何だろう?」と考える癖がついてしまった。その点を納得しなければ、本当に分かったことにならない。そうやって考えた言葉の一

つが、この「人と法《にんとほう》」であった。

「人」とは具体的な人格的側面、「法」とは人間としてあるべき理法のことであり、普遍的な真理の側面を捉《とら》えたものである。これは、「人間」と「真理」との関係を捉える仏教独自のものの見方ではないかと思う。なぜ、このような分け方をしたのだろうか。このように分類することで何が明らかになるのか、何がすごいのか――学生時代から、そんなことばかり考えていた。

私たちが、勉強していて苦痛だと思われるのは、分からないこと、納得していないことを覚えなければならないということであろう。納得したことは、すんなりと覚えられる。私も、どうして「人」と「法」という言葉を使わなければならなかったのか、それで何を言いたかったのか、なかなか理解できずに苦しんだものだった。この点を納得することが学ぶことの目的であるはずだ。

「人」とは釈尊、「法」とは法華経――などという当てはめ方を単純に覚えることが、学ぶことの目的ではない。何で「人」と「法」に分ける必要があったのか、そのように分類することで何が明らかになるのか、何がすごいのか――このことを納得することが本当の学ぶことではないかと思う。それを理解しようとすることが重要だ。理解し、納得したことはよく覚えられる。

「無疑曰信《むぎわっしん》」（疑い無きを信と曰《い》う）という言葉がある。私たちが物事を学び、理解しゆく過程において、初めから疑いがないということはあり得ない。いろんな疑問が生じてくるのは当然のことだ。その疑問を一つひとつ納得する。そこに「疑い無き信」が確立する。

「疑い無き」ということを表面的にとらえて、「疑問を持ってはいけない」などと言う人がいるようだが、それは本末転倒である。質問されると困る人が、この言葉を都合よく解釈して言い始めたのではないか――とすら思えてくる。疑問をきちんと納得したことを信ずるのと、納得していないことを信ずるのとでは、どちらがより深く信ずることができるか、それは明らかなことだ。「無疑曰信」だけが取り出されて論じられているようだが、この言葉の出典は、天台大師智顗の『法華文句』で、そこには、

疑い無きを信と曰《い》い、明了《みようりよう》なるを解《げ》と曰う。是《こ》れを一念信解《いちねんしんげ》の心と為《な》す。

（大正蔵、巻四八、六三五頁中）

とあり、この「無疑曰信」の後には「明了曰解《わくげ》」（明了なるを解と曰う）という言葉が続いていることを見逃してはならない。疑問が氷解して「明らかに了解するところに『信』と『解』がある」というのだ。決して「疑問を抱いてはならない」とは言っていない。

仏教では、むしろ質問することを奨励しているのである。原始仏典の『大パリニッバーナ経』には、弟子たちに〈ブッダ・法・集い〉、すなわち〈仏《ぶつ》・法《ぼう》・僧《そう》〉の三宝《さんぽう》などについての質問を促す釈尊の次の言葉が挙げてある。

修行僧たちよ。ブッダに関し、あるいは法に関し、あるいは集いに関し、あるいは道に関し、あるいは実践に関し、一人の修行僧に、疑い、疑惑が起るかもしれない。修行僧たちよ。

〔そのときには〕問いなさい。　　　　（中村元訳）

もしも、「疑問を持つな」というのであれば、「無疑曰信」ではなく、「不疑曰信《ふぎわっしん》」（疑わざるを信と曰う）と言うべきである（詳細は、拙著『今を生きるための仏教１００話』の「第三十一話　『無疑曰信』か『不疑曰信』か」を参照）。

## 「人と法」について

「人と法」についてのこのような疑問を抱いて、自分なりに考えた末、自分で納得したことを以下に述べることにする。

「人」というのは、人格的なものを意味する。人格をそなえ、肉体を持ち、喜怒哀楽《きどあいらく》を示して、私たちに語りかけてくれる存在である。そういう意味では、歴史上の人物ということになるが、架空の人物も「人」としての働きをなす。人格の完成には、偉大な人格に触れることは大切なことである。そのような「人」としての帰命すべき対象を、日蓮は**「人とは釈尊に帰命し奉るなり」**と述べている。

それに対して、「法」というのは「普遍的な真理」のことであり、それを説き示した「教え」だとも言えよう。そこには、人格的な側面はない。その「法」への帰命として、日蓮は**「法とは法華経に帰命し奉るなり」**と述べている。『法華経』が、「人」とは異なるものであることは容易に理解できよう。その『法華経』、すなわち『妙法蓮華経』に説かれている普遍的な真理としての「法」に帰命することが「南無」することだと言うのだ。それは、『法華経』に説き示された平等な人間観、尊い人間性、豊かな心、人間としての在るべき在り方という「法」に帰命するということだ。

原始仏典の『サンユッタ・ニカーヤ』によると、釈尊自身は、覚りを開いた後、「法（dhamma）が最高の権威である」という確信に達し、次のように考えた。

わたくしはこの法（ダンマ）をさとったのだ。わたくしはその法を尊敬し、敬い、たよっているようにしよう。〔中略〕すぐれた人たらんと欲する者は、正しい法を敬うべし。

（中村元訳）

釈尊自身が、「法」を覚り、「法」を敬い、「法」に基づいていたのである。しかも、その「法」について釈尊は、原始仏典の『アングッタラ・ニカーヤ』で次のように語っている。

如来が世に出ても、あるいはいまだ世に出なくても、この理法は定まったものである。

（中村元訳）

人が気付こうが、気付くまいが、普遍的真理としての「法」は、永遠不変のものとしてもともと定まっているものだ。釈尊が初めてそれに気付いてブッダ（目覚めた人）になっただけで、釈尊のみの専有物などではなく、だれ人にも平等に開かれている。従って、その「法」に目覚め、その「法」を自らに体現すれば、だれでもブッダだということになる。ブッダ（buddha）は、特定の人のみを指す固有名詞ではない。「目覚める」という意味の動詞の語根ブッドゥ（＜budh）の過去分詞で、「目覚めた〔人〕」（覚者）を意味する。すなわち「真の自己」と「法」（真理）に「目覚めた人」のことだ。

このように、釈尊という「人」をブッダたらしめたのは、「法」であった。一切衆生という「人」をブッダならしめるのも「法」であって、「人」ではないことになる。従って釈尊は、現存する最古の原始仏典『スッタニパータ』において、次のように語っている。

ドータカよ。わたくしは世間におけるいかなる疑惑者をも解脱《げだつ》させ得ないであろう。ただそなたが最上の真理を知るならば、それによって、そなたはこの煩悩《ぼんのう》の激流を渡るであろう。

（中村元訳）

また、『ダンマ・パダ』には次の一節も見られる。

汝《なんじ》らは〔みずから〕つとめよ。もろもろの如来（＝修行を完成した人）は〔ただ〕教えを説くだけである。心をおさめて、この道を歩む者どもは、悪魔の束縛から脱れるであろう。

（中村元訳）

このように、釈尊という「人」が人々を解脱させるのではなく、解脱させるのは「法」であると釈尊自身が明言していたのだ。釈尊にできることは、その「法」を説き示して、人々を「法」に近づけることだと言っている。その意味で釈尊は、自らのことを人々にとっての〝善知識《ぜんちしき》〟（kalyāṇa-mitra、善き友達）と称していた。そして、弟子たちにも「人々の善知識であれ」と説いていた。

## 釈尊における「人法体二」

そのような関係を踏まえて、仏教は、「人」と「法」は一体であるべきだと説いた。「法」は宙に浮いた状態では意味をなさないが、一人ひとりの「人」の生き方に反映されてはじめて価値を生ずるからだ。

『サンユッタ・ニカーヤ』の次の言葉は、その関係を明確に示している。

ヴァッカリよ、実に法を見るものは私（ブッダ）を見る。私を見るものは法を見る。ヴァッカリよ、実に法を見ながら私を見るのであって、私を見ながら法を見るのである。(2)

ブッダという「人《にん》」を見るということは、特別な存在としてのブッダではなく、そのブッダをブッダたらしめている「法」を見ることであり、その「法」も観念的・抽象的なものとしてあるのではなく、ブッダの人格や振る舞いに歴史的事実として具体化されて存在しているというのである。このような「人」と「法」の関係は、「人に即した法」「法に即した人」、あるいは「人法《にんぽう》体一《たいいち》」と表現されている。

歴史的事実として体現された偉大なる人格に触れたり、見聞したりすることは、我々の人格形成においては大きな意味を持つ。しかし、本来の仏教は、釈尊自身も含めて特定の人物を特別扱いすることはない。その人格を実現させた「法」のほうを重視するのだ。その「法」は、既に述べたように釈尊の専有物でもない。あらゆる人に開かれている。従って、「人法体一」は釈尊に限られたことではなく、あらゆる人の「自己」という「人」においても実現されるべきものなのである。それを示した言葉が、原始仏典の『大パリニッバーナ経』にある。

入滅間近の釈尊は、釈尊亡き後、誰（何）を頼りにすればよいのかと不安を抱くアーナンダ（阿難《あなん》）に対して、次のように語って聞かせていた。

自らを島とし、自らをたよりとし、他人をたよりとせず、法を島とし、法をよりどころとし、他のものをよりどころとしないでいる人々がいるならば、かれらはわが修行僧として最高の境地にあるであろう。(3)

（中村元訳）

これは、「自帰依《じきえ》」「法帰依《ほうきえ》」と呼ばれる一節である。「よりどころ」とすべきは、「自己」と「法」だと言うのだ。この言葉の直前には、「今でも」「わたしの死後にでも」「誰でも」という三つの条件が示されている。すなわち、仏法を探求する者が永遠に目指すべき究極の教えとして、「自己」と「法」をよりどころとすべきことが、釈尊の〝遺言〟のようにして示されたところだと言っていいであろう。

ただ「人」と「法」では、具象的な「人」のほうに目が奪われやすい。具体的なだれかを特別視して、自らを卑下してしまい、自己に「法」を体現することを見失いがちである。『涅槃経《ねはんきょう》』や『維摩経《ゆいまきょう》』などで、「依法不依人《えほうふえにん》」（法に依《よ》って人《にん》に依らざれ）と戒めていたのは、そのような背景があるからだ。

この「人」と「法」のうち、いずれがより根本的であるかといえば、「人」ではなく「法」である。だから、「南無釈迦牟尼仏《なむしやかむにぶつ》」や「南無阿弥陀仏《なむあみだぶつ》」などではなく、「南無妙法蓮華経」なのである。

中村元先生も、そのことを次のように述べておられる。

> 仏教とは、特殊な神秘的な霊感を受けた人を尊崇することではなくて、理法（**dhamma**）にたよることである。その理法は人間にとっての正しい理法でなければならないので、それを正しい理法（**saddhamma**）とよんだ。それが「妙法」の原義である。それは特別の師を必要としない。
>
> （『原始仏教の思想Ⅰ』、五八五頁）

〈釈尊〉という歴史上の人物の生き方に歴史的事実として反映され、体現されることによって、普遍的な「法」が具体化された。〈釈尊〉という「人」に具現されたその「法」が言語化されて〈経《きょう》〉となった。その〈経〉を通して、〈釈尊〉に体現された「法」が、「人」としての〈我々〉の生き方に体現される。「法」を覚れば、だれ人もブッダである。ここに「法」の下《もと》の平等が実現される。「法」の下では〈釈尊〉のみが特別な存在ではない。本来の仏教は、特定の人物だけを特別な存在とすることはないのだ。

〈釈尊〉と〈経〉だけでなく、〈我々〉も「人」と「法」が一体化したものとなることで、〈経＝法〉を通じて、〈釈尊〉と〈我々〉が横並びとなる。「人と法」という視点は、「人」としての〈釈尊〉も、「人」としての〈我々〉も、「法」の下に平等であるということを明らかにするものであったのだ。その三者の関係を図示すると、次のようになる。

法

我々＝釈尊

従って、〈釈尊〉と〈我々〉の間には、絶対者や特権階級、あるいは両者を仲介する権威主義者が介在する余地はないのだ。『法華経』に「我が如《ごと》く等しくして異なること無《な》からしめん」とあるのはその謂《いい》であろう。

人間に即して普遍性と具体性、さらには平等性を兼ね具《そな》えさせるという意図が、「人と法」という視点には込められていたのだ。

## 「人」を強調する宗教の長所と短所

ところが、いろんな宗教を見てみると、ほとんどがこの「人」を強調していると言えよう。例えばキリスト教。彼等は、ゴッドという神を絶対的なものとして強調している。これは人格神である。怒ったり、喜んだりする神である。日本でいえば、菅原道真《すがわらのみちざね》（八四五～九〇三）をまつった太宰府天満宮、明治天皇をまつった明治神宮、これらも「人」を強調している。マホメット教もアラーの神という「人」を強調している。

このような「人」というのは、ある特定の時代に、特定の場所で生きた（あるいは、生きたとされる）特定の人物ということである。その特定の人物を強調する。「その人はすごい」と。じゃあ、私たちはどうなるのか。そこにおいて、私たちは、駄目な存在だということになる。

キリスト教では、神（God）は絶対的な存在とされる。私たちは、神に似せて造られただけだと言う。神に近付くことはできても、神と同等にはなれない。このように、神と人間の間には厳然と一線が引かれ、断絶がある。

神そのものは「天の国」にいて、私たちの「地の国」には現われてこない。だから、神と人間との仲介者として預言者というものが登場する。「予言者」ではなく「預言者」である。未来を予言するのではなく、言葉を預かる人だ。だれの言葉かというと、それは神の言葉である。神そのものが、私たちの前に現われることがないから、その代理人として神の言葉を預かる者が、人間と神の間に介在することになる。

これは、考えてみると、特権階級である。「私は神の言葉を預かる者だ。だから私の言うことを聞け」というように、これは「支配の構造」を作り出してしまう。歴史を見ても、王権神授説というものがあった。フランスのルイ十四世（一六三八〜一七一五）などが、「王としての権利を神から授かったのだから、私の言うことを聞け」と独裁政治を行なった。日本でも第二次世界大戦までの天皇制がそうで、天皇という神の名の下に国民を戦争に駆り立てていった。このときは、天皇が神そのものと位置付けられていた。

あるいは、菅原道真公の例で考えてみよう。彼は大変に頭が良かったと言われている。それで、学問の神様としてまつられている。それに対して、私たちはどうか。私たちの頭はそれほど良くない。それで受験シーズンになると、太宰府天満宮に行って合格祈願をやるということが行なわれている。

このように「人」を強調すると、その人はすごい、しかし私たちはそうじゃない。だから、その人に頼ろうということになる。「頼る宗教」「すがる宗教」になってしまう。

そこでは、私たちはだらしない、駄目な存在だ、ということが前提になっている。

ところが、「人」ということを強調する宗教にも、いい点はあるにはある。それは、抽象的ではなく、具体的であるということだ。その「人」の生き方を見れば、それは一目瞭然である。キリスト、マホメット、菅原道真など、その人物の生きざまを見れば明確である。歴史上の人物として具体的な人生を生きたのだから。抽象的ではない。その生きざまをすごいと言っているのだから具体的である。

ところが、「人」のみを強調すると、これまで説明してきたように、そこには差別だとか、断絶だとかということが必然的に生じてきたり、「特権階級」が出てきて、「支配の構造」になったり、「頼る宗教」になったりしてしまいがちである。そこが問題である。

## 「法」を強調する宗教の長所と短所

それに対して、「法」を強調する宗教を考えてみよう。

「法」というものは、普遍的で、平等で、差別がない。例えば、万有引力の法則の例で言えば、この法則はニュートン（一六四二～一七二七）によって三〇〇年前に発見されたが、発見してから突然、物が落ち始めたわけではない。発見しようがしまいが、リンゴは落っこちていた。それは、人の貴賤にかかわらず、だれに対しても同じことだ。ニュートンが、その事実に注目し、発見したというだけのことだ。それは何もイギリスだけで落ちるのではない。アメリカだろうと、日本だろうと、ロシアだろうと、どこの国であれ、また地球上だけでなく、月の上だろうと、土星においてであろうと、太陽系のどこであれ、銀河系のどこであれ、ブラックホールであれ、宇宙の果てであれ、どこであっても万有引力の法則は通用する。

また、時間的に見ても、今から何億年前であれ、何億年後であれ、いつであっても変わることはない。それは誰がやっても、等しく同じ結果になる。いつであれ、どこであれ、だれがやったとしても、全く差別はない。

そういう意味で「法」というのは、普遍的なものであり、平等であって、だれにとっても差別がない。

ところが、この「法」のみでは弱点がある。それは、現実が伴いにくくなりやすい。抽象的、観念的なところに陥りやすいという点である。

それは、例えば私たちに仏性《ぶっしょう》、あるいは仏界が具《そな》わっていると言われても、日ごろの現実生活を振り返ってみると、単純にそう思えないところがある。みんな平等だと言われても、各人の育ちも、性格も、境遇も全く違う。このように現実というところで破綻《はたん》してしまうことが出てくる。

実際に歴史を見てみると、「諸法の実相」を意味する「諸法実相」を「諸法は実相」と読み替えて、「あらゆるものごと（諸法）が、そのままで実相である」と安易にとらえてしまった時期がある。あるいは、『維摩経』に「非道《ひどう》を行じて仏道に通達す」という言葉があり、それを文字通りにとらえて、泥棒やったって、人殺しをやったって、それが「仏道」であり、「諸法実相」だととらえるようになったことがあった。そして、堕落していった。

それは、ひどいものだった。この「ひどい」という言葉自体、「非道」に形容詞の語尾「い」を付けて、「非道《ひど》い」として造られた言葉である。

「煩悩即菩提《ぼんのうそくぼだい》」というのも、「煩悩がそのままで菩提なのだ」と、煩悩を安易に無批判的に肯定してしまった。本来、「諸法実相」というのは、何でもかんでも安直に肯定していくということではない。

このように普遍性、平等性という一面のみを見て現実を見失ってしまった結果、堕落が始まった。大奥みたいな所で行なわれる「玄旨《げんし》帰命壇《きみようだん》」などという、いかがわしいものまで登場したりもしている。「法」のみを強調すると、このように現実から懸け離れて、理想論に陥ったり、観念的、抽象的なものになり下がったりという問題点が出てくる。

「人」のみでは、具体的ではあるが、差別が生じてしまう。「法」のみでも、平等性、普遍性が出てくるが、観念的、抽象的になりやすい。その両方の弱点を乗り越える視点が「人法体一」という考え方だと思う。

## 日蓮における「人法体一」

釈尊における「人法体一」は既に見た。次に日蓮における「人法体一」を見てみよう。佐渡への流罪が決まり、相模《さがみ》の国を出立して四カ月、厳冬の二月に書き上げた『開目抄《かいもくしよう》』を読むと、二度の流罪、二度の刀杖《とうじよう》の難など、あれだけの法難の連続でありながら、日蓮は、難に遭うごとにいよいよ確信を深めている。そこには、

当世、日本国に第一に富める者は日蓮なるべし。命は法華経にたてまつり、名をば後代に留《とど》むべし。

という一節がある。これが、佐渡流罪の真っ只中で書かれたことを思うと、「日本国に第一に富める者」という言葉の重みがひしひしと伝わってくる。

そのほか、『曾谷殿御返事《そやどのごへんじ》』には、

此《この》法門を日蓮申す故に、忠言耳《ちゅうげんみみ》に逆《さから》う道理なるが故に、流罪《るざい》せられ、命にも及びしなり。然《しかれ》ども、いまだこりず候《そうろう》。

などの言葉が頻出《ひんしゅつ》するが、大確信の塊である。日蓮は、あれだけの難に遭いながら、難に遭えば遭うほど、〝法華経の行者〟としての確信をますます深めていった。佐渡から発信された日蓮の手紙を見ていても、涙が出るほど感動的な手紙を書いて激励している。四条金吾《しじょうきんご》や、富木常忍、乙御前《おとごぜん》の母である日妙聖人《にちみょうしょうにん》など、一人ひとりの本質を見抜いたところから的確に激励している。(4) そういうところを見ると、私たちと程遠いなと思う。確かに「人」として、すごい人だと思われる。

ところが、日蓮は遺文の随所で何と言っているかといえば、『経王殿御返事《きょうおうどのごへんじ》』では、

仏の御意《みこころ》は、法華経なり。日蓮がたましひは、南無妙法蓮華経にすぎたるはなし。

と言っている。このように、釈尊の本意は『法華経』、すなわち『妙法蓮華経』として説き示されているのに対して、日蓮自身の生命に脈打っているものは南無妙法蓮華経、すなわち『妙法蓮華経』に「南無」したところに覚知される「法」であり、その南無妙法蓮華経という「法」に突

き動かされるように振る舞っているのだ——といったことを書き残している。
それは、『立正安国論奥書《りっしょうあんこくろんおくがき》』で、

此《こ》の書は徴《しるし》有る文《もん》なり。是《こ》れ偏《ひとえ》に日蓮が力には非《あら》ず。法華経の真文《しんもん》の感応《かんのう》の至《いた》す所か。

さらには、『四恩抄《しおんしょう》』で、

二千余年已前《いぜん》に説かれて候《そうろう》法華経の文にのせられて……。

という言い方をしているところだとか、あるいは『撰時抄《せんじしょう》』で三度の高名《こうみょう》(5)について述べた後、

此《こ》の三つの大事は、日蓮が申したるにはあらず。只偏《ただひとえ》に釈迦如来の御神《おんたましい》、我身に入りかわせ給いけるにや。〔中略〕法華経の一念三千と申す大事の法門はこれなり。

と言っているのがそれであろう。
こうなると、日蓮という「人」は確かにすごい。ところが、その日蓮という「人」に脈打っているものは、南無妙法蓮華経という「法」だということになる。これは「人」に即した「法」ということだと言えよう。日蓮は「人」だけれども、それは「法」と切っても切り離せない「人」

である。これは、「法に即した人」として「人法体一」と言えよう。

あるいは、その「法」がいかに普遍的であったとしても、抽象論で終わってしまっていたら、私たちにとっては意味をなさなかったであろう。それを日蓮が、あらゆる法難を乗り越えて、歴史の現実の中で事実の姿として〝法華経の行者〟の境地を体現した。ここに普遍的な「法」が歴史上の人物たる日蓮という「人」に具現化された。だから、その「法」は単なる抽象的なものに終わることなく、現実の「人」に具体化されたことになる。これは、「人に即した法」として「人法体一」である。

歴史的事実として、「人」に「法」が体現されたことによって、後続の衆生もそこを目指すことができることになる。釈尊や、天台大師智顗、日蓮等は先覚者として、「如我等無異」の模範を示してくれたのである。

## 人法体一の平等観

また日蓮は、過去・現在・未来の三世《さんぜ》、および四方・八方・十方《じっぽう》の諸仏・菩薩をはじめ、あらゆる衆生が一堂に会して、釈迦・多宝の二仏を中心に霊鷲山《りようじゆせん》の上方の空中（虚空《こくう》）で展開された説法（霊山虚空会《りようぜんこくうえ》）という『法華経』のクライマックスの場面を本尊（曼荼羅《まんだら》）として図顕した。『法華経』は、初めは地上の霊鷲山で説かれたが、途中で会座《えざ》を虚空に移した。虚空は、地上世界と異なり、あらゆる対立概念を超越し、時空の固定観念をも打ち破る世界である。その三世・十方の諸仏・菩薩が列座した霊山虚空会は、現在の瞬間に過去も未来もはらんだ永遠の境地と、十方へ宇宙大の広がりを持つ我々の生命を象徴している。

このように永遠の時間と無限の空間をそなえた霊山虚空会に〈地獄《じごく》・餓鬼《がき》・畜生《ちくしょう》・修羅《しゅら》・人《にん》・天《てん》〉の六道の衆生と、〈声聞《しょうもん》・独覚《どっかく》〉の自利的真理探究者、〈菩薩《ぼさつ》〉という利他的実践者、それに覚者としての〈仏〉の十種（十界《じっかい》）のすべてが勢ぞろいしている。それは、瞬間に永遠をはらみ、宇宙大の広がりを持つ我々の生命に具わる十種の働き（十界）を擬人的に表現したものだといえよう。

日蓮が『一生成仏抄《いっしょうじょうぶつしょう》』において、
都《すべ》て一代八万の聖教《しょうぎょう》、三世十方の諸仏・菩薩も我が心の外に有りとは、ゆめゆめ思ふべからず。

と述べていることから察しても、日蓮は、この霊山虚空会自体が、一人の人間の生命の全体像、命の本源を意味しているととらえていたのであろう。

『法華経』を読誦《どくじゅ》することは、その命の本源である霊山虚空会に立ち還ることを意味している。日蓮は、その霊山虚空会（霊山浄土）を文字で曼荼羅《まんだら》として顕わした。その曼荼羅に向かって「南無妙法蓮華経」と唱えることは、『妙法蓮華経』、すなわち『法華経』に南無する、すなわち帰依することであり、『法華経』に展開される尊く豊かな生命の本源に立ち還るということだ。

霊山虚空会に列座する人たちの代表の名前を連ねた本尊（曼荼羅）の構造について、日蓮は

『御本尊相貌抄《ごほんぞんそうみょうしょう》』の別名を持つ『日女御前御返事《にちにょごぜんごへんじ》』で次のように述べている。

此等《これら》の仏・菩薩・大聖等、総じて序品《じょぼん》列坐の二界八番の雑衆《ぞうしゅう》等、一人ももれず、此《こ》の本尊の中に住し給《たま》い、妙法五字の光明《こうみょう》にてらされて、本有《ほんぬ》の尊形《そんぎょう》となる。是《これ》を本尊とは申すなり。

天台大師智顗は、我々の命に地獄界から仏界までの十界が具していると説いた。しかし、地獄界の苦しみに苛《さいな》まれたり、餓鬼界の貪欲さにまみれたり、畜生界の本能のままの生き方であったり、修羅界の怒りのままに突っ走ったりしていては、自他ともに悪しき結果しかもたらさない。これらは、〝三悪道《さんあくどう》〟〝四悪趣《しあくしゅ》〟として嫌われているが、いずれも命に本然的なものであって、なくそうとしても、なくせるものではない。十界の働きのそれぞれを善なる働きに転ずるしかない。日蓮は、十界のそれぞれを善なる働きに転ずるカギが〝南無妙法蓮華経〟という智慧だとして、「妙法五字の光明《こうみょう》にてらされて、本有《ほんぬ》の尊形《そんぎょう》となる」と論じた。

同じく十界を具えた存在であったとしても、そこに妙法の智慧が輝いているのと、輝いていないのとでは、十界の働きには大きな違いがある。地獄界という同じ苦しみでも、自分のことすらどうすることもできずにもがいている苦しみと、他者の苦しみを自分の苦しみとして「何とかしてあげたい」という苦しみとでは、同じ地獄界でも格段の違いがある。

十界のそれぞれについて、よくよく考えてみると、本来的な善悪を決めつけることはできない。それぞれの働きが、善く現われるか、悪く現われるかの違いがあるだけであろう。その分岐点となるのが、智慧の輝きの有無だと日蓮は言う。そこで日蓮は、南無妙法蓮華経の智慧の輝きを中心とした〝十界曼荼羅〟の本尊を顕わした。十界の存在は何も変わることはない、〝あるがまま〟（本有《ほんぬ》）でありながら、「妙法五字の光明にてらされ」た〝尊い姿〟（尊形《そんぎょう》）を図顕したものだという。「本有」と「尊形」の頭文字を合わせると「本尊」となるとしているのも意味深い。

日蓮は、その本尊について『経王殿御返事《きょうおうどのごへんじ》』で次のように語っている。

日蓮がたましひ（魂）をすみ（墨）にそめながしてかきて候ぞ。信じさせ給へ。仏の御意《みこころ》は法華経なり。日蓮がたましひは、南無妙法蓮華経にすぎたるはなし。

日蓮の魂が本尊として書かれているという。それは、何も墨《すみ》を磨《す》る時に日蓮の爪の垢《あか》を入れたとか、日蓮の魂を粉末にして墨に入れて磨って書かれたというようなことではないであろう。「魂」と言ったって空中をフワフワと漂ったりする「霊魂」のようなものを言っているのではない。ここでは、『法華経』に展開されている霊山虚空会の説法の儀式によって象徴的に描かれた生命の本源、すなわち妙法蓮華経に南無することによって体現される南無妙法蓮華経を中心とした十界（さらに発展させれば一念三千にまで広がる）が、妙法の智慧の光明に照らされて、十界のすべてがそれぞれに価値あるものとして、輝かしい働きを発揮する「本有《ほんぬ》の尊形《そんぎょう》」という生命の本源的な在り方を「魂」と言われていることに注意しなければならない。

本尊に南無（帰命）したときは、おのずと「人」である私たちも南無妙法蓮華経という「法」

と「一体」となる。
このことを、端的に言ったものが、次の『日女御前御返事《にちによごぜんごへんじ》』の一節であろう。

此《こ》の御本尊、全く余所《よそ》に求《もとむ》る事なかれ。只《ただ》我れ等衆生の法華経を持《たも》ちて南無妙法蓮華経と唱うる胸中の肉団におはしますなり。

本尊という「法」も、各々の自己を離れたところに求めるべきではないということである。「法華経を持ち」「南無妙法蓮華経と唱うる」ことが、本尊に帰命することになる。すなわち、『法華経』に霊山虚空会《りょうぜんこくうえ》として描かれた生命の本源の世界に立ち還ることになる。それはまた、「日蓮がたましひ」とも一体となることを意味する。
このように「人法体一」ということは、〈日蓮〉〈本尊〉〈我々〉の三段階のそれぞれについて論ずることができる。それは〈釈尊〉〈法華経〉〈我々〉の関係と全く平行していて、パラレルの関係にある。
それは『法華経』方便品の「如我等無異《によがとうむい》」（我が如《ごと》く等しくして異なること無《な》からしめん）の原理でつなぐものが「人法体一」だということだ。このことは、私の勝手な発案ではなく、日蓮自身が書いた『生死一大事血脈抄《しょうじいちだいじけちみゃくしょう》』においても確認することができる。それは、
然《しか》れば、久遠実成《くおんじつじょう》の釈尊と、皆成仏道《かいじょうぶつどう》の法華経と、我等衆生との三つ、全く差別無しと解《さと》り

て、妙法蓮華経と唱え奉る処《ところ》を生死一大事の血脈とは云《い》うなり。此の事、但《ただ》日蓮が弟子檀那《だんな》等の肝要なり。法華経を持《たも》つとは是《これ》なり。

という、箇所である。

ここに「久遠実成の釈尊」というのは、『法華経』の寿量品で明かされる久遠において覚りを得たとされる教主釈尊という「人」のことであり、「皆成仏道の法華経」というのは、「皆が仏道を成ずる」ことのできる『法華経』という「法」のことである。

ここで日蓮は、〈釈尊〉と〈法華経〉と〈我等衆生〉の三つの関係について「全く差別無し」ということを強調している。

その関係は、〈日蓮〉と〈本尊〉と〈我等衆生〉との三つの関係においても全く同じことが言える。このように自覚して南無妙法蓮華経と唱えるところに生死一大事血脈がとうとうと途絶えることなく流れ通ってくる。その生死一大事血脈として流れ通ってくるものが何かといえば、それは『生死一大事血脈抄』の冒頭で、

生死一大事血脈とは、所謂《いわゆる》妙法蓮華経、是《これ》なり。

と断言されている通りである。大要、このような意味になる。

以上のように『生死一大事血脈抄』で言わんとしたことも、〈釈尊〉〈法華経〉〈我等衆生〉と

の関係と同様、〈日蓮〉〈本尊〉〈我等衆生〉の三つが南無妙法蓮華経によって一本に結ばれるということであることは、明らかである。これは、原始仏教の時代から一貫して主張されてきた「人と法、およびその体一」ということを考えれば、当然の結論として導かれてくる。

この原理からすれば、「私は釈尊の生まれ変わりである」とか、「私は日蓮の生まれ変わりである」などと言って、〝虎の威を借る狐〟のような特別な存在は、仏法のどこからも出てこないのである。そのような特権階級や、特別な存在が、出てくる余地を作らないために、またそのような存在を全く必要としないために「依法不依人」や「人法体一」が強調されたと言えよう。

もしも、釈尊や日蓮の権威を借りて自らを特別な存在に祀り上げようとするものがあるならば、それはもはや仏教と呼べるものではなく、外道《げどう》なのである。それは、先ほど示した「人」のみを強調する宗教になり下がっていることを見破らなければならない。

このような権威主義は、〝小乗仏教〟と貶称《へんしょう》された釈尊滅後の教団において顕著になった。歴史は繰り返すもので日蓮亡き後も例外ではないであろう。それが、いかに仏法の本義からはずれているか、よく分かるのではないか。

釈尊は、人間の平等ということを特に強調した。特に、生まれがバラモンというだけで自らを最も勝れたものとしていたバラモン教の思想について、『スッタニパータ』で、

生まれによって賤《いや》しくなるのではなく、生まれによってバラモンとなるのではない。行ないによって賤しくなるのであり、行ないによってバラモンとなるのである。（第一三六偈）

と批判した。『サンユッタ・ニカーヤ』第一巻でも、釈尊は次のように語っている。

多くの呪文《じゅもん》をつぶやいても、生まれによってバラモンとなるのではない。〔バラモンといわれる人であっても、心の〕中は、汚物で汚染され欺瞞《ぎまん》にとらわれている。

平等の思想が、仏教本来の精神である。

「人」と「法」に分けたこと、およびそれを「体一」としたことで、何がすごいのか、何が明らかになるのか――という問題提起の下に以上のことを考えてきたが、ここに、仏法の平等観を見る思いがする。(6)

## 不変真如の理と随縁真如の智

これまでは、「帰命」におけるその対象が論じられた。今度は、この「帰命」という文字を、「帰《き》」と「命《みょう》」の二つに分けて、それぞれの文字から「帰命」することはどういうことなのか、その意味することが論じられる。

「帰《き》」というのは、原点に回帰することを意味している。だから、まず回帰するべき原点が、**「帰《き》と云うは、迹門不変真如の理に帰するなり」**と提示される。回帰すべき原点とは、『法華経』迹門に明かされた普遍的で永遠不変の真理（不変真如の理）だという。

そして、「命《みょう》」を「もとづく」と読ませて、**「命《みょう》とは本門随縁真如の智に命《もとづ》くなり」**と述べている。永遠不変の真理（不変真如の理）に回帰した上で、今度は現実世界において本門に展開される臨機応変で縦横無尽の智慧に基づいていくということであろう。

「真如」は、サンスクリット語のタタター（tathatā）の漢訳語である。タター（tathā）は「そのように」という意味の副詞だが、それに女性の抽象名詞を造る接尾辞ター（tā）を付したタタター（tathatā）は、「そのようであること」「ありのままの真理」という意味になり、「真如」「真理」と漢訳された。

ここに「迹門」と「本門」という言葉が出てくるが、これは、天台大師智顗が『法華経』二十八品を、①序品《じょほん》第一から安楽行品《あんらくぎょうほん》第十四までと、②従地涌出品《じゅうじゆじゅっぽん》第十五から普賢菩薩品《ふげんぼさつぼん》第二十八

| | | |
|---|---|---|
| 迹門 | 霊鷲山 | 序品第一 |
| | | 方便品第二 |
| | | 譬喩品第三 |
| | | 信解品第四 |
| | | 薬草喩品第五 |
| | | 授記品第六 |
| | | 化城喩品第七 |
| | | 五百弟子受記品第八 |
| | | 授学無学人記品第九 |
| | | 法師品第十 |
| | 虚空 | 見宝塔品第十一 |
| | | 提婆達多品第十二 |
| | | 勧持品第十三 |
| | | 安楽行品第十四 |
| 本門 | | 従地涌出品第十五 |
| | | 如来寿量品第十六 |
| | | 分別功徳品第十七 |
| | | 随喜功徳品第十八 |
| | | 法師功徳品第十九 |
| | | 常不軽菩薩品第二十 |
| | | 如来神力品第二十一 |
| | | 嘱累品第二十二 |
| | 霊鷲山 | 薬王菩薩本事品第二十三 |
| | | 妙音菩薩品第二十四 |
| | | 観世音菩薩普門品第二十五 |
| | | 陀羅尼品第二十六 |
| | | 妙荘厳王本事品第二十七 |
| | | 普賢菩薩品第二十八 |

表1 『法華経』二十八品の本門・迹門の分類と説所

までとに大きく二分して、前半を「迹門」、後半を「本門」と名付けたものである。本門とは、遥かな久遠《くおん》において既に成道《じょうどう》していた本仏について説いた教えであるのに対して、迹門とは、久遠において既に成仏している本仏の立場を秘して、インドにおいて三十五歳で成道したとする迹仏（本仏の仮の姿）の立場で説かれた教えのこととされる。「迹門」の「迹」は、「あと」「足あと」「あとかた」を意味する。

　迹門では、諸法実相《しょほうじっそう》・十如是《じゅうにょぜ》をはじめ、すべての人の平等、成仏を可能とする一仏乗の法理が、説かれている。それを、普遍的にして永遠不変の真理としての「不変真如の理」と呼んだのであろう。「不変真如の理」という言い方には、声聞たちへの未来成仏の予言（vyākaraṇa、授記）がなされているだけで、真理として成仏の可能性が示されているが、その結果はまだ現われていないことを踏まえたものであろう。

　本門では、永遠性と宇宙大の広がりを持つ生命に十界が具わり、そのすべてが輝いている姿が霊山虚空会（霊山浄土）として象徴的に描かれた。妙法の智慧に照らされて、十界のすべてがそれぞれの個性を生かして自由自在の働きをなすことができる。それを「随縁真如の智」と呼んでいるのであろう。

　迹門のほうは、非常に原理的なことが書かれている。それを「不変真如の理」と言う。本門のほうは、それを踏まえていかに現実に応用展開するか、現実の振る舞いとしていかに生かすかという観点が強くなる。それを「随縁真如の智」と言っている。

　その相違は、迹門のほうが、その主要部分で自利的真理探究者の声聞と独覚（二《に》乗《じょう》）を対告衆《たいごうしゅ》

（教えを説く対象）としているのに対して、本門が利他的実践者の菩薩を対告衆としているという違いにも見ることができる。

「帰」のほうは、永遠不変の真理に回帰していく、原点に戻っていくという方向性を持っている。「命」のほうは、「もとづく」ことであり、いったん回帰した原点から現実の世界に戻ってくる方向性を持っている。両者は、全く逆の方向性（ベクトル）になっている。

だから、私たちが『法華経』、あるいは本尊に帰命していくことは、不変の真理としての南無妙法蓮華経に帰り、またそこから現実に立ち帰り南無妙法蓮華経という智慧を発揮するという往復運動を繰り返しているということになる。あくまでも、この両面が必要である。

「随縁真如の智」を発揮すると言っても、もしも「不変真如の理」に帰していなければ、現実生活の慌《あわ》ただしさに振り回され、根無し草のように自分を見失って空転するという結果になりやすいであろう。「随縁真如の智」を無視して、「不変真如の理」だけを追求すれば、融通性がなく原理原則の観念的な人となるであろう。「不変真如の理」に根ざした「随縁真如の智」であるがゆえに、状況が変わっても自由自在に対応できる。

日蓮は、『法華経』を読誦《どくじゅ》したり、南無妙法蓮華経と唱えたりすることで、いったんはこの「不変真如の理」に帰ることを意図している。自らの原点を確認したうえで、そこからまた現実に戻ってくる。日常生活に戻って、さまざまな人間関係の中でいろんな判断を問われる場にあって「随縁真如の智」が発揮されるというのだ。

この「不変真如の理」と「随縁真如の智」の二面性を踏まえて、ひとまず**「帰命とは南無妙法**

**蓮華経是《これ》なり」**と結論される。「帰命」とは、「妙法蓮華経」という不変真如の理に「帰」することであり、「南無妙法蓮華経」という随縁真如の智に「命《もと》」づくということであるともいえる。従って、「帰命」とは、「帰」すべき対象、「命」づくべきところという意味で、「南無妙法蓮華経」としている。

次に、この「随縁真如の智」と「不変真如の理」が一体となった時のことが、**「釈に云く、『随縁不変・一念寂照《じゃくしょう》』と」**と述べられている。ここに「釈に云く」とあるのは、『三大章疏《しょうしょ》七面相承口訣《そうじょうぐけつ》』のことかと思われるが、そこに「随縁不変・一念寂照」という趣旨のことが書いてある。これは、「不変真如の理」と「随縁真如の智」があいまって、ピタリと兼ねそなわった時のことを言ったものである。「不変真如の理」に回帰することによって、私たちの一念の心はしみじみとした静かで落ち着き払った平穏な境地に立ち、それと同時に「随縁真如の智」によって、心は智慧の光明によって明々と輝きわたるというのである。

「寂」とは、サンスクリット語のシャーンティ（śānti）を漢訳したもので、もともと「心の静穏」を意味している。現代語としては、「平和」（peace）という意味でも用いられる。一九一三年にアジアで初めてノーベル文学賞を受賞したインドの詩人、R・タゴール（一八六一〜一九四一）が創設した大学は、カルカッタのシャーンティ・ニケータンという町にあるが、非常に静かな美しいところである。この名前にも、「シャーンティ」という言葉が入っていて、その町の名は「平和の宿るところ」という意味である。

あるいは、仏の国土とされる「寂光土《じゃっこうど》」にも、「寂」という字と、「照」に代わって「光」という字が入っている。

こういうことを踏まえると、『妙法蓮華経』に帰命し、境智冥合《きょうちみょうごう》（主体と客体の融合、一体化）した時には、心が静まり、安らかな境地が顕現するであろう。それは、熱狂的な忘我の境地とは全く逆である。「寂」であるとともに、「照」である。静かで穏やかな境地であるけれども、光り輝やくものがある。煩悩や執着心などが静まって、智慧が輝いてくる。だから、ものごとを〝ありのままに見る〟（yathābhūtam paśyati、如実知見《にょじつちけん》）ことができる。「寂光土」とは、そのような人たちの住んでいる国土である。

『法華経』は、我々の生命が、瞬間に永遠をはらみ、宇宙大の広がりを持つものであることを、三世十方の諸仏・菩薩をはじめとする十界のあらゆる衆生が列座した虚空会《こくうえ》の儀式として象徴的に表現していた。天台大師は、それを一念三千として理論的に体系化し、日蓮は、それを十界曼荼羅として顕わして、実践方法を具体化した。だから、『法華経』を読誦すること、あるいは十界曼荼羅に向かって南無妙法蓮華経と唱えることは、霊山虚空会（霊山浄土）、あるいは十界曼荼羅で示された我々の尊く豊かな生命の世界に立ち還るということになる。そこに、しずかで安らいだ心が開けるとともに、心が明々と輝いてくる。「静かであるが深い人」といったところであろうか。そういう世界が、この「帰命」によって開かれる、ということであろう。

この「寂照」に類似したサンスクリット語にプラサーダ（prasāda）がある。これは、「浄信《じょうしん》」「澄浄《ちょうじょう》」「清浄心」「歓喜心」などと漢訳されたが、「真理に則った信の結果得られる澄み切った晴れやかな心」を意味している。これと反対の言葉にバクティ（bhakti）がある。これは「我を忘れた熱狂的な信仰」のことである。仏教では、原始仏典でも『法華経』などの大乗仏典でもバクティという言葉は一切用いられることはなかった。[7] それを用いたのは、バラモン教であり、それと融合した真言密教だった。

## 色法と心法について

次は、

**また帰とは我等が色法なり。命とは我等が心法なり。色心不二なるを一極と云うなり。釈に云く、『一極に帰せしむ故に仏乗と云う』と。**

と展開されている。

ここで、観点がガラリと変わったことに注意しなければならない。『御義口伝』は、短い言葉で結論をポンと言ったかと思ったら、次の文章では観点がガラリと変わったりする。いつまでも、前の話が続いていると思っていると理解できないことがある。その度に頭を切り変えなければならない。

ここは、「色法」と「心法」という観点から「帰命」をとらえてみよう――というように話題が変わっている。私たちが、生命活動を織りなすその在り方について論じられている。

「法」と漢訳されたダルマ（dharma）は、仏教だけでなく、インド哲学において大変に重要な言葉である。多くの意味があって、一概にひとことでは言い尽くすことができない。

中村元先生の『佛教語大辞典』（東京書籍）を参考に開いてみると、「人間の行為をたもつもの」というのが原意であって、①習慣、②なすべきこと、③社会的秩序、④真理、真実、理法、普遍的意義のあることわり、⑤全世界の根底、教え、本性、もののありのまま——というような幅広い意味が込められている。そこから、「それ自体の本性をたもって変化せず、認識や行為の規範となるもの」というような意味ともなる。また、「事物」や、「ものごと」という意味も出てくる。

「諸法実相」というときの「諸法」（dharmāḥ）は、「あらゆるものごと」「あらゆる事象」という意味である。ここでいう「色法」は「物質的な存在」のことであり、「心法」は「精神的な存在」や「心の働き」を指していると考えられる。

私たちの生命活動の帰着すべきところは「色法」である肉体的・物質的な側面であるが、私たちの生命活動の命《もと》づくところは「心法」という精神的な存在である。この「色法」と「心法」は、二つのものとして分離され、それぞれ独立したものとしてとらえられがちである。ところが、「色法」なくして「心法」は具体化されることはなく、「心法」なくしては「色法」は能動性を発揮することは困難である。

私たちは、肉体なくしては生命活動を織りなすことはできない。その意味では、肉体的なものに依存し、「帰」している。その一方で、精神的な働きに命《もと》づくことによって、初めて色法は能動性を持ち得るという面もある。両者は、お互いに切っても切れない相即《そうそく》の関係にあると言えよう。

ただ、ここでは「帰」を「色法」に、「命」を「心法」に当てはめてあるが、これは逆でもいいのではないかと思われる。なぜなら、「不二」「互融」であるものだから、どちらか一方に限定する必要はないと思われるからだ。

このように、二つのものでありながら、二つでない（而二不二《ににふに》）、相互に切っても切り離せないものであり、「色法」も「心法」も「帰」すべく、「命」づくべきものとして、「不二」なるものとしてあることが生命の究極の在り方（一極《いちごく》）であるという。

**「釈に云く」**とここにあるのは、中国の嘉祥《かじょう》大師吉蔵《きちぞう》（五四九〜六二三）が著わした『三論玄《さんろんげん》義《ぎ》』のことであろう。そこには「法華《ほっけ》は、彼《か》の三乗を会《え》して、同じく一極に帰す」とある。『法華経』は、声聞・独覚・菩薩の三乗を等しく一仏乗という一極に帰せしめる教えであるという。声聞・独覚の二乗と菩薩乗、すなわち小乗と大乗の対立を乗り越えて、一つに融合（開会《かいえ》）するものが、『法華経』の一仏乗の思想であり、その在り方を一極としている。それに対してここは、色法と心法という対立するものを「不二」として融合した在り方を一極としている。

## 色心不二と依正不二の意味すること

「不二」とされるものには、依報《えほう》（環境）と正報《しょうほう》（主体）の不二を論じた「依正《えしょう》不二」というものもあり、ここで、少し「色心不二《しきしんふに》」「依正不二《えしょうふに》」をどういう文脈でとらえたらよいのかということを、私なりに考えてみることにする。

仏教が大きな問題としてテーマにしていたのは、「我」（アートマン、ātman）ということであった。私たちは口論などをしたときに、「俺が、俺が、俺が……」という強烈な自我意識にとらわれる。あるいは、「我がもの」という意識もある。果たして、このような自我意識にとらわれるとどうなるのか。それを突きつめて考察していって、この自我意識こそ、迷いや、苦しみの原因であると説いた。それで、「非我《ひが》」（我にあらず）を主張した。これはアートマン（ātman）に否定を意味する接頭辞「an」をつけたアナートマン（anātman）の訳語である。これは、長年「無《む》我《が》」と漢訳されてきた。しかし、それでは、「我がない」となってしまい、誤解を生じるので、ここでは「非我」を採用する。鳩摩羅什も『維摩経』では、何箇所も「非我」と漢訳しているのだ。

私たちは、この我をどのようにとらえるか考えてみよう。常識的には、「我」は自分の皮膚の中に閉じ込められているというところからスタートする。机を見て、私の人格はこの机にあるとは誰も思わない。机をたたいても、机のほうに自分の痛みを感ずることはない。こちらの皮膚のほうが痛いから、きっと私はこの皮膚の中にあるんだろうと推測する。このようにして、依報（環境）と正報（主体）を分離する。

次に、それではこの皮膚の中のどの部分に私はあるのだろうかとなる。まさか、お尻のあたりに私の人格があるとは思いたくないであろう。古代インドでは、心臓の中に空洞があって、そこに我があると考えた。あるいは、脳の中にあると考えるものもあった。

さらには、肉体と精神に分離して、いずれか一方に我があると考えた。その際、ほとんどの民族が色心二元論に立っていて、肉体は穢《けが》れたもので、精神にこそ我があると考えた。それで、穢れた肉体を苦行によって徹底的に痛めつけることにより、〝純粋な精神〟のみを探究しようとした。

このような思考方法には、「我」というか、自己の生命をどんどん小さく、何かに、あるいはどこかに限定してしまう方向性を持っていて、自分という存在をちっぽけな存在にしていく。ちっぽけになればなるほど、自らの不安定さ、不安感が込み上げてくる。その不安な自分を癒《いや》すために、名誉や、名聞名利《みようもんみようり》などによって自分を飾り立てるという方向へと進む。

ここにおいて、「俺が、俺が」という自我意識が大きくなる。それと同時に、「あいつがどうだ」「こいつがどうだ」とか、「自己」と「他者」、あるいは「あれ」(彼)と「これ」(此)を対立的にとらえる「自他彼此《じたひし》」の心が現われ、自己の慢心に執着して「我慢偏執《がまんへんしゆう》」にとらわれる。その悪循環で、自己がどんどん収縮していくことになる。それを、紛らわすためにまた名聞名利を追い求める。これを繰り返しながら、苦しみから苦しみへという人生を送ることになりやすい。そこには、「自己でないもの」(非我)を「自己」(我)だとして執着する心がある。

以上のストーリーで、「色心不二」「依正不二」をとらえると、その言葉の言おうとしたことが理解できるのではないかと思う。色法(肉体)と心法(精神)、あるいは依報(環境)と正報(主体)——本来、不二なるものを二つに分離してとらえることは、自己を縮小させ、収縮させてしまい、自己をちっぽけなものに卑小化してしまうということだ。

これに対して仏法は、私たちの生命を宇宙大で永遠なものに拡大していく方向性を持っていた。

たまたま、ここに皮膚があるけれども、私たちの生命は皮膚に閉じ込められたものではなく、「色心不二」「依正不二」として、実は宇宙大なのだという。現在の瞬間に永遠にして宇宙大の自己の生命を覚知することを「一極」と言っているのではないかと思う。

その「一極」に帰した在り方を、『法華経』は霊山虚空会として象徴的に表現し、天台大師智顗は「一念三千」として体系化し、日蓮は、南無妙法蓮華経の七文字を中心とした十界曼荼羅に結実させたように思えてならない。

## 南無妙法蓮華経の言語学的な説明

次にまた観点が変わって、言語学的な説明がなされている。すなわち、

**南無妙法蓮華経の南無とは梵語、妙法蓮華経は漢語なり。梵漢共時《ぐじ》に南無妙法蓮華経と云《い》うなり。又云《いわ》く、梵語には薩達磨《さだるま》・芬陀梨伽《ふんだりきゃ》・蘇多覧《そたらん》と云う。此《ここ》には妙法蓮華経と云うなり。**

ということろだ。

「南無妙法蓮華経」は、サンスクリット語の「ナマス」（namas）、あるいは「ナモー」（namo）を音写した「南無」と、「サッダルマ・プンダリーカ・スートラム」（Saddharma-puṇḍarīka-sūtram、薩達磨・芬陀梨伽・蘇多覧）を漢訳した「妙法蓮華経」との複合語だという。インドと中国の言葉を同時に合わせ持つもの（梵漢共時《ぼんかんぐじ》）として、「南無妙法蓮華経」と表現されているというのだ。

「妙法蓮華経」は、『法華経』と言い習わされている鳩摩羅什訳の経典の正式名称である。経題に含まれる「サッダルマ・プンダリーカ」は、岩本裕氏《いわもとゆたか》（一九一〇〜一九八八）によって「正しい教えの白蓮」[8]と現代語訳され、広く普及してしまっているが、これは全くの誤りである。プンダリーカ（puṇḍarīka、白蓮華）を用いた複合語に関するサンスクリット文法の規定[9]によれば、「白蓮華のように最も勝れた正しい教え」と訳すべきである。また、竺法護《じくほうご》が「正法華経《しょうほけきょう》」と訳したのに対して、鳩摩羅什が「正」でなく「妙」と訳したことを「誤りだ」と批判する人もいるが[10]、先のサンスクリット文法を知れば、その批判のほうが誤りであることが分かる。鳩摩羅什は、「最も勝れた」と「正しい」という二つの意味を合わせて、「妙」という文字に込めて訳していたのであり、〝絶妙〟の訳と言える[11]。

## 梵漢共時とは、インターナショナル

このように、「南無妙法蓮華経」は、サンスクリット語（梵語）と、漢語（中国語）からなっている。この点を日蓮は、**「梵漢共時に南無妙法蓮華経と云うなり」**と強調している。「梵漢共時」とは、現代的に意義付けすれば、「インターナショナル」と言い換えることができよう。当時の世界認識として、「梵漢」とは、大まかではあれインターナショナルな言語を意味していたと言える。当時の人たちにとって、梵語と漢語は〝全世界〟を意味していた本朝《ほんちょう》（日本）・震旦《しんたん》[12]（中国）・天竺《てんじく》[13]（インド）の三国《さんごく》で用いられていた言語である。現代においても、そのことは何ら変わっていないといってもよいであろう。というのは、サンスクリット語は、インド・ヨーロッパ語族に入っていて、欧米語とルーツは同じであるからだ。

だから、「梵漢」という表現で、中国、韓国、日本、東南アジアなどの漢字文化圏、そして中東、ヨーロッパの言語など、サンスクリット語とルーツを同じくするほとんどの国々を網羅することになる。文字通りインターナショナルを意味していると言えよう。インド・ヨーロッパ語族の言葉を話している人たちは、世界の人口の約半分を占めている。[14] それに、漢字文化圏を入れると、中国だけで十四億人以上（二〇二二年現在）、それに日本が一億二千万人以上（二〇二二年現在）だから、「梵漢」の言語を用いている人々は、世界の人口の大半を占めていることになる。文字通りインターナショナルである。

東南アジアにシンガポールという国がある。これは、サンスクリット語で「師子」「ライオン」を意味する「シンハ」（simha）と、「都市」を意味する「プラ」（pura）からきている。東南アジアもその影響下にある。

サンスクリット語が、インド・ヨーロッパ語族の一つであることはよく知られている。だから、サンスクリット語と、ヨーロッパの言葉は語源が共通であるものが多く見られる。

例えば、「名前」を意味する言葉は、梵語で「ナーマン」（nāman）だが、英語とドイツ語では「name」「Name」と書き、それぞれ「ネーム」「ナーメ」と発音する。日本語の「名前」をローマ字で書くと、「namae」だが、偶然とは言え、これも似ていて面白い。

ここで、ちょっと横道にそれて、サンスクリット語とヨーロッパの言葉との類似性を紹介してみよう。

バラモン教の神話に登場する「アンギラス」(aṅgiras)は、神(天)と人間の間を仲介する存在だが、これは、「エンジェル」(angel＝天使)という言葉に相当すると言われている。この「エンジェル」は、江戸時代からオランダに開港していた九州の長崎では「アンジェラス」と発音された。

「心臓」あるいは、「心」を意味する「フリド」(hrd)は、独語で「ヘルツ」(Herz)、英語で「ハート」(heart)に当たる。

インド哲学で中心的な話題になる「我」「自己」を意味する「アートマン」(ātman)は、もともと「呼吸」を意味する言葉だった。それは、ドイツ語の「アートメン」(atmen＝呼吸する)と語源が同じである。

日本語で「旦那《だんな》さん」という言葉が定着しているが、これはサンスクリット語の「ダーナパティ」(dānapati)のことである。「パティ」(pati)は、「主」「長《ちょう》」のことだが、「布施《ふせ》」を意味する「ダーナ」(dāna)の部分を音写して「檀那《だんな》」となり、これが「旦那」ともなった。「檀那」は僧侶に布施する信者、「旦那」のほうはもともと、働いて給料をもらってきて奥さんに渡す人のことで、信者と夫との違いこそあれ、金品を与えるという行為は同じである。

その布施を「ダーナ」と言った。身近な言葉で言えば「贈り物」のことだ。これと語源を同じくして最近、ニュースなどで耳にする英語がある。臓器移植の提供者を意味する「ドナー」(donor)だ。これは、「施主《せしゅ》」とも訳されている。あるいは、「ドネーション」(donation＝寄贈)という言葉もある。

「月」を意味する「チャンドラ」（candra）は、「あわい光を放つもの」という言葉に端を発するもので、「シャンデリア」（chandelier）と語源を同じくしている。

梵語で「心」を意味する言葉には「マナス」（manas）という言葉もあるが、これは英語の「マインド」（mind）と語源は同じである。

仏教の開祖「ゴータマ・シッダールタ」の「ゴー」は、パーリ語で「牛」を意味しており、「go」と書く。サンスクリット語では、「ガウ」（gau）と言う。これは、英語の「カウ」（cow）と語源を同じくしている。

「道路」を意味する「パトゥ」（path）は、英語でも「パス」（path）と書く。

漢訳仏典で「天」と訳された「deva」は、「神」を意味しているが、これはバラモン教のヴェーダ聖典では「ディヤウス」（dyaus）として登場している。これは、ギリシア神話の「ゼウス」（zeus）と語源は同じである。それぞれの派生語には、「神の」を意味する「ダイヴァ」（daiva、梵語）、「ディヴァイン」（devine、英語）がある。

仏典に悪逆の代表として登場する提婆達多《だいばだった》は、「デーヴァダッタ」（Devadatta）と書かれるが、これは「デーヴァ」（deva）が「神」、「ダッタ」（datta）が「与えられた」なので、「神によって与えられた」ということを意味している。中村元博士に教えてもらったことだが、ギリシアにもこれと全く同じ意味の名前があるという。それは、「テオドトス」（Theodotos）である。「テオ」（theo）が「神」、「ドトス」（dotos）が「与えられた」を意味していて、全く同じ構造だし、語源が同じであることは容易に分かる。ダッタは、データ（data、実験等によって得られた数値情報）

とも語源が同じである。

仏典によく登場する距離の単位「由旬《ゆじゅん》」は、「ヨージャナ」（yojana）の最後の「a」の音が落ちた「ヨージャン」を音写したものだ。これは、牛に荷車を引かせるときに首に取り付ける「軛《くびき》」のことだ。牛にこれを付けて荷車を引かせ、疲れて軛を取り外すまでに歩く距離、これが距離の単位として用いられるようになったわけだ。測り方自体が大ざっぱだから、正確には言いにくいのだが、私の計算では約十五キロメートルに相当している。(15) この「軛」を英語で「ヨーク」（yoke）と言うが、これは「ヨージャナ」と語源は同じである。

仏典に「不死」や「甘露」という文字が見られるが、これはサンスクリット語の「アムリタ」（amṛta）の訳語である。冒頭の「ア」（a）は否定を示す接頭辞で、「ムリタ」（mṛta）が「死すべき」という意味である。この「ムリタ」は、英語の「モータル」（mortal）と語源が同じである。

数字を見ても、「3」が「トゥリ」（tri、梵）、「スリー」（three、英）、「ドライ」（drei、独）、「トゥリ」（tri、ラテン語）などとなる。「4」については、「チャトル」（catru、梵）、「キャトゥル」（quatre、仏）と類似している。

「歯の」という「ダンタ」（danta、梵）と「デンタル」（dental、英）。

「幸運」を意味する「ラクス」（laks、梵）と「ラック」（luck、英）。

「手」を意味する「ハスタ」（hasta、梵）と「ハンド」（hand、英）。

「見る」という動詞の「ローク」（lok、梵）と「ルック」（look、英）。

「座る」という動詞の「サッド」（sad、梵）と「シット」（sit、英）。

「立つ」という動詞の「スター」（sthā、梵）と「スタンド」（stand、英）。

「造る」という動詞の「クリ」（kṛ、梵）と「クリエイト」（creat、英）。

「切る」という動詞の「クリット」（kṛt、梵）と「カット」（cut、英）。

このように挙げればきりがない。横道にそれてしまったが、「梵漢共時」ということを、今日的に「インターナショナル」と言い換えても構わないのではないか、ということを実感していただけたかと思う。

話を本題に戻そう。

## 薩達磨・芬陀梨伽・蘇多覧について

以上のように「南無」（namas、namo）は、サンスクリット語である。それに対して、「妙法蓮華経」は漢訳されたもので、中国の言葉である。そこで、次に「妙法蓮華経」と漢訳された元のサンスクリット語は何であったのかということがテーマになる。

それが、**「梵語には薩達磨《さだるま》・芬陀梨伽《ふんだりきや》・蘇多覧《そたらん》と云《い》う。此には妙法蓮華経と云うなり。薩は妙なり。達磨は法なり。芬陀梨伽は蓮華なり。蘇多覧は経なり」**というところである。

「妙法蓮華経」は、サンスクリット語では「サッダルマ・プンダリーカ・スートラム」（saddharma-puṇḍarīka-sūtram）であった。

これを音写すると、「薩達磨・芬陀梨伽・蘇多覧」となる。難しい漢字が並んでいるが、全部サンスクリット語を音写したものであり、発音を示す当て字で、いわば〝発音記号〟と思えばいい。漢訳仏典には、このように意味を示すのではなくて、音を写した言葉がたくさん出てくる。

これを中国語に翻訳して、「妙法蓮華経」となったのであるが、サッダルマ（saddharma < sat + dharma）は、「正しい」を意味するサット（sat、薩《さ》）と、「教え」「法」などを意味するダルマ（dharma、達磨《だるま》）の複合語で「正しい教え」「正法」を意味している。

プンダリーカ（puṇḍarīka、芬陀梨伽《ふんだりきゃ》）は、白蓮華のことである。インドには、白蓮華のほかに、紅蓮華《ぐれんげ》（padma、パドマ）、青蓮華《しょうれんげ》（utpala、ウトパラ）、黄蓮華《おうれんげ》（kumuda、クムダ）などの蓮華があるが、『妙法蓮華経』のタイトルで用いられている蓮華とは、混じり気のない純白の華を咲かせる白蓮華のことである。蓮華は、清らかなものとして経典に登場するが、その中でも白蓮華は気品と清らかさにおいて最も勝れたものである。

サンスクリット文法では、このpuṇḍarīkaに特別の用法が与えられている。複合語の後半部にきて、前半部の語を譬喩的に修飾するというのだ。[16] ここでは、saddharma（正しい教え）を譬喩的に修飾して、「白蓮華のような正しい教え」となり、その両者に共通することとして「最も勝れたもの」ということを白蓮華が象徴しているというのだ。だから、「サッダルマ・プンダリーカ・スートラム」（saddharma-puṇḍarīka-sūtram）は、正確に訳せば、「白蓮華のように最も勝れた正しい教えの経典」となる。

これまで岩波文庫などで「正しい教えの白蓮」と訳されてきたが、これはサンスクリット文法に照らしても、英・仏・独語への訳し方から見ても、国文法に照らしても三重の誤りである。その詳細については拙著『思想としての法華経』（岩波書店）の第二章、あるいは『法華経とは何か――その思想と背景』（中公新書）の三〜一四頁で論じているので、ご覧になっていただきたい。

鳩摩羅什は、この中の「最も勝れた」と「正しい」（**sat**、薩）という意味を合わせて「妙」と漢訳した。そして、「教え」（**dharma**、達磨）を「法」、「スートラム」（**sūtram**、蘇多覧）を「経」と漢訳した。**sūtram** は、中性名詞 **sūtra** の主格形である。それは、本のタイトルなどは主格形で表記するという規則に則っている。「スートラ」は、「修多羅《しゅたら》」などとも音写されている。こうして、『法華経』の正式タイトルが「妙法蓮華経」と漢訳された。これは、サンスクリット文法に精通した鳩摩羅什による絶妙な訳であったと言えよう。彼は、七歳で出家し、九歳でインドの学問の中心地であったカシュミール、そしてカシュガルに遊学し、仏教学だけでなく、サンスクリット文法学（声明《しょうみょう》）[17]、論理学（因明《いんみょう》）、医学（医方明《いほうみょう》）、工芸学（工巧明《くぎょうみょう》）などの五つの学問（**pañca-vidyā**、五明《ごみょう》）をも学んだ。そのサンスクリット文法学をフルに生かして『法華経』を翻訳した。

このように、「妙法蓮華経」と漢訳された元のサンスクリット語が「薩達磨《さだるま》・芬陀梨伽《ふんだりきゃ》・蘇多《そた》覧《らん》」であることを示したところで、「**九字は九尊の仏体なり。九界即仏界の表示なり**」と論じられる。

ここで「薩達磨・芬陀梨伽・蘇多覧」のことを九文字と言っていることに奇異な感じを持たれるのではないかと思う。漢字を数えると十文字あるからだ。これは、サンスクリット語を意識して言われていることに注意しなければならない。サッダルマ・プンダリーカ・スートラムをローマ字で書くと、**saddharma-puṇḍarīka-sūtram** となる。ここに母音がいくつあるか数えてみると、九つあることが分かる。すなわち、九音節からなっている。それを「九字」と言ったのである。

その九つの文字（九音節）からなっていることについて、日蓮は、「九」という数字にからめて、「九尊の仏体」であると意味付けしている。これは、蓮の華に八枚の華びらがあるが、それぞれに一仏が乗り、中央に一仏が座しているという情景を言ったもので、合わせて九人の仏（九尊）となる。すなわち、この九文字は、単なる記号としての文字ではなく、「一文字一文字がすべて仏を表していますよ」ということであろう。

さらに、それぞれの「九尊」は、十界のうちの仏界を除いた「九界」にも通ずるとされて、そのそれぞれが「仏体」であるということから、この九文字は「九界即仏界」ということをも意味していると論じている。

我々の境地を地獄界から仏界までの十種類に分類した十界において、仏界以外の九界は低次元のものとして、九界を否定し断ち切った後に、仏界に到るという考えがあった。ということは、九界と仏界が切り離されていて、断絶している。九界が、厭《いと》い離れ断ち切られるべきものとして位置付けられている。こういう考えのもとで想定された仏を、妙楽《みようらく》大師湛然《たんねん》（七一一〜七八二）は「厭離断九《おんりだんきゆう》の仏」と称して批判した。

日蓮も、このような成仏観について『一代聖教大意《いちだいしようぎようたいい》』で、
九界を厭《いと》うて仏に成らんと願うは、実には九界を離れたる仏無き故に、往生《おうじよう》したる実の凡夫《ぼんぷ》も無し。

と厳しく指摘している。仏と言っても人間離れしたものではなく、九界の巷《ちまた》に生きる人間として人格を完成した存在でしかない。九界にあって仏界を目指すことはいいとしても、仏界に到ってみれば、九界は否定されるべきものではなく、仏界によって生かされるべきものとなる。このように、九界も仏界も相即しているのが、十界の本来の在り方であるとするのが九界即仏界ということである。

九界を低次のものとして否定して〈反《はん》〉、仏界を目指すべきもの〈正《せい》〉として定立する。ところが、仏界に到ってみると、九界がそれぞれの個性をもって価値あるものとなり、蘇ってくる〈合《ごう》〉。『法華経』に用いられた論理は、〈反・正・合〉の弁証法《べんしょうほう》だと言えよう。

## 数法相配釈について

ここで用いられている展開の仕方は、本来関係のないもの同士を、数字が同じであるということから結び付けて解釈を施すという独特の方法である。こうした方法は、漢字文化圏独特のことであって、中国で盛んに行なわれた。こうした方法を、「数法相配釈《すほっそうはいしゃく》」と言う。数字で表わされた法相（法の特質）によって解釈を施すことである。この論法は、天台も、『法華文句《ほっけもんぐ》』などで用いている。特に、日本の天台宗で多用された。

しかし、数が同じであるからといって、何でもかんでもこの方法を用いてよいというものではない。その形式面だけをとらえて乱用すると、「こじつけ」になってしまいかねない。日蓮も、この『御義口伝』でこの手法を用いているが、日蓮には、日蓮の訴えたい思い（御義）があって、それを語るたたき台として『法華経』を用いていると言えよう。『法華経』が先にあって、それをどう読むかという関係ではなく、日蓮の言いたいことが先にあって、それを表現するのに数が同じであることにからめて、イメージを拡大させ、日蓮の主張を展開していると言っていいかと思う。

あくまでも、「義」に依って「文」を判読していることを忘れてはならない。『涅槃経《ねはんきょう》』に説かれる「四依《しえ》」（四つの依りどころとすべきもの）に、「依法不依人《えほうふえにん》」（法《ほう》に依って人《にん》に依らざれ）などとともに、「依義不依語《えぎふえご》」（義に依って語に依らざれ）とあることも、これに通ずるものである。「語」が集まって、「句」となり、「文《もん》」となるのであって、これは、「義に依って〝文〟に依らざれ」と言い換えても同じことである。だから、『御義口伝』においては、数字の語呂《ごろ》合《あ》わせに目を奪われることなく、日蓮の「御義」を読み取ることが重要である。

ここでも、「九字」だから「九界」ということが出てくるのではなく、「九界即仏界」ということが、『法華経』、あるいは日蓮の仏法の重要なテーマであるから、「九」という数字が出てきたことを利用して、「九界即仏界」という話を展開していると言える。

あくまでも、「九」があるから「九界即仏界」が出てきたのではなく、「九界即仏界」を言いたいところへ、「九」という数字が出てきた、そこで、**「九字は九尊の仏体なり。九界即仏界の表示なり」**と論じているのである。この論理構造をわきまえないと、「何だ、こじつけじゃないか」と思ってしまうことになる。論理を逆立ちさせてはいけない。

「九」という数字が「九界即仏界」になることが大事なのではなく、「九界即仏界」の意味する内容が大事なのだ。「何をどうすれば『九字』が九界になるのか」ということよりも、「何が言いたくて、そのように話を転じて展開したのか」という意図のほうが大事である。その辺のところが見えてくると、『御義口伝』も読みやすくなるかと思う。

## 無明法性一体について

この「南無妙法蓮華経」についての御義口伝では、「南無」に続いて、「妙法蓮華経」を「妙」「法」「蓮華」「経」と区切って、それぞれの意味するところを分析し、次のように定義している。

**妙とは法性《ほっしょう》なり。法とは無明《むみょう》なり。無明・法性一体なるを妙法と云《い》うなり。蓮華とは因果の二法なり。是又《これまた》因果一体なり。経とは一切衆生の言語音声《ごんごおんじょう》を経と云うなり。釈に云《いわ》く、「声もて仏事を為《な》す。之《これ》を名《なづ》けて経と為《な》す」と。或《あるい》は、三世常恒《じょうごう》なるを経と云うなり。**

まず、初めに「妙」と「法」の関係について、**「妙とは法性なり。法とは無明なり。無明法性一体なるを妙法と云うなり」**と論じられる。ここは、「妙」と「法」との比較がなされたところだが、実質的には「法」と「法性」との比較であると言ってよい。

順序は逆になるが、**「法とは無明なり」**のほうから見ていこう。中国において「法」と漢訳された「ダルマ」(dharma)という語は、既に見た通りインド哲学で重要な言葉で、多くの意味を持っている。その主な意味だけでも、「真理」「法則」「教え」「宗教」「行為の規範」「義務」「社会的秩序」「善」「美徳」「事物」などを挙げることができる。

日蓮は、ここで「法」を千差万別の「現象」「ものごと」という意味で用いている。すなわち、ここでいう「法」とは、現象として現われてきた「もの」や、「こと」「事象」という意味である。それは、目に見える現象として現われたものであり、それは限定されたものとしてあり、変転してやまないものでもある。その限定され、変転してやまないものにとらわれ、執着してしまえば、ものごとをありのままに見ることもなく、偏見や先入観などの妄想にとらわれてしまう。さらには、好き嫌いや、愛憎の対立に染まってしまうことであろう。こうした意味で、日蓮は、「法とは無明なり」と結論づけている。「現象としての法は無明に結びつきやすい」ということであろう。

それに対して日蓮は、「妙」について**「妙とは法性なり」**と述べて、「妙」を「法性」と関連付けている。「法性」とは、ダルマ（dharma、法）に女性の抽象名詞を造る接尾辞ター（tā）をつけたダルマター（dharmatā）の漢訳語で、「法の本性」「法を法たらしめるもの」「現象として存在する事物の本性」といった意味である。「法」は千差万別の差別相からなるのに対して、「法性」は、その差別相の背後の普遍性、平等相に当たる。

「法」という差異に満ちた具体性にとらわれると、差別にとらわれて好悪・愛憎といった煩悩や迷いが生じる。「法性」という普遍性からものごとを見ていると、現象の差異を差異として認めつつも、その差異に振り回されることはない。そのような違いを、「妙とは法性なり。法とは無明なり」と言っている。ここで「法性」は、「法の本性」という意味から、「法の本性」の覚知に伴う「覚り」といった意味に転じられ、「無明」の対立概念として用いられているようだ。

そこには、現象としての「法」に目が奪われるのではなく、その現象をもたらす根源的なものに視点が定まっている。だから、現象としての差異にとらわれることなく、ありのままを見る、すなわち如実知見《にょじつちけん》することができる。その在り方の勝れていることを「妙」と称しているのであろう。

「法性」といえども、現実の「法」を離れてあることはない。限定され、変転してやまない「法」も、その根源、本性を見ていけば、「法性」というものに厳然と根ざしている。「法性」の普遍性を知らずに、現象としての「法」のみにとらわれていると、迷妄に陥ってしまう。「法」とは、「無明」の因となりやすい種々の事象の世界ではあるが、その背後には「妙」と形容される「法性」の世界がある。その「法性」の世界から、現実の諸法の領域へと具体化したものが「法」である。「無明」としてある現実の事象や、ものごと（法）の根源に、「法性」を見ていったときに、現象的なものにとらわれたり、迷ったりすることもなくなる。「無明」の因となりやすい「法」と、「妙」と称される「法性」が、一体であることに、「妙法」の「妙法」たる由縁があるといっても同じことであろう。

このように、「無明」と「法性」は全く別々のものとしてあるのではなく、一体不二の関係としてある。具体性と普遍性は一体でなければならない。そういう理由で、この両者を並べて「妙法」と言うのである。

## 因果一体について

次に、「妙法蓮華経」の中の「蓮華」という文字について述べられる。それが、**「蓮華とは因果の二法なり。是又因果一体なり」**という一節になる。

「蓮華」というのは、この場合、白蓮華《びゃくれんげ》（プンダリーカ、芬陀梨伽《ふんだりきゃ》）のことである。インドにおいて、蓮華は、あらゆる植物の中でも極めて清らかで、勝れたものだとされている。既に述べたように、仏典には白蓮華のほかに、紅蓮華《ぐれんげ》（パドマ）、黄蓮華《おうれんげ》（クムダ）、青蓮華《しょうれんげ》（ウトパラ）など四種類を挙げることが多い。その中でも、白蓮華は随一とされている。その最も勝れた白蓮華が、『法華経』の最勝たることを譬喩するのに用いられている。インドで蓮華は、「如蓮華在水《にょれんげざいすい》」「蓮華不染《れんげふぜん》」といって、汚い泥の中から生じて、汚泥《おでい》に染まることなく清らかな華を咲かせるという点が愛《め》でられた。

ところが、中国で「プンダリーカ」が「蓮華」と漢訳されると、「蓮」と「華」に分けて意義付けがなされた。サンスクリット語で、「木の実」「果実」のことを「パラ」（phala）と言うが、これには、「結果」という意味もある。それに対して「華」は、結実するための因であるとして、「華」が因に、「蓮」が果に割り当てられた。

その「蓮華」というのは、「華」が咲くと同時に漏斗《ろうと》状の花托《かたく》に「蓮の実」ができている。(18) そこで、「蓮華」は実（果）と華とが同時になるということが強調されて、「因果一体」、あるいは「因果倶時《いんがぐじ》」を象徴するものとされた。この場合、「因」とは、ブッダになることを目指している凡夫（人間）のことであり、「果」とは、結果としてのブッダということになる。

ここで言う「因果」という語の用法が、少し異なっていることに注意しなければならない。「水を加熱したら、お湯になった」という場合、一般的には加熱したことが原因で、お湯になったことが結果だとされる。ところが、この場合の言い方では、水が因で、お湯が果となる。温度は変化したが、$H_2O$という分子構造は何ら変わりない。水がアルコールに変わるといったことではない。水であることは何も変わらないが、沸騰しているのと、していないのという違いが見られる。同様に、人間であることは何ら変わりなく、「自己」と「法」に目覚めているか否かの違いがあるだけである。ブッダ（buddha）は、目覚めるという動詞ブッドゥ（√budh）の過去分詞で「目覚めた（人）」のことであり、人間であることは変わりないのである。

この場合の因果を十界論で見ると、九界が仏界に到るための因（仏因）で、仏界が果（仏果）となる。そういう前提の下に蓮華の意義を論ずると、蓮華は華と実が同時にできるということで、因果が一体であるということを象徴している。

すなわち、九界という「因」と、仏界という「果」が別々であるというのではなく、同時であることを「蓮華」という言葉は象徴しているというのだ。普通は、地獄界から餓鬼界へ、餓鬼界から畜生界へ、畜生界から修羅界へ……というように、一つひとつ低次のものを否定しては、より高次のものに到ることを繰り返して段階的に菩薩界にたどり着き、そして菩薩界も脱却して、最後の仏界に到るという成仏の在り方が考えられていた。九界の劣った因から仏界という勝れた果へ――というように、九界と仏界の間には厳然たる断絶があった。このような仏は、既に述べたように「厭離断九の仏」といって、現実にはあり得ない。人間を離れてブッダを求めるのは、カンヴァス（画布）を放り捨てて、絵を描こうとするようなものである。それは、「兎《うさぎ》の角や亀の毛」（兎角亀毛《とかくきもう》）、あるいは「丸い三角形」のように言葉は存在するが、実体のないものである。

それに対して、この「因果一体」、あるいは「因果倶時《いんがぐじ》」ということは、このような成仏観を根底からひっくり返したものである。九界を厭い否定して、九界から仏界へというようにして成仏するのではなく、九界をなくすことなく成仏する。人間のままで成仏するということを説いたものである。それは、「厭離断九の仏」に対する「九界即仏界」（九界を厭い離れるのではなく、九界に即した仏界）、あるいはこの『御義口伝』においては「十界同時の成仏」という言葉で表現されている。

因果異時《いんがいじ》として因と果を切り離してしまうと、果が勝れ因は劣る（果勝因劣《かしょういんれつ》）ということになり、凡夫（因）である私たちは駄目なものであり、現在の自分を否定して全く別の存在（果）になるというか、変身することによって成仏するという人間観、あるいは成仏観になる。ということは、全く別の人格になることが成仏であるという論理が出てくるのだ。

日蓮は、「成仏」、すなわち「仏に成る」という表現に違和感を抱いていたのであろう。この『御義口伝』の中で、「成は開く義なり」として、「仏に成る」のではなく「仏を開く」のだと、長年使い古されてきた漢訳語の意味を改めている（「第三章　日蓮の時間論」を参照）。

それに対して、因果一体、因果倶時であることは、人間を離れて仏はない、仏といっても人間以外のものになることではないことを意味する。そこにおいて、成仏とは、本来我が身に具わる仏の本性を開き現わすことになる。中村元博士の表現を借りれば、「真の自己に目覚めること」「失われた自己の回復」「人格の完成」ということだ。それを実現するのが、妙法「蓮華」経であり、南無妙法「蓮華」経であると言っているのだ。

このような人間観、成仏観は、釈尊の生の言葉に最も近いとされる原始仏教の本来の考え方であった。それを示す釈尊の言葉が『増一阿含経《ぞういつあごんきょう》』第二八巻に記録されている。それを現代語訳して引用する。

わたしは人間に生まれ、人間において成長し、人間においてブッダとなった。

（大正蔵、巻二、七〇五頁下）

中村博士は、この一説について、「ブッダは人間であったがゆえに、さとりを開くことができたのである」（『原始仏教の思想　I』、三二八頁）と論じておられる。

ところが、釈尊が亡くなって百年程して、小乗仏教と貶称《へんしょう》された男性中心・出家者中心の権威主義的な教団（説一切有部《せついっさいうぶ》）が優勢となり、釈尊を人間離れしたものに神格化したことで、「厭離断九の仏」のような成仏観になってしまっていた。『法華経』の「九界即仏界」は、それを是正して、本来の仏教の成仏観に戻すことが意図されている。「蓮華」と漢訳された二文字は、まさにその九界即仏界の因果一体、因果倶時を示すのにもってこいであった。

「因果一体」「因果倶時」という人間観、成仏観は、『法華経』に一貫するものである。ただし、

「因果倶時」を「蓮華」と結び付けて論ずるのは、インドでは行なわれず、プンダリーカを「蓮華」の二文字で漢訳したことに伴って、中国で初めてなされたことである。蓮華は、インドでは「如蓮華在水《にょれんげざいすい》」「蓮華不染《れんげふぜん》」と言って、汚い泥から生じても、汚泥に汚されることなく清らかな華を咲かせるということが強調された。

## 「声もて仏事を為す」について

次に、「妙法蓮華経」の中の「経」について言及される。初めに、「経」というものを広い意味で定義している。それは、**「経とは一切衆生の言語音声を経と云うなり」**ということである。あらゆる生き物の発する声、音声、言語、文字など表現されたものは、すべて「経」であると言っている。

そういう意味では、生命の発露として表わされた言葉、表現されたもの、それはすべて「経」と言える。ミュージシャンであれば、音楽を作曲して演奏する。それも「経」である。画家であれば、絵として表現されたものも「経」である。

大まかな定義では、何も仏の声に限ったことではなく、犬がワンと吠《ほ》えるのも、畜生の心の思いを表現したものであるから「経」に変わりはない。地獄で獄卒に責められている人のうめき声も、地獄の「経」である。怒って金切り声を上げている修羅の「経」もあるであろう。

声によって「心の思い」を伝えるわけだが、それは地獄の声もあれば、餓鬼の声や、畜生の声もあろう。有頂天の声もあれば、菩薩の声、仏の声もあると言える。このように、声、言葉というものは、自身の心の思いを声に托し、それによって相手に思いを伝えるものである。そういう意味で、声というものは重要な働きを持っている。その中でも仏事（仏の働き）をなすためには、声、言葉というものが欠かせない。だから「声もて仏事を為《な》す」と言われている。

ここから、仏の説く声や言葉としての「経」ということに限定して論じられている。普遍的な真理としての法は、本来、「言語道断《ごんごどうだん》」（言語の道、断《た》ゆ）、「不可思議《ふかしぎ》」（思議すべからず）と言われるように、言葉で言い尽くすのは、困難を極める。けれども、初転法輪《しょてんぼうりん》において釈尊は、それを何とか分かってもらおうとして、すれ違いを繰り返しながらも、手を変え、品を変えしながら説き続けた。そこにおいて、「こんなことも分からないのか」とは決して言わなかった。分かってもらえるまで説き続けた。

このことから、釈尊は、言葉の限界を自覚しつつも、言葉による表現の必然性を十分に分かっていたということをうかがうことができる。その結果、仏の覚りを共有する人が現われた。そして、仏の覚りが共有される言葉として、仏教用語に結晶化していった。こうして表現された言葉や文字が「経」となった。

このように、「経」を表現されたもの、特に言葉や言語としてとらえたときに、**「釈に云く、『声もて仏事を為《な》す。之《これ》を名《なづ》けて経と為す』と」**と展開されるのである。これは、章安大師灌頂による『法華玄義』の序文「私記縁起《しきえんぎ》」の言葉である。声によって仏の働きをなすことができるのであり、そのような働きをなすのが「経」であるということだ。

この「声もて仏事を為《な》す」は、「声仏事を為《な》す」と書き下しているものもあるようだが、この読み方には、「仏事を為す」のは、声であれば何でもよいと解釈されてしまう問題点がある。ここで注意しなければならないのは、論理を逆立ちさせてはならないということだ。声であれば何でもいいのかといえば、そうではない。「仏事を為すためには声、言葉というものが不可欠である」ということである。

「仏事を為すのは何か?」ということが話題になっている場面では、「声、仏事を為す」で意味が通じる。しかし、そうでない場合は、「声もて仏事を為す」としないと、先ほど述べた誤解を生じてしまう。

この「経」ということについて、日蓮は『一生成仏抄』において大事なことを書いているので、ここに引用しよう。それは、

一心《いっしん》を妙と知りぬれば、亦《また》転じて余心《よしん》をも妙法と知る処《ところ》を妙経とは云《い》うなり。

という一節である。ここで「一心」というのは、だれでもいい、一人の人の心ととらえてよいであろう。仮に自分の心と取ると、自分の心を妙と知った、確かに自分は妙法の当体であると覚知した、そのような境地が開けたとき、目を転じて他人の心を見ると、その人の心も確かに妙法の当体であることが見えてくる。その人は、そのことに気付いていないかもしれないが、確かにその人も妙法の当体であるということを信ずることができる。そうであるがゆえに、それを相手にも知らせたい、何とか分かってもらいたいということになる。そこに、「妙経」としての言葉と

声が発せられることになってくるという。

お互いが妙法の当体である。一方はそれを覚知しているけれども、他方はそれをまだ知らない。だから、その人にもそれを語っていこう。それを覚知させてあげよう、という行為に結び付いてくる。言葉として表現する。これが「経」である。それも、「妙経」、すなわち最も勝れた言語表現だと言っている。こういう前提があるがゆえに、声によって仏事をなすことができるのである。

言い換えれば、言葉が自らに必然的なものになってくる。国語学者の大野晋《おおのすすむ》博士（一九一九〜二〇〇八）と対談した際におっしゃっていた「言葉が出来上がる」ということであろう。(19)

こういう関係においては、「私は知っているけど、あなたは知らない。だから私が教えてやる」といった高見に立ったところからの言葉はあり得ない。たまたま自分が先に知ったけれども、妙法の当体であるということは相手も全く同じである、妙法の当体としては自他ともに全く差別がない。妙法の当体であることに目覚めているか、いないかの違いがあるだけである。その違いを越えて、「何とか分かってもらいたい」という思いから言葉を発する。だからこそ「仏事」をなすことができる。(20)そういう関係における言葉を日蓮は、「妙経」（最も勝れた言語表現）と言った。

『法華経』法師品《ほっしぼん》に「如来によってなされることをなす人」のことを「如来によって派遣された人」（植木訳『サンスクリット版縮訳　法華経　現代語訳』、一八〇頁）、すなわち〝如来の使者〟と称しているが、私たちが如来の行為をなすとすれば、それは私たちの「妙経」としての声や、言葉によってであり、対話によってということである。

それは、釈尊の五人の弟子たち（五比丘《ごびく》）に対する初転法輪においても全く同じことであった。

## 三世常恒について

これまで、「経」は声、音声、言語といった観点で論じられた。今度は、時間的な観点から論じられる。それが、**「三世常恒なるを経と云うなり」**のところだ。

漢訳仏典で「経」と訳された元の言葉は、サンスクリット語で「スートラ」（sūtra）と言う。モニエルの梵英辞典によると、**to string**（糸に通す、数珠《じゅず》なりにする）、**to put together**（まとめる、寄せ集める）などの意味を持つ動詞の語根スートゥル（√sūtr）に名詞を造る接尾辞**a**を付したもので、「糸」や「紐《ひも》」という意味と、「集大成された教訓」「経典」といった意味であった。

バラモン教のヴェーダの聖典や、ブッダの教えは、糸（スートラ）で花びらや珠を通して花環《はなわ》や数珠《じゅず》を作るようにまとめられたことからスートラと言われた。それは当初、丸暗記という形で伝えられた。仏典として初めて文字化されたのは、スリランカで紀元前一世紀のことだった。その後、インドでも経典が、細長い長方形にカットされた棕櫚《しゅろ》の葉に記録されるようになった。それが何枚も束ねてある。その棕櫚の葉の真ん中に穴があって、バラバラにならないように糸を通して束ねられている。

面白いことに、中国でも聖人《せいじん》が書いた書や、聖人の言行を記した書物を『詩経《しきょう》』や『易経《えききょう》』のように「経」と言っていた。これは、「縦糸」のことである。「経」という文字を使った言葉に、「経緯」や、地図の「経度」や「緯度」という言葉がある。縦糸（経）と横糸（緯）のことだ。「経」も「糸」に関係している。だから、「スートラ」は、すんなりと「経」と訳されたことであろう。
「経」は、漢和辞典によると、①「織物のたて糸」、②「聖人や仏陀の教えを記した書物」といった意味のほかに、③「常なること」「万世不変の道理」「不変の道理を説いた書物」――といった意味もある。日蓮はここで、③の意味をとらえて、**「三世常恒なるを経と云うなり」**と論じた。花びらや珠が、一本の糸（紐）に連綿と連ねられているように、南無妙法蓮華経という法が三世にわたって変わることなく常恒であることを「経」という言葉が表わしているという。

## 法界と妙法蓮華経について

以上で、「妙」「法」「蓮華」「経」というそれぞれの文字についての意義付けが終わった。そこで今度は、これらの「妙」「法」「蓮華」「経」という在り方をしているのが何であるか？　それは「法界」であると話が展開される。すなわち、**「法界は妙法なり。法界は蓮華なり。法界は経なり」**というのが、それである。

この「法界」は、サンスクリット語では「ダルマ・ダートゥ」（dharma-dhātu）と言う。「ダルマ」が「法」、「ダートゥ」が「成分」「要素」「根源」などの意であり、「ダルマ・ダートゥ」は「事物の根源」「法の根源」という意味となる。また「法界」を「あらゆる現象（諸法）が織り成される世界」と解釈して、「宇宙」という意味にも用いられたりしている。

「法」は「ものごと」のことであると既に述べたが、それを根底から支えているものが妙法である。現実を織りなすいろいろな現象（諸法）を見ていると、差別と対立という無明の世界のように見えるが、それらは「法性」に根差している。そのようにして「法界」はある。そこにおいては、無明法性一体であった。そういう意味で、「法界は妙法なり」である。

また、現実の事象の織りなす世界においては、現象面における因果というものは時間的にずれて現われ、因果は一体ではない。

現象としての因果は、別々に現われるが、「法界」(法の根源)、すなわち現象する事物の根底においては因果は一体であるということだ。その具体例が、「蓮華」という言葉が象徴するように因(人間)と果(ブッダ)は同時で、人間を離れてブッダはない。

さらにまた、「法の根源」は「経」である。すなわち、過去・現在・未来の三世に一貫して不変の常恒のものであると言われている。

以上のように、事物や存在の根源である「法界」(ダルマ・ダートゥ)は、無明法性一体という意味で「妙法」としてあり、かつまた因果一体という意味で「蓮華」としてあり、また三世常恒という意味で「経」として存在しているのである。

これに続けて、『昭和定本　日蓮聖人遺文』、および『日蓮大聖人御書全集』は、「蓮華とは八《はち》葉《よう》九《く》尊《そん》の仏体なり。能《よ》く能く之《これ》を思う可《べ》し」という言葉で、この御義口伝は締めくくられている。先ほどまで「法界」と、「妙法」「蓮華」「経」のそれぞれとの関係が論じられていた。ところが、ここで「蓮華は」と出てくるのはあまりにも唐突であると思っていた。

そこで要法寺版『御義口伝鈔』を開いてみると、このあとに長々と文章が続いているが、『昭和定本　日蓮聖人遺文』と、『日蓮大聖人御書全集』では、その箇所が省略されていることが分かった。「蓮華とは八葉九尊の仏体なり」云々の文章は、むしろ省略された部分と関連していた。「八葉九尊の仏体」は、既に「九字は九尊の仏体なり。九界即仏界の表示なり」として論じられていることもあり、省略するなら、ここも省略すべきであると思って省略した。

## まとめ

ここは、南無妙法蓮華経の一文字一文字について、種々の観点から南無妙法蓮華経を分析し、論じられたところである。その観点は、帰命する対象としての「人と法」という観点をはじめ、「不変真如の理と随縁真如の智」「色法と心法」「因と果」「言語学的に見た南無妙法蓮華経の国際性」「人間（九界）とブッダ（仏界）」、および「無明と法性との関係」「言語の持つ働き」「三世にわたる永遠性」などである。このように、さまざまな角度から南無妙法蓮華経について論じることによって、南無妙法蓮華経にまつわるイメージを壮大なものとして広げているように思われる。

要約すれば、私たちは現象的な世界に住んでいるけれども、現象的な差異にとらわれて誤って導かれることなく、インターナショナルで、普遍的な真理に基づいて生きるための智慧を南無妙法蓮華経は意味していると言うことができるのではないか。また、南無妙法蓮華経は、私たちが凡夫のままでブッダとなることや、この現象世界において汚されることなく私たちの高貴な人格を完成することを可能にしてくれる永遠で不変の真理である——そういうメッセージを日蓮は南無妙法蓮華経に込めたということであろう。

私たちの貧困なイメージとは違い、南無妙法蓮華経には、これだけの豊かなイメージが込められているということを明かしたのが、この「南無妙法蓮華経」についての御義口伝ではないか。そういう意味で本節は、『御義口伝』全体の総論になっている。

　これ以後の部分は、その各論であると考えていいであろう。

**註**

（1）欧米語が中国でどのように漢字で表記されるのか、その具体例を拙著『仏教、本当の教え』（中公新書）の六五〜六九頁に多数挙げておいた。

（2）*Saṃyutta-nikāya*, vol. III, P.T.S., London, p. 120, *ll.* 27–31. からの筆者の訳。

（3）これは、中村元訳『ブッダ最後の旅』（岩波文庫、六四頁）からの引用だが、次のようにも訳すことができる。この世において自己という島に住せよ。自己という帰依処は真の帰依処である。法という島に住せよ、法という帰依処は真の帰依処である。（植木訳）

（4）拙著『日蓮の手紙』（角川ソフィア文庫）を参照。

（5）①『立正安国論』の幕府への提出、②文永八年の法難前後の諫暁《かんぎょう》、③佐渡流罪が赦免《しゃめん》となった後の平左衛《へいのさえ》門尉《もんのじょう》（平　頼綱《たいらのよりつな》）との会見——の三度にわたって、日蓮自らが幕府を諫めたこと。

（6）この「人法体一」についてのさらに詳しいことは、拙著『仏教、本当の教え』（中公新書）の四八〜四九頁、あるいは拙著『法華経とは何か——その思想と背景』の「Ⅳ『法華経』の人間主義」を参照。

（7）仏典に用いられる三種の「信」については、「第八章　仏教における信」を参照。

（8）坂本幸男・岩本裕訳注『法華経』、上巻、岩波文庫、九頁。

（9）Pāṇini, *Śabdānuśāsana*（*Aṣṭādhyāyī*）, II. 1. 56.

　この文法書は、前五〜前四世紀のインドの文法学者、パーニニによってまとめられた。サンスクリットの言語を意味のある最小単位に分解・分析することによって、文法的法則性を導き出し体系化した。それは、音韻論、形態論、造語法、文章論にまでわたり、その客観的分析と帰納的研究方法は、近代言語学に多大な影響を与えた。そこには「**puṇḍarīka** など特定の語は複合語の後半にあって、前半の語を譬喩的に修飾する」という規定がある。

(10)金倉圓照博士は、『インド哲学仏教学研究Ⅰ　仏教学篇』(三七二頁)において、竺法護(二三九～三一六)が『正法華経』と訳し、鳩摩羅什が『妙法蓮華経』と訳したことについて、「妙」ではなく「正」が正しいとして鳩摩羅什訳を批判しておられる。それは、サンスクリット文法に対する無知からくる誤りである。

(11)鳩摩羅什が「妙」と訳したことが、最も適切であったことと、「正しい教えの白蓮」と訳すことが、サンスクリット文法だけでなく、英・仏・独文法や、国文法に照らしても誤りであることを次の論文で論じておいた。
植木雅俊著『法華経とは何か――その思想と背景』、中公新書、三一～一四頁。

植木雅俊著『思想としての法華経』、「第二章　白蓮華のシンボリズム」、岩波書店、七六～一三二頁。

植木雅俊著「『法華経』のSaddharma-puṇḍarīkaの意味――〝最勝〟を譬喩する白蓮華の考察」、お茶の水女子大学文教育学部哲学科・科研費研究成果報告書(研究代表者・頼住光子助教授、二〇〇三年)、七八～一〇二頁。

(12)「震旦」は、サンスクリット語の「チーナ・スターナ」(cīna-sthāna)を音写したもの。「チーナ」は「支那」の音をサンスクリット語に写したもので、「スターナ」は「位置するところ」という意味である。中央アジアでは、語尾の「a」の音が脱落するので、「チーン・スターン」となり、これが「震旦」と音写され、「シナ人の住む所」を意味していた。いわば逆輸入であった。これと似た表現は、アフガニスタン(アフガン人の住む所)、「キルギスタン」(キルギス人の住む所)、カザフスタン(カザフ人の住む所)などがある。「三国一の花嫁」の「三国」は「天竺・震旦・本朝」、すなわち「インド・中国・日本」で、当時としては世界を意味していた。

(13)インドを意味する言葉には、「天竺」のほかに「印度」「信度」「賢豆」「身毒」「中国」「月氏」などの言葉がある。このうち、「天竺」「印度」「信度」「賢豆」「身毒」の語源は同じで、西北インドのインダス河流域の地域の名前であったシンドゥ(Sindhu)が、ギリシア人たちによって亜大陸全体の名前として用いられ、それが他の国で種々に発音が変化していったことによる。詳細は、次を参照。
植木雅俊著『仏教、本当の教え――インド、中国、日本の理解と誤解』(中公新書)、二一～三三頁。

植木雅俊著『人間主義者、ブッダに学ぶ――インド探訪』(学芸みらい社)、一四三～一四六頁。

(14)風間喜代三著『印欧語の故郷を探る』(岩波新書)、一一～一四頁。

(15)私の計算で、一ヨージャナが約十五キロメートルに相当することについては、植木雅俊著『思想としての法華経』(岩波書店)の二〇一～二〇二頁参照。

(16)注9を参照。

(17)「声明」は、śabda(声、音、語)とvidyā(学問)の複合語であるśabda-vidyāの漢訳語で、「言葉の学問」、すなわちサンスクリット文法学のことである。ところが、日本では「声の学問」と勘違いして、「仏典に節をつけて僧侶が唱える仏教音楽」のこととされてしまった。vidyāは、学問のことで「明」と漢訳された。その否定形のavidyāは、「無知」「無学」という意味で、「無明」と漢訳された。

(18)植物学的には、すべての植物は、花をつけると同時に子房《しぼう》ができているので、花と実が同時と言える。ただ、蓮華の場合、蜂の巣状の花托が目立つので華と実が同時と強調されたのであろう。

(19)「言葉による意思疎通を可能にするものは何か?」と題する大野晋博士と筆者との対談(京都仏眼協会広報紙『仏眼』二〇〇〇年九月十五日号、十一月十五日号掲載)で、次のようなやりとりがあった。

**植木**　僕は、実は中学ぐらいまで、高校もそうかなぁ、作文が全く駄目だったのです。小学校で遠足の翌日、よく作文を書かせられました。「僕は、朝六時に起きました。そして、顔を洗い、歯を磨きました。朝御飯を食べました……」と書き出す。その日あったことは全部書かなければいけないと思っていたのです。すると、決められた枚数では書ききれない。そのことが、書いている途中で分かってくる。そこで、鉛筆が止まってしまう。だから書けなかったんです。それで作文は、大の苦手だった。それを無理やりに書かせられるわけです。ところが、大学時代に先ほどの先輩の質問に何も答えられなかったということで、自分のちっぽけさに悩み、自己嫌悪に陥り、極度の鬱病《うつびょう》にまでなった。それを乗り越えたときに、何かほかの人も僕と同じようなことで悩んでいる人たちがいるように思えたのです。「その人たちのために何か自分の思いを伝えたい、言ってあげたい」となったときに、書けるようになった……。

**大野**　本当の意味で、言葉が出来上がってきたわけですね。

**植木**　それは、非常にありがたい言葉です。一人一人にとって、言葉が出来上がるというのは、そういうことだったんですね……。

(20)この「声」と「仏事」の関係を象徴的に示してくれるのが、釈尊の成道から、説法の躊躇《ちゅうちょ》、説法の決断、そして初転法輪で弟子が初めて釈尊の言葉を理解するに到るまでの場面であろう。それは、次を参照。
植木雅俊著『人間主義者、ブッダに学ぶ――インド探訪』(学芸みらい社)の「第七章　釈尊の成道」。
植木雅俊著『思想としての法華経』(岩波書店)の二一四〜二一五頁。

# 第一章
# 自己の探求

中村元先生は、原始仏教（初期仏教）の研究を通して、仏教の本義が「自己の探求」であったことを明らかにして、成仏とは「真の自己に目覚めること」「失われた自己の回復」「人格の完成」のことだと言われていた。そして、「自己」について言及した原始仏典の言葉を多数挙げておられた。「自己」とは、「自身」と言い換えてもいいであろう。この『御義口伝』には、「自身」という文字が七回も出てくる。その主だったものとして、「寿量品廿七箇《じゅりょうほんにじゅうななこ》の大事」から「第廿二《にじゅうに》　自我偈始終《じがげしじゅう》の事」を見てみよう。

**第廿二　自我偈始終の事**

御義口伝に云く、**自**《じ》とは**始**《はじめ》なり。速成就仏身《そくじょうじゅぶっしん》の**身**とは**終**《おわり》なり。**始終自身**なり。中の文字は受用《じゅゆう》なり。仍《よ》って自我偈《じがげ》は自受用身《じじゅゆうしん》なり。法界《ほうかい》を自身と開き、法界が自受用身なれば、自我偈に非ずと云《い》う事なし。自　受　用《ほしいままにうけもちいるみ》　身とは一念三千なり。伝教云く、「一念三千即自受用身。自受用身とは尊形《そんぎょう》を出でたる仏と。出尊形仏とは無作《むさ》の三身《さんじん》と云う事なり」云云《うんぬん》。今、日蓮等《ら》の類《たぐ》い南無妙法蓮華経と唱え奉《たてまつ》る者、是《これ》なり云云《うんぬん》。

## 自で始まり身で終わるから始終自身

『法華経』寿量品第十六は、散文で書かれた本文（長行《じょうごう》）の後に、「欲重宣此義《よくじゅうせんしぎ》。而説偈言《にせつげごん》」（重ねて以上の意味を宣《の》べるために偈《げ》を説いて申されました）と前置きして、五一〇文字からなる韻文（定型詩）の偈（詩句）がつづられている。それは、「自我」の二文字で始まる偈であることから、「自我偈《じがげ》」と呼ばれている。すなわち、

**自**《じ》我《が》得仏来《とくぶつらい》　所経諸劫数《しょきょうしょこっしゅ》　無量百千万《むりょうひゃくせんまん》　億載阿僧祇《おくさいあそうぎ》
（我、仏を得てより来《このかた》、経《へ》たる所の諸《もろもろ》の劫数《こっしゅ》、無量百千万億載阿《おくさいあ》僧祇《そうぎ》なり。）

に始まって、四七〇文字を挟んで、

毎自作是念《まいじさぜねん》　以何令衆生《いがりょうしゅじょう》　得入無上道《とくにゅうむじょうどう》　速成就仏**身**《そくじょうじゅぶっしん》
（毎《つね》に自《みずか》ら是《こ》の念を作《な》す。「何を以《もっ》てか衆生をして無上道に入り、速やかに仏身を成就《じょうじゅ》することを得せしめん」と。）

で終わっている。

この「自我偈」の最初と最後の文字に日蓮は注目した。そして、**「自とは始なり。速成就仏身**

**の身とは終なり。始終自身なり」**と論じた。自我偈は、「自」という文字で始まり、「身」という文字で終わっている。だから、この偈では、始めから終わりまで、自身のことが説かれていると結論付けているのである。「最初から最後まで一貫して、この寿量品の自我偈には自分自身のことが説かれています。ほかの誰かのことではありません。あなた自身のことであり、皆さん自身のことであり、私自身のことですよ」というふうに展開したのだ。

　さらに日蓮は、「自□□身」という構造の四字熟語「自受用身」と対応させて、「自」と「身」に挟まれた**「中の文字は受用なり」**と論じている。すなわち、自我偈の「自」と「身」に挟まれた五〇八文字が「受用」に当たることから、**「仍《よ》って自我偈は自受用身なり」**として、自我偈には「自身」に具《そな》わる「法」を「受け用いる」ことが説かれていると強調し、その「自受用身」に「ほしいままにうけもちいるみ」とルビを振っている。「自由自在に法の楽しみを自ら受け用いることができる身」ということだ。

　この五一〇文字からなる自我偈では、釈尊自身が、「私が仏になって以来、もう天文学的な時間が経っています。それ以来、私はいろいろな仏土にそれぞれの名前で出現して、かくかくしかじかのことをやってきました」という話が展開されている。自ら覚った法をいかに受け用いてきたかが書かれている。それを日蓮は、「自」で始まり、「身」で終わっていることをとらえて、「始終自身なり」と断じ、「ここに説かれていることは、釈尊のことだけではなく、実は皆さんのことであり、最初から最後まで自分自身のことですよ」と主張したわけである。

　この主張は、『法華経』の「如我《にょが》等無《とうむ》異《い》」（我が如く等しくして異なること無からしめん）の精神にかなっていて、大変に素晴らしいものであり、よくこのような展開ができたなあと感動すら覚える。ただ、何もここから「始終自身なり」と持ってこなくてもいいのではないかという思いは残る。悪い言葉で言えば、語呂合わせなのだが、それによって「始終自身なり」として展開している内容は素晴らしい。このような〝離れ業《わざ》〟ができるのは、日ごろから「自身」「自己」への視点を持っているからこそできることである。

漢文の規則からすれば、最初の「自」という文字は、自分自身のことではない。「〜自《よ》り」と読んで、「自我得仏来」は「我、仏を得て自《よ》り来《このかた》」と書き下される。英語で言えば、**from my attaining Buddhahood** である。「私がブッダに到ってより以来」であって、「自」は、英語の前置詞フロム（**from**）に相当するのだ。決して「自分自身」のことではない。漢文で自在に文章を書くことができた日蓮には、そんなことは分かっていて、敢えて「自身」の大切さを強調するために、読み替えていることが分かる。

## 自身の受用を論じたのが自我偈

この「自我偈始終の事」で日蓮は、自我偈は、他人のことではなく、ほかならぬ自分自身のことが一貫して説かれていると読むべきだと主張している。最初から最後まで「自身」のことが書いてあるけれども、その「自身」にどのような力や、働きが具わっているのか、それが「受用」という言葉で示されている。

だから自我偈の構成は、全く「自受用身」と同じであるということになる。「自身」を自受用身と覚知することが自我偈の趣旨であるということである。

さらには、その「自身」ということも皮膚に閉じ込められたものではなく、宇宙大の広がりを持つ自己としてとらえられている。すなわち、法界（宇宙）を「自身」と開くというのがそれである。その法界と開かれた自身は自受用身である。だから法界は、自受用身の別表現としての自我偈なのである。以上のことが、**「法界を自身と開き、法界が自受用身なれば、自我偈に非ずと云う事なし」**と論じられている。

法界が「自身」であり、また「自受用身」であるということを明かしたのが、自我偈なのだ。そこで、その自受用身が何を意味するのかということが明かされる。それが、**「自受用身《ほしいままにうけもちいるみ》とは一念三千なり」**という言葉で始まっている。「自受用身」は、「自ら受け用いる身」と読むのが普通だが、日蓮は敢えて「ほしいままに受け用いる身」と読ませている。

私たちは、自分自身のことでありながら、自分で自分をどうすることもできないことがよくある。怒ってはいけないと分かっていても、怒りがむらむらと込み上げてきてしまう。あるいは、笑うべきときに笑えない。無理に笑うと、頬《ほお》がピクピクとひきつってしまったりする。それは、生命が不自由であるからだ。

「自受用身」とは、自らの命を自由自在に受け用いることができる身である。そういう意味を込めて、「ほしいままに受け用いる身」と読ませているのであろう。

## 自受用身とは我等衆生のこと

その「自受用身」のことを、伝教大師は一念三千との関係で論じている。その部分を日蓮は、『秘密荘厳論《ひみつしょうごんろん》』から**「伝教云く『一念三千即自受用身、自受用身とは尊形を出でたる仏と。出尊形仏とは無作の三身と云う事なり』云云」**と引用している。

伝教の言葉を現代語訳すると、「一念三千とは、すなわち自受用身のことであり、自受用身というのは〔色相荘厳《しきそうしょうごん》の仏のような、いかにも立派であると外見を飾り立てた〕尊形とは無縁の、凡夫という姿の仏である。従って、出尊形仏というのは、無作の三身のことである」となる。

一念三千がどうして「自受用身」となるのか、ここで考えてみよう。「総論　南無妙法蓮華経とは」（五三頁）でも引用した『日女御前御返事』にあるように、日蓮にとっての一念三千とは、南無妙法蓮華経の光明に照らされた十界・三千のことであるから、十界・三千のそれぞれが「本有《ほんぬ》の尊形《そんぎょう》」（本来的に具える尊い姿）として、輝いている。ということは、地獄界であれ、餓鬼界であれ、畜生界であれ、十界のすべてが妙法の智慧に照らされたものとして輝いていることになる。

そのときのことが『御義口伝』では次のように述べられている。

十界同時の成仏。

> 歓喜とは、善悪共に歓喜なり。十界同時なり。今、日蓮等の類《たぐ》い南無妙法蓮華経と唱え奉るは、十界同時の光指《さす》なり。諸法実相の光明《こうみょう》なるが故なり。
>
> 南無妙法蓮華経と唱え奉る時は、十界同時に成仏するなり。
>
> 姨母《いも》・耶輸《やしゅ》の記別[1]は、十界同時の授記なり。

『御義口伝』には、「十界同時」という言葉が、何度も出てくる。十界すべてが本有《ほんぬ》（本来的な存在）としてあり、九界を厭離《おんり》して仏界に到るのではなく、我々に具わる九界も仏界も、十界のすべてが同時に成仏するということだ。だから、十界すべてが自由自在なのだ。笑うべき時に心の底から笑うことができ、怒るべきときに真剣に怒ることができる。同情すべきときには心底から同情できる。これは、十界についての「ほしいままに受け用いる身」である。

南無妙法蓮華経の智慧の光明が胸中に輝いていない時は、地獄界に束縛されたり、餓鬼界に執着したり、修羅界の瞋《いか》りに引きずられたり、二乗界にしがみついたりといった具合いに、心は束縛されて不自由なものである。

こういったことを考えると、南無妙法蓮華経という智慧の光明に照らされて、十界三千のすべてが輝いていることが、「自受用身」であるということは理解しやすいのではないだろうか。

## 一念三千とは何か

この一念三千ということが説かれたのは天台大師智顗の『摩訶止観《まかしかん》』巻五上の次の一節においてである。

> 夫《そ》れ一心に十法界《じっぽうかい》を具す。一法界にまた十法界を具すれば百法界なり。一界に三十種の世間《せけん》を具すれば、百法界に即三千種の世間を具す。此の三千、一念の心に在り。若《も》し心無《な》くんば而已《やみなん》。介爾《けに》も心有れば即《すなわ》ち三千を具す。
>
> （大正蔵、巻四六、五四頁上）

一心にまず十界が具わり、それぞれの一界に十界が具わって百界になる。その一界に、十如是《じゅうにょぜ》と三世間をかけ合わせた三十種の世間が具わっているので、全部で三千世間にまで広がる。心がなければ仕方がないが、わずかでも心があれば、その心には三千の広がりが具わっている――ということである。

ここで言う「十界」とは、瞬間瞬間の心の現われを次の十種に分類したものである。

①地獄界＝苦悩・煩悶の境地。

②餓鬼界＝欲望に支配された境地。

③畜生界＝動物のように本能的欲求に支配された境地。
④修羅界＝自我にとらわれ、他に勝《まさ》っていないと気がすまない自己中心的境地。
⑤人　界＝激しい感情の起伏もなく平穏な人間らしい境地。
⑥天　界＝喜びに満たされた境地。
⑦声聞界＝仏の教えを聞くことによって自利的に煩悩を断じることを目指す境地。
⑧縁覚界＝自然現象を縁としてただ独りで覚りを求めようとする境地。独覚《どっかく》界とも言う。
⑨菩薩界＝一切衆生を救済しようと利他の実践を貫く慈悲の境地。
⑩仏　界＝円融円満な人格を完成した創造的で、能動的、かつ清らかな境地。

これらの十界のそれぞれが「十界互具」と言って、他の十界を具しているという。そして、それぞれの十界は、十如是という存在の在り方、因果の理法に基づいているという。その十如是とは、諸法（あらゆるものごと）の存在の仕方を次の十の観点でとらえたものである。

①如是《にょぜ》相《そう》＝外面に現われた姿・形・振る舞い。
②如是性《しょう》＝内面的な性質・性分。
③如是体《たい》＝本質・本体。
④如是力《りき》＝内在的な能力。
⑤如是作《さ》＝「力」が具体的に顕現した作用・働き。

⑥如是因《いん》＝「果」を招く内在的な直接原因。
⑦如是縁《えん》＝内在的な「因」を助ける補助的な間接原因。
⑧如是果《か》＝「因」と「縁」によって成立した内在的「果」で、次の「因」となる。
⑨如是報《ほう》＝内在的「果」が具体的な現象として現われたもの。
⑩如是本末究竟等《ほんまつくきようとう》＝以上の「相」から「報」までのすべて（本末）が、融合していること。

以上の在り方をしている一念の空間的広がりが、三世間と言って、三段階にわたって示される。三世間とは、生命活動を織りなす場（世界）の広がりを次の三段階に分類したものである。

①五陰《ごおん》世間＝肉体（色《しき》）と、精神（受《じゆ》〈感受作用〉・想《そう》〈表象作用〉・行《ぎよう》〈意志作用〉・識《しき》〈識別作用〉）の働きが織り成される場としての個の衆生。
②衆生世間＝五陰（色・受・想・行・識）が和合して成立した生きとし生けるものの世界。
③国土世間＝衆生が住する山川草木《さんせんそうもく》等の自然や社会などの環境としての世界。器世間《きせけん》ともいう。

この一念三千の概括的な意味については、妙楽大師が『摩訶止観輔行伝弘決《まかしかんふぎようでんぐけつ》』巻五に、

一念の心に於《お》いて、十界に約せざれば、事《じ》を収むること遍《あまね》からず。三諦《さんたい》に約せざれば、理《り》を摂《と》

ること周《あまね》からず。十如を語らざれば、因果備わらず。三世間無《な》くんば、依正《えしょう》尽きず。

（大正蔵、巻四六、二九四頁上）

と言っている通りである。瞬間の心（一念）の現われを、十界という尺度で見るから具体的現象の全体像をとらえることができるし、空仮中《くうけちゅう》の三諦《さんたい》(2)で論ずるから真理を一面的でなく、普遍的に押さえることが可能となる。また、十如是を言うことによって因果の理法が備わってくるし、三世間によって依報《えほう》（環境）・正報《しょうほう》（主体）にわたる一念の広がりを明らかにすることができる。

この「世間」について、「世間とは差別の義なり」という言葉があるが、これは「世間」という言葉が、イコール「差別」ということではないことに注意しなければならない。「世間」は、サンスクリット語で「ローカ」(loka) と言うが、これはラテン語の「ロコ」(loco)、英語の「ローカル」(local) と語源が同じで、場所を意味している。種々の現象が生じては滅する場としての空間的広がりのことだ。そこ（世間）において織りなされる事象を見ると、千差万別の差別相からなっている。以上のことを、途中を省いて「世間とは差別の義なり」と言っていたのだ。決して、「世間イコール差別」ではない。

## 一念の全体像と心の自由度

以上の十界（および、その互具）と、十如是、三世間を融合的に組み合わせて「三千」（＝10×10×10×3）という数を満たして「一念三千」が体系化された。三千の数によって、心の働きの具体相、種々に生起しては変化するその因果、一念が主体だけでなく環境にまで遍満しているという在り方——といった一念の全貌が包摂される。けれども、それは可能性としての全貌であって、偏狭な心の場合は、現実として三千という数を満たすことはない。六道輪廻《ろくどうりんね》している人は、実際生活では六界が互具しているのみで、六×六＝三十六界で、十如是を加味して三百六十如是、三世間を考慮しても「一念千八十」にしかならない。心（一念）の自由度は千八十（＝6×6×10×3）である。三悪道に取り込まれているときは、「一念二百七十」で、自由度はわずか二百七十（＝3×3×10×3）である。もっと心の不自由な人は、その数はさらに少なくなる。最も不自由な地獄界にとらわれている人は、なかなかそこを抜けきれず、最も極端な場合には、現実的には他の九界と互具することはなく、一界互具して一界で、十如是と三世間を加味しても「一念三十」、自由度は三十（＝1×1×10×3）でしかない。さらに地獄界に束縛され、がんじがらめになって、衆生世間や国土世間の空間的広がりが限りなくゼロに近ければ「一念十」ということもあり得る。自由度はたったの十（＝1×1×10×1）という不自由さである。そういう具合に、生命の変動可能な領域は限りなく小さくなる。その意味では、一念三千の三千は、一念（心）の自由度の最大値を示すものと理解できよう。

ここまで読んできて、心の自由度を大きく左右するのは、十界すべてが自由自在であるのか、それとも不自由であるのかにかかっていることに気づかれるであろう。本書の一〇四〜一〇五頁、および三五〇頁に挙げているように、十界が自由自在であることを日蓮は、この『御義口伝』で「十界同時の成仏」と表現していた。その構造を図顕したのが十界曼荼羅であると理解される。

妙楽大師は、そのことを『法華文句記《ほっけもんぐき》』巻一下において、次のように記している。

若《も》し三千に非ざれば、摂《と》ること徧《あまね》からず。若し円心《えんしん》に非ざれば、三千を摂《せっ》せず。

（大正蔵、巻三四、一六七頁上）

「三千」という数は、一念の可動領域の全体を示すものであり、それによって一念の全体像を把握することができるが、現実的には何も欠けたもののない円融円満の自由自在の心であって初めて、実際に一念が「三千」という数を満たすことができるのである。その時のことを、妙楽大師は、『金剛錍論《こんごうへいろん》』において次の言葉で示している。

実相は必ず諸法、諸法は必ず十如、十如は必ず十界、十界は必ず身土《しんど》なり。

（大正蔵、四六巻、七八五頁下）

一念の真実の姿（実相）は必ず諸法という具体的な事物・現象をもって現われ、その諸法は必ず十如是という因果の理法にのっとって現われ、十如是は必ず十界という心の働きとして現われ、その十界の境涯は自己の身体（身《しん》）に閉ざされてあるのではなく、我が身の存在する環境（土《ど》）にまで拡がっている。妙楽大師は、そのことを『摩訶止観輔行伝弘決《まかしかんふぎょうでんぐけつ》』巻五で次のように述べている。

当《まさ》に知るべし、身土《しんど》一念の三千なり。故に成道《じょうどう》の時、此《こ》の本理《ほんり》に称《かの》うて一身一念《いっしんいちねん》、法界《ほうかい》に遍《あまね》し。

（大正蔵、巻四六、二九五頁下）

これは、天台大師智顗によって体系化された「一念三千」が体現された時に開ける境地である。我々が、覚りに達した時、「身土」（身体と国土）にわたる一念三千という「本理」（根本の真理）にかなって、私たちの身体も一念も法界に遍満している（一身一念、法界に遍し）ということを覚知できるというのである。

このことを日蓮は、『一生成仏抄』で、

十界三千の依正色心《えしょうしきしん》、非情草木《そうもく》、虚空刹土《こくうせつど》、いづれも除かずちり（塵）も残らず、一念の心に収めて、此の一念の心、法界に遍満す。

と述べ、主体と環境（依報《えほう》と正報《しょうほう》の依正）、物質と精神（色心《しきしん》）、非情（心を持たないもの）の草木、国土（刹土）、さらにはミクロ（塵《じん》＝原子）とマクロ（虚空《こくう》＝宇宙）にまで遍満する一念の雄大さを説いている。

そうなると、「自受用身」とは、南無妙法蓮華経という智慧の光明によって十界・三千のすべてを輝かせ、生命の自由度が最大に達している人のことだと理解できる。それは、何も特別な姿をしている必要はない。三十二相・八十種好[3]などといった特殊な身体的特徴なども必要ない。
こうして、「色相荘厳《しきそうしょうごん》」のように、人間離れして姿形を飾り立てた「尊形」は否定される。そして、人間としてのありのままの姿であり、凡夫の身のままであって、我が身に一念三千の当体を開けば「自受用身」となるのである。これは、いわゆる「尊形」という考えとは無縁であり、それを伝教大師最澄《さいちょう》（七六七〜八二二）は、「無作の三身」と称している。それは、作為的に得られたものではなく、本来おのずから具えていた人格を開き現わした仏という意味である。

「出尊形の仏」と言われているのは、「仏様然《ほとけさまぜん》」として、いかにも立派そうに外見を飾り立てた姿とは無縁であることを意味している。神格化したり、人間離れしたものに祀り上げたりしたのは、釈尊滅後に登場した、いわゆる小乗仏教（説一切有部《せついっさいうぶ》）であった。本来の仏教では、「尊形」など全く説かれていなかった。凡夫の当体、本有のままの仏という在り方が説かれていた。それは言い換えれば、「第三章　日蓮の時間論」で述べる「はたらかさず・つくろわず・もとの儘《まま》」という無作本有の仏ということである。もっと分かりやすく言えば、〝最も人間らしいブッダ（目覚めた人）〟と言えよう。

以上のように「自受用身」「一念三千」「出尊形仏」「無作の三身」ということについて、種々に論じてきたが、こうした言葉が示すものは、**「今、日蓮等の類い南無妙法蓮華経と唱え奉る者、是なり云云」**と日蓮は明言している。南無妙法蓮華経と唱えるのは、失われた自己を回復し、真の自己に目覚め、人格の完成のためであると日蓮は言っているのであろう。

## 〝三身如来〟の問題点

日蓮が引用した伝教大師の著作の一節に「無作の三身」という言葉があった。この『御義口伝』には、この言葉がしばしば出てくる。これは、歴史的な背景があって用いられているが、「三身」という言葉は、本来の仏教からすれば、適切でないものであることを指摘しておかなければならない。

法身《ほっしん》・報身《ほうしん》・応身《おうじん》の三身論《さんじんろん》が登場したのは、釈尊滅後八百年を経過した四世紀頃のことで、その二百年ほど前には、二身論《にしんろん》が先行していた。釈尊が八十歳で亡くなったということで、〝有限の仏〟に対する〝永遠の仏〟という議論が展開され、法身如来《ほっしんにょらい》（法身仏）という考えにまで発展する。

「法身」と漢訳されたのは、パーリ語のダンマ・カーヤ（dhamma-kāya）で、その語が、紀元前二世紀頃の『ミリンダ王の問い』（Milinda Pañha）に登場する。アレクサンドロス大王のインド遠征（紀元前四世紀末）の後、西北インドに住み着いたギリシア人の子孫であるミリンダ（弥蘭陀《みらんだ》、ギリシア名＝メナンドロス）という王様が、インド人の仏教僧ナーガセーナ（那先《なせん》）との対談で、「ブッダの存在を示すことができますか」と尋ねた。ナーガセーナは次のように答えた。

既に入滅してしまった世尊を、「ここに居る」とか、「そこに居る」とかと言って示すことはできません。けれども、世尊をダンマ・カーヤによって示すことはできます。ダンマ（法＝

真理）は世尊によって説き示されたものであるからです。

ここのダンマ・カーヤは、後の大乗仏教の言う「法身」「法という身体」という意味ではない。カーヤに「集まり」という意味があるので、「法の集まり」というほどの意味である。

釈尊は、「法」を覚ってブッダ（目覚めた人）となった。その「法」は、人間として在るべき理法、真理のことで、あらゆる人にも開かれている。釈尊は、自らをブッダたらしめたその「法」を「経」として残した。それがダンマ・カーヤ、すなわち「法の集まり」と称されている。

「人」と「法」の関係としては、「総論　南無妙法蓮華経とは」（三七頁）で詳述しておいた。釈尊自身は、自分のことを永遠の存在だと思ってほしいなどと考えてもいなかった。釈尊自身がそうであったように、「人」としてのめいめいの「自己」と「法」をよりどころとするように〝遺言〟していた。その考えが、『大パリニッバーナ経』において、入滅を間近にした釈尊によって「自帰依《じきえ》」「法帰依《ほうきえ》」として説かれていたのである。

「法」が釈尊の後継者であり、師であり、よりどころである。そこには、〝永遠のブッダ〟などの出てくる余地など存在しないし、必要なかったのである。

## 『維摩経』における法身

パーリ語のダンマ・カーヤは、サンスクリット語ではダルマ・カーヤ（**dharma-kāya**）という。そのダルマ・カーヤという言葉が、紀元一世紀頃に成立した『維摩経《ゆいまきょう》』に出てくる。

その第二章において、主人公である在家の菩薩・ヴィマラキールティ（維摩詰《ゆいまきつ》）が、人の身体がいかに無常で、頼りにならないものであるかを執拗《しつよう》なほどに説いて聞かせたうえで、如来の身体であるダルマ・カーヤ（法身）を得るべきだと主張している（拙訳『サンスクリット版全訳　維摩経　現代語訳』、角川ソフィア文庫、八七～九一頁を参照）。

そのダルマ・カーヤは、布施《ふせ》・持戒《じかい》・忍辱《にんにく》・禅定《ぜんじょう》・精進《しょうじん》・智慧《ちえ》の六つの完成（六波羅蜜《ろくはらみつ》）や、慈《じ》・悲《ひ》・喜《き》・捨《しゃ》からなる他者のために尽くす四つの際限のない心の働き（四無量心《しむりょうしん》）、説法における四つの畏《おそ》れなきこと（四無畏《しむい》）などの法の実践によって得られると強調される。この表現からすると、『維摩経』におけるダルマ・カーヤ（法身）は、「法から生じた身体」「法によって得られる身体」という意味で用いられていることが理解できよう。如来のなすべきことをなす身体が「如来の身体」であり、「法によって得られる身体」がダルマ・カーヤなのだ。「法」そのものが身体だとは見なされていない。

このように、ダルマ・カーヤは、「法の集まり」「法から生じた身体」「法によって得られる身体」という意味である。この時点までは、「法」は身体とは見なされてはおらず、普遍的真理としての「法」という独自性は維持されている。

## 「法という身体」の矛盾

ところが、カーヤに「身体」という意味もあることから、ダルマ・カーヤは、「法身」と漢訳され、次第に「法を身体とするもの」「法という身体」というように、「法」を身体と見なすようになった。それは、次に論ずる二身論として登場し、さらに三身論へと展開していった。
釈尊が亡くなった後、仏の身体の捉え方をめぐって仏身論《ぶっしんろん》が議論された。初めは、釈尊の肉体（色身《しきしん》、生身《しょうしん》、現身《げんしん》）は滅んだけれども、不変の真理としての身体、すなわち「法身」は滅びることはないと考えた。ナーガールジュナ（龍樹《りゅうじゅ》、一五〇頃～二五〇頃）の頃には、その「法身」が衆生救済のために応現《おうげん》（化現《けげん》）したのが釈尊だとして、その身体を「応身《おうじん》」、あるいは「化身《けしん》」と見なした。これが、「法身」と「応身」（化身《けしん》）の二身論である。その後、ヴァスバンドゥ（世親《せしん》、または天親《てんじん》と漢訳、三二〇頃～四〇〇頃）は、『法華論《ほっけろん》』で「法身」「報身《ほうしん》」「応身」の三身論を展開した。

最初の二身論で、法身は真理としての身体だから、宇宙に遍満している普遍的真理として永遠であるけれども、肉体をそなえて出現することはなく、抽象的である。もう一方の応身は肉体をそなえて出現するので、具体的だけれども寿命が限られていて有限である。両者は全く逆行していて、両極端である。

そこで、両者を媒介するものとして「報身」という概念を打ち出して、三身論となった。これは、ブッダとなるための因としての行を積み、その果報としての完全な徳を得ている身体という意味で因行果徳身《いんぎょうかとくしん》、つまり、永遠性と具体性を兼ね備えた存在を考え出して、現実性を持たせようとした。

ダルマ・カーヤを「普遍的真理の集まり」「法によって得られる身体」とするのは何の無理もない。ところが、「普遍的真理という身体」とするのは、無理がある。「法」が、「人」の生き方に体現されることはあり得るけれども、「法」自体が身体であることはあり得ない。真理に意志があるはずもなく、喜怒哀楽の感情もあるはずがない。「法を身体とするもの」「法という身体」とは、「総論　南無妙法蓮華経とは」（八六頁）で挙げた「兎《うさぎ》の角《つの》」や、「亀の毛」「円い三角形」と同様、形容矛盾であり、言葉のみ存在して実体のないもの（仮名有《けみょうう》）である。それなのに、「法」を身体と強引に結びつけたから、初めから無理があった。そのようなものを考え出したことは、本来の仏教からの逸脱であり、余計なことをやってしまったと思う。

## 「人」と「法」の関係の逸脱

天台大師が、「三身即一身《さんじんそくいっしん》」「一身即三身」と言って三身を融合させようとしたり、「報中論三《ほうちゅうろんさん》」、すなわち報身が根本であって、そこに三身が具わっていると論じたりしなければならなかったのも、余計なことがなされたことで生じる無理を繕《つくろ》おうとしたものだとしか思えない。このようにして考え出された〈法身・報身・応身〉の三身に、それぞれ〈真理・智慧・肉体〉という意味付けも行なわれたようだが、これも後付けのこじつけでしかない。二身論や、三身論などといった余計なことを考え出さず、「人」と「法」の関係のままでいれば、すっきりとしていた。

ところが後世になって、普遍的真理であった「法」が人格化されて、宇宙そのものを身体とする「法身如来《ほっしんにょらい》」（法身仏）という特別の存在にされてしまい、各自が体現すべきものとしてあった「法」が、崇《あが》め、すがるべき対象にされてしまった。その法身如来は、我々の現実世界とはかけ離れた存在であり、一神教的絶対者（人格神）と類似した構造になる。そうなると、仏教本来の「人」と「法」の関係が崩れてしまう。仏教では、「依《え》法《ほう》不《ふ》依《え》人《にん》」（法《ほう》に依《よ》って人《にん》に依らざれ）として、依るべきものは「人」ではなく、「法」とされていたにもかかわらず、その「法」を「法身如来」として「人」にしてしまったのである。それは、もはや仏教とは言えないものである。

仏教ではそのような絶対者的存在を立てることはないのであって、「法身如来」は、仏教本来の思想を逸脱したものである（詳細は橋爪大三郎・植木雅俊著『ほんとうの法華経』、三二三～三二四頁を参照）。

その一神教的絶対者と我々とのあいだに、「預言者」のような介在者が割り込んでくると、その人は特権階級になる。仏教は、そのような絶対者や、特権階級を必要とせず、「人」と「法」の関係として、「法」（dharma）の下《もと》に、釈尊も例外とせず、あらゆる人が横並びとなる平等思想を説いていたことを知るべきである。

## 仏教は一神教的絶対者を立てず

ところが、インドは陸続きであることから、イランの方から在外の神格が仏教に取り込まれることが起きた。

クシャーナ王朝（一世紀半ば～三世紀半ば）の頃に高まったマイトレーヤ（maitreya、弥勒《みろく》）信仰は、イランのミトラ（mitra）神がマイトレーヤ菩薩として仏教に取り込まれたことによっている。それにともない、西洋の一神教的絶対者のような宇宙大の永遠だが抽象的な如来（法身仏《ほっしんぶつ》）

が考え出され、本来の仏教の人間観・ブッダ観とはかけ離れたものになる傾向が出てきた。その代表が、ゾロアスター教の最高神アフラ・マズダーに起源をもつとされる毘盧遮那《びるしゃな》（vairocana）仏である。

中村元先生は、「西洋においては絶対者としての神は人間から断絶しているが、仏教においては絶対者（＝仏）は人間の内に存し、いな、人間そのものなのである」（『原始仏教の社会思想』中村元選集決定版、第一八巻、二六一頁）と言われた。仏教では本来、人間からかけ離れた絶対者的存在を立てることはない。決して個々の人間から一歩も離れることはない。仏教は、人間を原点に見すえた人間主義であり、人間を〝真の自己〟（人《にん》）と、人間としてあるべき理法（法《ほう》）に目覚めさせるものであったのだ。日蓮も、それと同じ思いで「出尊形の仏」「無作の三身」という言葉を引用して用いたのであろう。

しかし、既に述べたように、「三身」という表現は、本来の仏教からの逸脱であり、筆者は基本的に用いないことにしている。「無作の三身」を「無作の仏」と表記しても何の問題もない。日蓮は、『御義口伝』において、三身の具体的内容には何もこだわっておらず、伝教大師が用いた「無作の三身」という表記を採用しているだけのようだ。以下、本書の解説においては、どうしても「無作の三身」という言い方を用いなければならない場合を除いて、「無作の仏」とすることを断っておく。

## 〝非我〟か〝無我〟か？

これまで、「自身」「自己」に焦点を定めて論じてきた。ところが、わが国では、仏教と言うと「無我《むが》」ではなかったのか？　という人もあるかと思う。この点についても検討しておく必要があろう。

「無我」は、パーリ語の「アナッタン」（**anattan**）、サンスクリット語の「アナートマン」（**anātman**）の訳である。**attan**（我、自己）、あるいは**ātman**（同）に否定を意味する接頭辞**an**が付いているので、「我《が》が無《な》い」と訳された。

ところが、原始仏典の古い部分には、「自己」という意味で「アッタン」（アートマン）が用いられていて、「自己を求めよ」「自己を護《まも》れ」「自己を愛せよ」「自己を調えよ」と積極的に「アートマン」（自己）を肯定した発言がなされている。「自己の実現」「自己の完成」を説いていて、「無我」、すなわち「アートマンは存在しない」といった表現は見当たらない。

中村元先生の『原始仏教の思想Ⅰ』の全九八七頁のうち二百頁以上（四五五〜六七三頁）が「自己」に関する記述に充てられていて、原始仏典の『スッタニパータ』、および『テーリー・ガーター』[4]を見ただけでも、それぞれ次のような文章が出てくる。

見よ、神々並びに世人は、非我《ひが》なるものを我と思いなし、〈名称と形態〉（個体）に執着している。（第七五六偈）

心を調え、一点によく集中し、もろもろの形成されたものを〔自己とは異なる〕他のもので

あり、自己ではない（非我）と観察しなさい。　（第一七七偈）

いずれも、「何かを自己とみなす」ことを否定する表現になっている。

それは、「何かが自己なのではない」という意味であり、「無我」（我が無い）ではなく、「非《ひ》我《が》」（我に非ず）と訳すべきである。何かを自己とみなして、それに執着することや、自己に属さないものを自己に属するものと思いなして執着することを戒めた言葉であって、「自己」を否定したものではなかったのだ。確かに鳩摩羅什《くまらじゅう》訳『維摩経《ゆいまきょう》』においては、「非我」という訳が多く見られる（拙著『梵文「維摩経」翻訳語彙典』、あるいは拙訳『梵漢和対照・現代語訳　維摩経』参照）。

原始仏典の『ダンマ・パダ』には、「自己」に関して次のような言葉が多出する。

戦場において千の千倍（すなわち百万）の人に勝つ人と、唯《た》だ一つ（の自己）に克《か》つ人とでは、実にその（後者の）人が戦いの最上の勝利者である。実に自己に克つことは、他の人々に勝つことよりもすぐれている。自己を調えている人の中で常に自己を抑制している修行者――このような人の勝利したことを敗北したことになすようなことは、神も、ガンダルヴァ（天の伎楽神）も、悪魔も、梵天もなすことができない。

自己こそ自分の主《あるじ》である。他人がどうして（自分の）主であるはずがあろうか？　自己をよく調えることによって、人は得難き主を得るのだ。

こうしたことから、中村先生は、「喪失した自己の回復」「自己が自己となること」が、初期仏教徒の実践の理想であったと結論している。ここで言う「得難き主」が、「自受用身」に相当していると言えよう。

## 〝自力〟か〝他力〟かの分類法に違和感

仏教の分類方法の一つとして、「自力」か、「他力」かという考え方がある。このような枠組みの設定は、このいずれかであることが重要であるかのように思わせてしまい、仏教を型にはめ込んで、仏教で重視すべきものをすり替えてしまうように思えて、私は違和感を感ずる。

仏教は、〝真の自己〟と、人間として在るべき〝普遍的真理〟（法）に目覚めることを重視していた。そこにおいては、自己の努力も、善知識としての他者の働きかけも不可欠である。どちらか一方の二者択一ではない。釈尊自身も「皆さんを覚らせるのは私ではなく、法である。私は善知識として、皆さんを法に近づけることができるだけです」と語っていた。我々は、ブッダによって法に近づけてもらうことはできるが、それを覚知するのは自己の努力によるのだ。「自力」か「他力」か――が重要なのではなく、どっちであったって、〝真の自己〟と、人間として在るべき〝普遍的真理〟に目覚めることを目指しているのかどうかが重要なのだ。

## 釈尊の説法も〝始終自身〟であった

『御義口伝』の「始終自身なり」という一節を見たとき、原始仏典における釈尊の教化も、「始終自身なり」であったことに思いを馳《は》せた。

「真の自己」の探求を重視していたことを物語るエピソードが原始仏典の『マハー・ヴァッガ』に記されている。それは、釈尊が、ベナレス郊外の鹿の苑（鹿野苑《ろくやおん》）で成道後初の説法（初転法輪《しょてんぽうりん》）を終えて、ブッダ・ガヤー（仏陀伽耶《ぶっだがや》）へと戻る途中のことだった。釈尊は、街道からそれて林に入って樹木の根もとに坐っていた。その林に青年たちが夫人同伴でピクニックに来ていた。そのうちの一人だけは、独身で遊女を同伴していた。ところが、その遊女がみんなの持ち物を持って逃げ去ってしまった。その女を探し求めて林をさまよっていて、釈尊の姿を目にして声をかけた。「一人の女性を見ませんでしたか」と。そこで釈尊は、女性を探す理由を尋ね、その答えを聞いて言った。

青年たちよ。あなたたちはどう考えますか？　あなたたちが女性を探し求めるのと、自己（attā）を探し求めるのと、あなたたちにとってどちらが勝れたものでしょうか？

青年たちは、「自己を探し求めることです」と答え、釈尊の説法を聞いて出家を申し出たという。ここでは、「真の自己」の探求ということが重視されている。

それは、入滅《にゅうめつ》前に釈尊がアーナンダ（阿難）に語っていた「自帰依」「法帰依」の教えとも重なっている（「総論　南無妙法蓮華経とは」の四一頁を参照）。初転法輪直後の教えと、入滅間際の教えが、同趣旨である。釈尊が強調したことは、最初の初転法輪から最後の入滅直前まで一貫して「自己の探求」であったことを意味している。まさに「始終自身」であったのだ。しかも、「自帰依」「法帰依」を語るに当たり、釈尊は、「今でも」「私の死後でも」「だれでも」という三つの条件をつけていた。これも、〝真の自己〟の探求こそ、釈尊が一貫して説きたかったことであり、いつの世にも常に一貫して仏教の目指すべきことだということを意味している。

ところが釈尊の滅後、「私の死後でも」とあったにもかかわらず、時の経過とともに、教団は権威主義化し、差別思想が持ち込まれ、〝自己〟や〝人間〟という視点が見失われてしまう。その差別思想の超克と、人間と自己の復権は、大乗仏教、なかんずく『法華経』の登場を待たねばならなかった。『法華経』に説かれる「長者窮子《ちょうじゃぐうじ》の譬《たと》え」(5)にしても、「衣裏珠《えりじゅ》の譬え」(6)にしても、自らを貧しいものと思い込み、自己卑下して、自らが無上の宝石や財宝を具えていることを知らない男に宝石や財宝の具有を自覚させる物語である。すなわち、「失われた自己の回復」と「真の自己への目覚め」がテーマとなっている。

その『法華経』寿量品《じゅりょうほん》の中の五一〇文字からなる韻文の自我偈に日蓮は、「自己」という視点の重要性を読み取った。それが、「始終自身なり」という言葉に表われている。日蓮のその姿勢は、三十四歳の時にしたためた『一生成仏抄《いっしょうじょうぶつしょう》』の次の言葉にもうかがうことができる。現代語訳して引用する。

〔仏教は、それぞれの自己に法を開き覚知させるものである。それなのに〕いくら仏教を学ぶといっても、〔自己を離れたところでそれを学んで〕真の自己に目覚めることがなく、心の本性を観じることがないならば、全く生死《しょうじ》という苦悩を離れることはない。もしも、自己を離れたところに覚りがあると思って、あらゆる修行、あらゆる善行をやるならば、それはちょうど貧しい人が、日夜に隣の家の財産を数えているのと同じことで、全く自分のものとはならない。だから、天台大師は、「もしも、真の自己に目覚めることがなければ、重罪が滅することもないし、真の自己に目覚めることもなく、あらゆる修行、あらゆる善行をやったとしても、いたずらに自身を苦しめることになるだけである」と述べて、仏法を行ずる者にとって恥ずべきことだとしている。

## 自己との対決の必要性

日蓮は、このように「自己」への目覚めと、「自受用身」としての人格の完成を重視する視点に立って弟子・檀那たちに『法華経』信仰の在り方をアドバイスしていた。『法華経』は「自己」への目覚めを促す経典である。いつの時代も変わることはないが、中世の封建社会においては特に、〝個〟を自覚した人は、時代・社会の偏見、価値観、先入観などとの葛藤にさいなまれることは必然であろう。そこには、「自己との対決」が不可欠である。その具体例は、拙訳『日蓮の手紙』（角川ソフィア文庫）の四条金吾、池上兄弟、南条時光らへの手紙を見れば明らかである。
中村元先生は、戦争の記憶も生々しい一九四九年に、戦争に対する深刻な反省を踏まえて『宗教における思索と実践』を毎日新聞社から出版された。その中で、「日本人はあまりにも権威に屈従し隷属する傾向が顕著」「仏教は思想体系としては理解されていない」と断じ、仏教はわが国で「儀礼的呪術的な形態」でしか民衆と結びついていないとして、「思想的指導性は極めて乏しい」と論じた。また、日本の仏教受容の仕方についても、所詮はシャーマニズムの域を出ることがなかったと指摘していた（決定版『日本人の思惟方法』、四五五〜四七〇頁）。

こうした情況《じょうきょう》に対して、中村先生は「自己との対決」を通して仏教を捉《とら》えなおすことが必要だと訴えておられた。日蓮の弟子・檀那たちへの手紙を読むと、日蓮は既に「自己との対決」を弟子・檀那たちに促していたように思われる。その詳細については、拙著『日蓮の手紙』（二七五〜二七八頁）を参照していただきたい。

**註**

（1）姨母は、「母の姉妹」「おば」のことで、ここでは釈尊の叔母であり、養母でもあるマハー・プラジャーパティー・ゴータミー（摩訶波闍波提《まかはじゃはだい》）。耶輸は、ヤショーダラー（耶輸陀羅《やしゅだら》）のことで、釈尊の出家前の妃《きさき》であった。二人は後に出家して、『法華経』勧持品において未来成仏の予言（記別）を受けた。

（2）空・仮・中の三諦とは、あらゆる存在は実体のないものであるとする「空諦」、あらゆるものごとは因縁によって生じた仮のものとする「仮諦」、あらゆる存在は空でも有でもなく、言葉や思議の対象を超えたものであるとする「中諦」のことで、この三つの観点から現象世界の真実のすがた（諸法の実相）を表わそうとしたものである

（3）三十二相は、①頂成《ちょうじょう》肉髻相《にっけいそう》（頭の頂がまげを結ったように肉が一段と盛り上がっている）、②身毛《しんもう》右旋相《うせんそう》（身体の毛、あるいは頭髪が右旋している）、③眉間白毫相《みけんびゃくごうそう》（眉間に白く柔らかい毛があって右旋している）、④手過《しゅか》膝相《しつそう》（直立した時、手が長くて膝に垂れるほどである）、⑤手足縵網相《しゅそくまんもうそう》（手足の指の間に水鳥のような水掻きがついている）——など、転輪聖王《てんりんじょうおう》が具えるとされた三十二種類の身体的特徴のこと。後に、転輪聖王のようにブッダも三十二相を具えているとされ、さらに後にはブッダの三十二相のほうが転輪聖王のそれよりも勝れているとされた。八十種好は、八十種類の副次的特徴のこと。いずれも、釈尊の神格化の一環として主張された。

（4）長老尼（therī）たちが自らの体験を綴った詩集（gāthā）。和訳としては、拙訳『テーリー・ガーター——尼僧たちのいのちの讃歌』（角川選書）、拙著『パーリ文「テーリー・ガーター」翻訳語彙典』（法藏館）などがある。

（5）植木訳『サンスクリット版縮訳　法華経　現代語訳』（角川文庫）、七八〜八五頁。

（6）植木訳『サンスクリット版縮訳　法華経　現代語訳』（角川文庫）、一五九〜一六〇頁。

第二章

# 汝自身を知れ

「汝《なんじ》自身を知れ」とは、ギリシアの哲人・ソクラテス（前四七〇頃～前三九九）の言葉としてよく知られている。ところが、インドの釈尊（前四六三～前三八三）が同じことを言っていたことを知る人はほとんどいない。仏教は、まさに自身（自己）を知ることを説いていた。日蓮も、同様のことを主張していた。それを、「一　廿八品悉南無妙法蓮華経の事」の中の「一　序品」の御義口伝に見ることができる。

> **一　序品**
>
> 御義口伝に云《いわ》く、如是我聞《にょぜがもん》の四字を能《よ》く能く心得れば、一経無量の義は知られ易《やす》きなり。十界互具・三千具足の妙と聞くなり。此《こ》の所聞《しょもん》は妙法蓮華と聞く故に、妙法の法界《ほうかい》互具にして三千清浄なり。此の四字を以《もっ》て一経の始終に亘《わた》るなり。廿八品の文文句句《もんもんくく》の義理、我が身の上の法門と聞くを如是我聞とは云《い》うなり。其《そ》の聞物《ききもの》は、南無妙法蓮華経なり。されば皆成仏道《かいじょうぶつどう》と云うなり。
>
> 〔以下、略〕

## 釈尊入滅後に行なわれた仏典結集

古代インドにおいて宗教的な教えは、文字ではなく記憶によって伝えられていた。そのため、釈尊が入滅した後、釈尊の教えが散逸したり、異説が唱えられたりすることがないようにと、弟子たちがそれぞれ記憶していた釈尊の教えを確認し合い、仏典として整理・統一する集大成の作業が行なわれた。それが、仏典結集《ぶってんけつじゅう》と呼ばれ、次の四回にわたって行なわれたと伝えられている。

①釈尊入滅の翌年（中村元先生の説によると、前三八二年）、釈尊に随行していた侍者のアーナンダ（阿難《あなん》）らが中心となってラージャグリハ（王舎城《おうしゃじょう》）で行なわれた第一結集。

②釈尊の入滅から約百年後（前三世紀末）、ヴァイシャーリー（毘舎離《びしゃり》）で行なわれた第二結集。

③釈尊の入滅から約二百年後、アショーカ（阿育《あいく》）王の時代にパータリプトラ（華氏城《けしじょう》）で行なわれたとする第三結集。

④クシャーナ朝のカニシカ王（二世紀中頃）の時代に行なわれたとする第四結集。

③については、南方仏教のみの説で、アショーカ王を釈尊入滅から二百年後とすることは、アショーカ王の在位期間（前二六八～前二三二）[1]とも矛盾が生ずる。④については、南方仏教が信じていない。従って、確実なものは、①と②である。

これらの結集の結果、仏典が整理・体系化され、経蔵《きょうぞう》（仏の説いた教えの集大成）、律蔵《りつぞう》（教団の規則の集大成）、論蔵《ろんぞう》（仏教の理論的研究・注釈書）の三種類に分けられ、合わせて三蔵《さんぞう》と呼ばれた。また、②においては、形式的な保守派に対して、現実的な革新派が、時代や地方によって異なる風俗・習慣・気候・風土に応じて衣食住に関する十項目の戒律（十事《じゅうじ》）を緩和するように要求した。この問題をめぐって保守派と革新派との間に激しい論争が起こり、ついに教団は、保守的な上座部《じょうざぶ》と革新的な大衆部《だいしゅぶ》とに分裂した（根本分裂）。

その後、さらに分裂を繰り返し、二十の部派に分かれた。その中で最も優勢だったのが、説一《せついっ》切有部《さいうぶ》（略して有部）で、権威主義が著しく後に小乗仏教と貶称された。

## 「如是我聞」に込められた三つの意味

釈尊の最晩年のことを記した原始仏典『大パリニッバーナ経』（中村元訳『ブッダ最後の旅』）によると、釈尊の入滅の知らせを聞いて泣き崩れる修行者がいた。その時、スバッダという修行者が語った言葉が記録されている。それは、次の言葉であった。

やめなさい、友よ。悲しむな。われらはかの偉大な修行者からうまく解放された。〈このことはしてもよい。このことはしてはならない〉といって、われわれは悩まされていたが、今これからは、われわれは何でもやりたいことをしよう。またやりたくないことをしないようにしよう。

（中村元訳）

このように不謹慎な言葉を後世に書き加えることは考えられない。実際にあったことで、将来への教訓として記録されたのであろう。釈尊入滅直後ですらこのありさまで、釈尊の教えを正しく後世に伝える必要性に迫られていたことも、仏典結集が行なわれた理由であろう。

第一結集では、晩年の釈尊に二十五年間、[2]侍者として随行していたことで〝多聞《たもん》第一〟と称されたアーナンダ（阿難）が、「私は、このように聞きました」（如是我聞）と前置きして、いつ、どこで、どのような情況での説法であったかを述べた後で、釈尊の教えを諳《そら》んじた。このようにして整理され、統一された仏典が、それぞれの仏弟子たちによって記憶され、伝承された。

その時の「私は、このように聞きました」という言葉は、パーリ語とサンスクリット語では、それぞれ次のように表記される。

エーヴァム　メー　スタム（evaṃ me sutam.）
エーヴァム　マヤー　シュルタム（evaṃ mayā śrutam.）

**evaṃ**（evam）が「このように」という意味で「如是」（是《か》くの如《ごと》く）と漢訳され、**mayā**（me）が一人称代名詞**mad**の具格形で「私によって」を意味している。**śrutam**（sutam）が「聞く」という動詞の語根√**śru**（√**su**）の過去受動分子で「聞かれた」という意味であり、直訳すれば「このように私によって聞かれました」となる。サンスクリット語では、〝誰が〟を強調する時は、行為の主体を「〜によって」を意味する具格の形で示し、行為の内容を受動態（過去受動分子）で表わすという表現がしばしば用いられる。ところが、中国と日本では、能動態の表現が普通なので、それぞれ「如是我聞」「私は、このように聞きました」と訳された。

アーナンダの記憶していた釈尊の教えが、このようにして仏典として編纂されたから、この言葉は、仏典の冒頭に必ず掲げてある。それは、「この仏典の以下に述べることは、釈尊が語られたことを、私、アーナンダがそばで直接聞いたことであって、間違いありません」といったことを意味している。これが、「如是我聞」に込められた第一の意味である。この段階では、釈尊の教えをいかに寸分違えず、正確に、かつ忠実に再現し、伝えるかに主眼があったと言えよう。

この形式が、仏典編纂の基本形式として定着した。従って、釈尊滅後五百年ほどして大乗仏典が編纂されるようになっても、その形式は踏襲された。ところが厳密に言えば、釈尊が直接説いたわけではないから、「私は、このように聞きました」とするのは矛盾がある。しかし、そこにはインド人独特の思惟《しい》方法があることを理解しなければならない。それは、中村元先生が『インド人の思惟方法』〈決定版〉中村元選集、第1巻）で「仏が説いたから真理であるのではなくて、真理であるから仏が説いたはずである」（一八八頁）という思考によるもので、「著者は誰であろうとも、正しいこと、すなわち真理を語っていさえすればよいのである」（一八九頁）という考え方である。

ところが、釈尊の名前をかたって自らの教団を正当化し、権威づけるために経典を創作したり、改竄《かいざん》したりする部派（小乗仏教）も現われてくる。釈尊の入滅から五百年も経過すると、釈尊の時代には存在しなかった本来の仏教からの逸脱が顕著になってくる。①聖地信仰、②ストゥーパ（卒塔婆《そとば》）信仰、③在家や女性に対する差別、④人間主義を否定する一神教的絶対者の導入、⑤釈尊の神格化、⑥修行の困難さの強調、⑦出家中心主義――など、ことごとく歴史上の人物である釈尊の説いていたことと全く逆のことが説かれるに至った。

いわば、釈尊の説いた〝正しい教え〟（正法）が、〝正しい教えに似て非なる教え〟（像法）に取って代わられてしまった。大乗仏教、特に『法華経』は、その情況に対応して、「釈尊ならば、きっとこう言われるに違いない」という信念のもとに経典という表現形式で主張を展開した。いわば「釈尊の原点に還れ！」というものであった。

ところが、権威主義的な教団から『法華経』編纂者たちに対して〝非仏説〟との批判が浴びせられたことが、勧持《かんじ》品《ぼん》第十三の偈《げ》に記されている。[3] 確かに『法華経』は、文献学的には〝非仏説〟である。しかし、「釈尊の原点に還れ！」という主張の内容を見れば、思想的には〝仏説〟である。むしろ、批判した側のほうが、本来の仏教から大きく逸脱しているのであって、彼らこそ〝非仏説〟だと断言しなければならない。

このような〝思想闘争の足跡〟として『法華経』は編纂されていった。その冒頭に「私は、このように聞きました」（如是我聞）と前置きすることを忘れなかった。それは、「実際に釈尊から直接に聞いたことではないかもしれないが、自己の信念に照らしても、自らの良心に照らしても、ものごとの道理を考慮しても、釈尊の真意はこうであったに違いない」という思いがこもっている。これが「如是我聞」に込められた第二の意味であろう。ここには釈尊亡き後、長年、権威をもって語られていた〝正しい教えに似て非なる教え〟（像法）を鵜呑《うの》みにするのではなく、自らの良心、良識、常識に照らして、何が真実であるのかという問題意識をもって〝正しい教え〟（正法）をとらえ直そうとしている。そこに「如是我聞」という態度がうかがわれる。

第一の意味では、釈尊が語ったことを直接、聞いたことに重心があった。その段階では、釈尊の教えをいかに正確に、また忠実に人々に伝えるかということが大事であったと言えよう。しかし、第二の意味では、権威をもって語られていることを安易に信ずることなく、釈尊の真意は何であったのか、本来の仏教は何だったのかという問題意識をもって、自己との思想的格闘を経てつかんだ真実を「如是我聞」と言っている。元をただせば、釈尊自身の覚りも、当時の思想状況下にあって第二の意味によって得られたものであった。釈尊の直弟子たちもそうであったに違いない。ところが、釈尊滅後、仏典を改竄《かいざん》して、自分たちに都合のよいことを書き加え、都合の悪いことを削除するようなことが行なわれた[4]。そのような状況下で、『法華経』編纂者たちは、釈尊の真意に迫るという意味で「如是我聞」の態度を貫いた。

第三の意味が、この御義口伝で示されている。それは、第二の意味をもう一段深めた**「廿八《にじゅうはち》品の文文句句の義理、我が身の上の法門と聞くを如是我聞とは云うなり」**である。それについて、以下に見ていこう。

## インドにおける〝聞く〟の意味

その前に、この「聞く」ということについて検討しておこう。

「如是我聞」の「聞」は、原文ではśrutam（sutam）となっていて、「聞く」という意味の動詞の語根√śru（√su）の過去受動分子śruta（suta）の中性・単数・主格形である。インドにおいて、この「聞く」という意味の√śru（√su）という動詞には、「学ぶ」という意味も含まれていることに注意しなければならない。

バラモン教におけるヴェーダの学問は、聖典を暗誦することであった。師の教えを聞いて丸暗記することが「学ぶこと」であった。決してメモしたりするものではなかった。太子時代の釈尊が、学校で勉強している彫刻がいくつも作られていて、二〜三世紀頃に作られたものが出土している。その中には、日本にもたらされたものもある。それを、東京・池袋の古代オリエント博物館で行なわれた「ゴータマ・ブッダの生涯」と題する展覧会で見ることができた。これを見ても、釈尊が学校へ出かけていって、学友とともに石板を使って勉強していたことが確認できる。

石板を使っているということは、書き物をするわけであって、バラモン教の聖典で、暗誦することが目的であったヴェーダの学問とは異なるものを学んでいたに違いない。中村先生は、肥塚隆・田枝幹宏著『美術に見る釈尊の生涯』（平凡社）の序文に、次のように記しておられる。

〈古代インドの美術作品から〉当時の学校の実情が解るのもおもしろい。釈尊は幼時に学校へ行って、学友とともに石板を膝の上にのせて授業を受けたらしい。ヴェーダの学問は聖典を暗誦するのであるから、石板のようなものを必要としない。ところが釈尊が幼時に受けた学問は〈実学〉であり、文字に書いたのである。バラモンたちのヴェーダの学問とは全然異なったものを学んでいたと考えられる。

　このようにインドの社会においては、宗教的なこと、哲学的なことは、筆記するものではなかった。師の教えを耳で聞いて、それを暗誦することが学問であった。だから、「声聞」と漢訳された言葉も、「聞く」（√śru、√su）という動詞に「〜をする人」という名詞を造る接尾辞**aka**を付けたシュラーヴァカ（**śrāvaka** < √**śru + aka**）あるいは、サーヴァカ（**sāvaka** < √**su + aka**）であった[5]。それは、「〔仏の教えの〕声を聞く人」であり、「〔仏の教えの〕声を聞いて学ぶ人」という意味であった。

　このような歴史的背景があっての「声聞」には、言われたことを受動的に学ぶというニュアンスが伴っている。それは、言われたこと、すなわち聞いたことを有り難いものとするのはいいが、自己とはかけ離れたものとして学ぶことになりやすいことは否定できない。「聞く」「学ぶ」ということは、物理的には自己の外部から耳を通して聞くことであり、知の対象が自己以外の他のものであるかのようになりやすい。仏法において説かれることは、人間存在の在り方であって、我々自身に関することである。特に『法華経』は、我々自身のことを説いたものであり、『法華経』を読誦する時には、他の誰かのこととして読むべきではない。自分自身のこととして読むべきだと、日蓮は一貫して主張している。日蓮は、このような受け止め方を「如是我聞」と言っている。「如是我聞」の第二の意味は、経典を編纂するに当たって、釈尊の真意に迫るという心構えが表明されていた。日蓮は、そのようにして編纂された『法華経』を読む際には、すべて我が身のことが説かれていると受け止めるべきだと言っている。日蓮は、それを「如是我聞」と言っている。これが、「如是我聞」の第三の意味である。

## 我が身の上の法門

以上のことを踏まえて、本章冒頭の御義口伝の本文を見ていこう。ここで日蓮は、三段階に分けて「如是我聞」について述べている。

まず第一に、**「如是我聞の四字を能く能く心得れば、一経無量の義は知られ易きなり」**と切り出した。「如是我聞」の四文字に込められた意味を深く理解すれば、『法華経』に込められた無量の意味が分かりやすくなるという。ここで言う「如是我聞」は、先の三つのすべての意味のことであろう。『法華経』には、無量の重要なことが説かれている。天台大師が体系化したように、一念に具わる十種類の心の働きである十界が、相互に十界を具えて百界をなし、仏界以外の地獄・餓鬼・畜生・修羅の四悪道、それに人界と天界を加えた六道も、さらに利己的真理探究者である声聞・独覚の二乗も、利他的実践者である菩薩も、いずれも例外とすることなく仏となりうるし、十界のすべてが智慧に照らされて輝かしい働きを発揮し、我々の生命空間が個人存在（五陰世間）から、人間関係の場（衆生世間）へと広がり、さらには環境世界（国土世間）にまで広がっていると言うのだ。一念に十界が互具し、三千世間を具えた極めて尊く勝れた存在である。そのことを、**「十界互具・三千具足の妙と聞くなり」**と言っている。

そして第二に、**「此の所聞は妙法蓮華と聞く故に、妙法の法界互具にして三千清浄なり」**とくる。その聞かれるものは、経典のタイトルとして表現された「妙法蓮華」なるものである。これは、サンスクリット語のサッダルマ・プンダリーカ（saddharma-puṇḍarīka）の漢訳である。サンスクリット語の文法書によると、プンダリーカ（puṇḍarīka、白蓮華）は、複合語の後半にあって、前半の語を譬喩的に修飾する特別の働きを持つ。[6] この場合、前半の語はサッダルマ（saddharma、正しい教え）なので、「白蓮華のような正しい教え」という意味になる。

ここで、「〜のような」で譬えられるのは、「白蓮華」と「正しい教え」に共通性があるからだ。『法華経』は、「諸経の王」（sūtra-rāja）と言われて、最も勝れた経典である。「蓮華」は仏典で、①パドマ（padma、紅蓮華《ぐれんげ》）、②ウトパラ（utpala、青スイレン）、③クムダ（kumuda、白スイレン）、④プンダリーカ（白蓮華）の四つを挙げて、諸々の花の中で最も清らかなものとされる。また、この四つの蓮華のなかでも、④の白蓮華は最も勝れたものである。

これらのことを踏まえると、「妙法蓮華」と漢訳されたサッダルマ・プンダリーカ（saddharma-puṇḍarīka）は、「白蓮華のように最も勝れた正しい教え」[7]、あるいは「白蓮華のように最も清らかな正しい教え」と現代語訳できる。日蓮は、後者の白蓮華の清らかさに注目して、我々が聞くものは、「妙法蓮華」、すなわち「蓮華のように最も清らかな妙法」と聞くことだと言う。だから、「妙法の法界」、すなわち妙法の真理の世界は、十界が互具し、さらに十如是、三世間を加味して三千世間にまで展開されるもので、白蓮華のように最も清らかな教えであると断じている。「如是我聞」の四文字は、『法華経』全体の冒頭に掲げられている。ということは、この四文字は『法華経』の最初から最後まで、全体に及んでいるのであり、**「此の四字を以て一経の始終に亘るなり」**と述べている。

以上のことを踏まえて、第三に日蓮は、**「廿八品の文文句句の義理、我が身の上の法門と聞くを如是我聞とは云うなり」**と強調している。第一、第二の段階で『法華経』が「妙」(最勝)であり、「清浄」なものであることがクローズアップされたが、それらの法門はすべて「我が身の上の法門」であると読んでこそ、「如是我聞」が完結するということであろう。二十八品からなる『法華経』のそれぞれの文章や、詩句の一節が説き示している意義や道理は、ほかでもない自分自身のことだと聞いて、受け止めることが「如是我聞」だと言う。

そして、**「其の聞物《ききもの》は、南無妙法蓮華経なり」**とする。先ほどは、「此の所聞は妙法蓮華と聞く」であった。ここでは、「其の聞物は、南無妙法蓮華経なり」となっている。「妙法蓮華(経)」と「南無妙法蓮華経」の違いは何か。前者は、普遍(不変)の真理である。真理それ自体は、どんなに普遍的なものであっても、単独では何ら価値を生じない。人間の生き方に反映され、体現されて初めて価値を生ずることになる。普遍的真理としての「妙法蓮華経」が真理のままであっては、それは自己を離れた知の対象にしかすぎない。その普遍的真理としての「妙法蓮華経」に南無(帰依)して、普遍的真理が自己に体現されて初めて自己も法も輝いてくる。それは、「総論　南無妙法蓮華経とは」において、「帰《き》と云うは、迹門《しやくもん》不変真如の理に帰するなり。命《みよう》とは本門随縁真如の智に命《もとづ》くなり。帰命とは南無妙法蓮華経是《これ》なり」について論じたことである。「妙法蓮華経」に南無することによって、我々に現われる境地こそが、「如是我聞」として聞くべきものだと言うのだ。

「妙法蓮華経」、すなわち『法華経』には、「第一章　自己の探求」で論じたように、南無妙法蓮華経という智慧の光明によって十界三千のすべてが輝き、生命の自由度が最大に達した「自受用身」、すなわち「ほしいままに受け用いる身」としての十界互具・一念三千という尊厳な生命をあらゆる人が具えていると説かれている。「南無妙法蓮華経」は、『法華経』に説かれたその境地をわが身に体現（南無）することである。それは、特定の人に限られるようなものではない。あらゆる人に平等に開かれている。だから、日蓮は、**「されば皆成仏道と云うなり」**と結論している。「皆が仏道を成ずる」、すなわち「あらゆる人が仏道（仏の覚り、buddha-bodhi）を達成する」ことのできる教えだと言っている。

『法華経』では、三世十方の諸仏・菩薩が一堂に会し、さらに十界の衆生のすべてが参列して虚《こ》空会《くうえ》の儀式が展開されている。その場面によって、瞬間に永遠をはらみ、宇宙大の広がりを持って、十界のすべてが輝いている自己の生命の全体像を象徴していた。それを、わが身に覚知することが「如是我聞」である。日蓮は、南無妙法蓮華経、すなわち『妙法蓮華経』に説かれた霊山虚空会への南無（帰命）によって、その境地に立ち還ることを説いた。

　この御義口伝で、日蓮が一貫して主張しているのは、『法華経』に説かれていることは、すべて自分自身のことが説かれていると「聞く」べきであるということだ。それは、「汝自身を知れ」と言ってもいいであろう。

## ソクラテスと釈尊の「汝自身を知れ」

「汝自身を知れ」とは、ソクラテスだけでなく、釈尊が語っていた言葉でもあった。仏教の目指したことが、〝真の自己〟の覚知による一切の迷妄や、苦からの解放であったことからすれば、当然のことであった。

釈尊と同時代の女性出家者たちによる手記詩集『テーリー・ガーター』[8]に、ジーヴァーという娘を亡くして号泣するウッビリーという母親が登場する。その母親に釈尊は、第五一偈で「汝自身を知りなさい」(attānaṃ adhigaccha) と語りかけ、「ジーヴァーという名前を持つ八万四千人〔の娘〕たちがこの墓地で荼毘《だび》に付されたが、そのうちのだれのことを嘆いているのか?」と尋ねた。

ウッビリーは、娘の死から八万四千人のジーヴァーの死に思いを拡げ、八万四千人の母親の悲嘆にも思いを巡らし、娘の死という事実を直視した。そして、自己に対する眼を開き、妄執を離れ、完全な安らぎ(涅槃)を得た。

また原始仏典によれば、入滅間近の釈尊は、釈尊亡き後、誰/何を頼りにすればよいのかと不安を抱くアーナンダ(阿難)に対して、

この世において自己という島に住せよ。自己という帰依処は真の帰依処である。法という島に住せよ、法という帰依処は真の帰依処である。

(『大パリニッバーナ経』[9])

と語っていた。

これは、自己を離れて他者に依存することを戒めた言葉である。一人の人間としての自立した生き方は、他者に迎合したり、隷属したり、媚びたりするところにはあり得ない。それは、人に限ったことでなく、「ものごと」についても言える。

私たちは作られた価値観、思いこまされたこと、迷信、権威などに従ってものごとを考えがちである。あるいは祟《たた》り、脅《おど》し、恫喝《どうかつ》、中傷、罰への不安感、さらには物欲、虚栄心、名誉欲などから行動することもある。

そこに〝真の自己〟の自覚はない。それどころか、あらゆるものごとの本性や実相としての「法」を見ることもない。

仏教は、自己を離れて真理を探求することはなかった。『ディーガ・ニカーヤ』によれば、釈尊自身も「私は自己に対して帰依をなした」（katam me saranam attano）と語っていた。自己に目覚めることにより、普遍的で具体的な「法」が立ち現われ、一切のものとのつながりの中に自己を見ようとした。仏教は、〝自覚の宗教〟である。

中村元先生は「西洋の絶対者（＝神）は人間から断絶しているが、仏教において絶対者（＝仏）は人間の内に存し、人間そのものである」と言われた。決して個々の人間から一歩も離れることはない。仏教は、人間を原点に見すえた人間主義であり、人間を〝真の自己〟と「法」に目覚めた人（ブッダ）とするものであった。それは、「汝自身を知れ」ということと言い換えることができよう。

ソクラテスも「汝自身を知れ」と言った。「徳」（arete）は学ぶことができるのかという、メノンとの対話（プラトン著、藤沢令夫訳『メノン』、岩波文庫）で、ソクラテスは次のように語っている。

> 魂は不死なるものであり、すでにいくたびとなく生まれかわってきたものであるから、〔中略〕魂がすでに学んでしまっていないようなものは、何ひとつとしてないのである。だから徳についても〔中略〕以前にも知っていたところのものである以上、魂がそれらのものを想い起すことができるのは、何も不思議なことではない。〔中略〕探求するとか学ぶとかいうことは、じつは全体として、想起することにほかならない。（四七〜四八頁）

「汝自身を知れ」には、そういう背景もあったのだろう。

ソクラテスの言う「想い起こす」「想起する」は、仏教の「真の自己に目覚める」に当たるであろう。また、ソクラテスの言う「徳」は、「法」と漢訳された「ダルマ」（dharma）と通じるものである（拙著『仏教、本当の教え』、四七頁参照）。「徳」が、学ぶべきものではなく、想起するべきものだというのも、「ダルマ」（法）が目覚める（√budh）べきものだとされていたのと共通している。「法」は、自己と無縁なものではないからだ。

ソクラテスは、デルポイのアポロン神殿入口に刻まれた古代ギリシアの格言「身のほどを知れ」という功利主義的で世俗的な意味で用いられていた「汝自身を知れ」という言葉を、哲学的で倫理的に深い意味を持つものに改めた。釈尊は、自己（アートマン）の探求をウパニシャッドの「梵我《ぼんが》一如《いちにょ》」という形而上学的《けいじじょうがく》な意味から、倫理的で実践的な意味に改めた。「自己を知る」といっても、「身のほどを知れ」では、階級的差別の中に自らを位置づけることになってしまう。形而上学的な意味であれば、そこに普遍的視点はあったとしても現実離れしたものになってしまう。ソクラテスや釈尊は、ありのままの自己を見つめて、あらゆる人間関係の中でいかに振る舞うかという視点に立っていた。釈尊は、さらに自己を見すえて、不殺生《ふせっしょう》、報恩、特に他のだれも説かなかった慈悲や平等といった崇高な在り方を説いた。

自己に目覚めることと、人間としての普遍的真理である「法」に目覚めることとは、平行していて、パラレルなのだ。釈尊が「真の帰依処」として、「自己」と「法」の二つを並べて挙げていたのはそのためである。

「自己」を抜きにして「法」を求めることは、キャンバス（画布）を捨てて絵を描こうとするようなものである。両者は切っても切れない関係であるということを、釈尊は次のように簡潔に表現していた。

ヴァッカリよ、実に法を見るものは私を見る。私を見るものは法を見る。ヴァッカリよ、実に法を見ながら私を見るのであって、私を見ながら法を見るのである。

（『サンユッタ・ニカーヤ』）

ブッダを見るということは、特別な存在としてのブッダではなく、ブッダをブッダたらしめている「法」を見ることであり、その「法」も観念的・抽象的なものとしてあるのではなく、ブッダの人格や、生き方として具体化されて存在しているというのである。

しかも、その「法」はブッダのみの専有物ではなく、だれ人にも平等に開かれている。従って、その「法」に目覚め、「法」を自らに体現することが重要になる。だから、「自帰依」「法帰依」として、「人《にん》」としての「自己」と、「法」をよりどころとすべきことが強調されていたのである。

## 日蓮の「汝自身を知れ」

「人」としての「自己」と、「法」は切り離せるものではない。「法」を求めるといっても、「自己」とかけ離れたところで求めても、何も得るものはないであろう。『華厳経《けごんきょう》』菩薩明難品《ぼさつみょうなんぼん》第六に次の一節がある。

譬えば貧窮《びんぐ》の人、日夜に他の宝を数うるも、自ら半銭の分なきが如し。多聞《たもん》もまた是《か》くの如《ごと》し。

(大正蔵、巻九、四二九頁上)

「自己」とかけ離れたところでの「多聞《たもん》」、すなわち〝物知り〟や〝博識〟であることは、古代ギリシアのソフィスト(職業的弁論家)の誇ることと同じであり、「自己」とは関係ない。だから、いくら数え上げても「自己」を豊かにするものではないというのだ。

そのような〝博識〟は、ソクラテスにとって恰好《かっこう》の皮肉の材料となった。ソクラテスによってやりこめられたソフィストたちは、博識を誇り、知識を売り物にし、議論のための議論に耽《ふけ》っていた。ソクラテスは、彼らに対して痛烈な皮肉を込めて、「自らは無知である」と語った。ソフィストたちの言う「知」からすれば「無知」ということである。

日蓮は、『華厳経《けごんきょう》』のこの一節を踏まえて、『一生成仏抄』で次のように記していた。第一章に引用したが、再度引用する。

〈仏教は、それぞれの自己に法を開き覚知させるものである。それなのに〉いくら仏教を学ぶといっても、〈自己を離れたところでそれを学んで〉真の自己に目覚めることがなく、心の本性を観じることがないならば、全く生死という苦悩を離れることはない。もしも、自己を離れたところに覚りがあると思って、あらゆる修行、あらゆる善行をやるならば、それはちょうど貧しい人が、日夜に隣の家の財産を数えているのと同じことで、全く自分のものとはならない。だから、天台大師は、「もしも、真の自己に目覚めることがなければ、重罪が滅することもないし、真の自己に目覚めることもなく、あらゆる修行、あらゆる善行をやったとしても、いたずらに自身を苦しめることになるだけである」と述べて、仏法を行ずる者にとって恥ずべきことだとしている。

本来の仏教は、自己とかけ離れた別世界のことを語ったものではなく、ほかならぬ自己のことが語られているのである。別世界の話を聞くと、それぞれの勝手な空想や、受け止め方がなされ、「似て非なるもの」や「似ても似つかぬもの」にならざるを得ない。

それに対して、本来の仏教は人間存在について語ったものであり、自己を離れることはない。釈尊が説いた法は、未知なる別世界のことではない。ありのままの人間のことであり、自己に一つひとつ突き合わせるように確認できるものである。だから、難解なものではなく、最も分かりやすいものである。そこが決定的に違っている。自己について語られた法は、丸暗記したりするものとしてあるのではない。目覚めるものであり、ソクラテスの言うように〝想起〟するものなのだ。それにもかかわらず、丸暗記するものとして、自己とかけ離れたところで語り継いだり、受け止めたりする人がいるようだ。あるいは、「どうだ分からないだろう」と言わんばかりに話す人もあるかもしれない。それに対して、釈尊もソクラテスも「汝自身を知れ！」と言った。

日蓮は、この御義口伝でも「廿八品の文文句句の義理」を「我が身の上の法門と聞く」ように と教示している。それは、「廿八品の文文句句の義理」があって、「我が身の上の法門」があるからではなく、「我が身の上の法門」を言葉で説明したものが、「廿八品の文文句句の義理」であるからだ。「廿八品の文文句句の義理」を「聞く」ことは、「汝自身を知る」ことなのだ。

**註**

（1）アショーカ王の在位期間を前二六八〜前二三二とするのは、アショーカ王と同時代のギリシアの王たちの年代を考慮して、中村元先生が算出したものである。詳細は、以下を参照。

中村元著『インド史 Ⅱ』、〈決定版〉中村元選集、第6巻、春秋社、五八一〜六一九頁。

拙著『差別の超克――原始仏教と法華経の人間観』、講談社学術文庫、一三八頁。

拙著『仏教のなかの男女観』、岩波書店、一二一〜一二二頁。

（2）アーナンダ（阿難）が、晩年の釈尊に二十五年間、侍者として随行していたことについては、以下を参照。
拙著『差別の超克――原始仏教と法華経の人間観』、講談社学術文庫、四三二頁。

拙著『仏教のなかの男女観』、岩波書店、五四〜五五頁。

（3）植木訳『サンスクリット版縮訳 法華経 現代語訳』（角川ソフィア文庫）、一二八頁参照。

（4）中村元著『原始仏教から大乗仏教へ』、〈決定版〉中村元選集、第20巻、八五頁参照。

（5）シュラーヴァカ（śrāvaka < √śru + aka）と、サーヴァカ（sāvaka < √su + aka）は、それぞれ「男性の声聞」（仏弟子）を意味するサンスクリット語とパーリ語である。ところが、「女性の声聞」（仏弟子）を意味する語は、パーリ語のサーヴィカー（sāvikā < √su + ikā）しか存在しない。サンスクリット語では、接尾辞を用いた造語法に従ってシュラーヴィカー（śrāvikā < √śru + ikā）が考えられるが、この語は、サンスクリット語の辞典でも、仏典でも見当たらない。上の**【表】**のように、サンスクリット語をいち早く使い始めた男性出家者中心主義の小乗仏教（説一切有部）によって、仏弟子である声聞から在家と女性は排除され、小乗仏教の男性出家者に限定されてしまったのである。

| | 男性 | | 女性 | |
|---|---|---|---|---|
| | 出家者 | 在家者 | 出家者 | 在家者 |
| 原始仏教<br>パーリ語 | sāvaka | sāvaka | sāvikā | sāvikā |
| 小乗仏教<br>サンスクリット語 | śrāvaka | —— | —— | —— |

ここにも、小乗仏教の在家や女性に対する差別思想が読み取れる。こうして、本来、在家・出家、男女を問わずすべて仏弟子とされていたのが、小乗仏教の男性出家者に限定されたことで、大乗仏教では批判の対象として男性出家者に限定された声聞が批判されることになる。詳細は、次を参照。

拙著『差別の超克――原始仏教と法華経の人間観』、講談社学術文庫、一三一〜一四二頁。

（6）サンスクリット文法におけるプンダリーカ（puṇḍarīka、白蓮華）という語の特別の用法については、次を参照。

菅沼晃著『新・サンスクリットの基礎』、下巻、平川出版社、五三九～五四〇頁。
**Pāṇini, *Śabdānuśāsana*（*Aṣṭādhyāyī*）, II. 1. 56.**

（7）**saddharma**（正しい教え、正法）と**puṇḍarīka**（白蓮華）との複合語**saddharma-puṇḍarīka**を、竺法護は「正法華」と漢訳し、岩波文庫『法華経』上巻（四〇八～四一一頁）で岩本裕氏は「正しい教えの白蓮」と現代語訳しているが、いずれも正規のサンスクリット文法に照らして、誤りである。「白蓮華のように最も勝れた正しい教え」と訳すべきであり、鳩摩羅什は「最も勝れた」と「正しい」の二つの意味を「妙」に込めて、「妙法蓮華」と漢訳した。詳細は、次を参照。
　拙著『法華経とは何か』、中公新書、三～一四頁。
　拙著『思想としての法華経』、岩波書店、七六～一三二頁。

（8）『テーリー・ガーター』の拙訳は、以下を参照。
　植木訳『テーリー・ガーター　尼僧たちのいのちの讃歌』、角川選書、二九頁。
　植木訳『パーリ文「テーリー・ガーター」翻訳語彙典』、法藏館、六四～六五頁。

（9）「八万四千」は、仏典で「多数」を意味する慣用語として用いられる。「八万四千の法蔵」「八万四千の法門」「八万四千の魔軍」「八万四千の煩悩」などといった表現がなされる。

第三章

# 日蓮の時間論

中村元先生は、「仏教の思想は時間論と言ってもいい。それは〝今を生きる〟ということだ」と話されていた。筆者は、学生時代に物理学を学んでいたこともあって、時間論に興味があった。その観点でこの『御義口伝』を読むと、日蓮の時間論と思《おぼ》しきところが多数散見された。その中から代表的なものとして「寿量品廿七箇の大事」の中の「第三　我実成仏已来無量無辺等《がじつじょうぶついらいむりょうむへん》の事」を見てみよう。

**第三　我実成仏已来無量無辺等の事**

御義口伝に云《いわ》く、**我実**《がじつ》とは釈尊の久遠実成《くおんじつじょう》 道《どう》なりと云《い》う事を説かれたり。然《しか》りと雖《いえど》も当品の意《こころ》は、**我**《が》とは法界《ほうかい》の衆生なり。十界己己《おのおの》を指して我と云うなり。**実**《じつ》とは無作《むさ》の三身《さんじん》の仏なりと定めたり。此《こ》れを実と云うなり。**成**《じょう》とは能成《のうじょう》・所成《しょじょう》なり。成は開く義なり。法界が無作の三身の仏なりと開きたり。**仏**《ぶつ》とは此れを覚知するを云うなり。**已**《い》とは過去なり。**来**《らい》とは未来なり。已来《いらい》の言の中に現在は有るなり。**我**《わ》れ**実**《じつ》と**成**《ひら》けたる**仏**《ほとけ》にして、**已**《い》も**来**《らい》も**無量**《むりょう》なり**無辺**《むへん》なり。百界・千如・一念三千と説かれたり。百千の二字は、**百**は百界、**千**は千如なり。此れ即ち事の一念三千なり。今、日蓮等《ら》の類《たぐ》い南無妙法蓮華経と唱え奉《たてまつ》る者は、寿量品の本主なり。

〔以下、略〕

## 寿量品のあらすじ①

従地涌出品《じゅうじゅじゅっぽん》第十五で大地の裂け目から無数の地涌《じゆ》の菩薩が出現した。それを見て圧倒された弥《み》勒《ろく》（マイトレーヤ）菩薩の疑問に応えて、寿量品第十六が展開される。その最初の部分のあらすじを要約する。

まず、冒頭で釈尊が、次のように語っている。

「良家の息子（善男子《ぜんなんし》）たちよ。あなたたちは、如来の真実の言葉を信じなさい」と三度にわたって語りかける。それに対して、弥勒《みろく》菩薩をはじめとする菩薩たちが三度、説法を懇請する。それに続いて以下のことが語られる。

「一切世間の天の神々や人間、および阿修羅《あしゅら》たちは皆、今の釈迦牟尼《しゃかむに》（シャーキャムニ）仏は釈迦（シャーキャ）族の宮殿を出て出家し、伽耶《がや》（ガヤー）の都城《とじょう》から遠くないところにある覚りの座（道場）に坐してこの上ない正しく完全な覚り（**anuttara-samyak-sambodhi**、阿耨多羅三藐三《あのくたらさんみゃくさん》菩提《ぼだい》）を得たと思い込んでいる。しかしながら、良家の息子たちよ、私が、実に仏となってからこれまで、無量無辺の百・千・万・億・那由佗《なゆた》劫《こう》という遥かな時間が経過しているのだ。

譬《たと》えば、五百・千・万・億・那由佗《なゆた》・阿僧祇《あそうぎ》[1]（＝$5\times10^{87}$）という無数の三千大千世界（十億個の世界[2]）を磨《す》り潰《つぶ》して微塵《みじん》（原子）にして、それを東の方の五百・千・万・億・那由佗・阿僧祇という数の国々を過ぎるごとに一粒の微塵を置いていって、すべての微塵を置き尽くしたとしよう。その多くの世界の微塵を置いたところも、置かなかったところも、さらにまた合わせて微塵となして、その一つひとつの微塵を一劫《こう》（筆者の計算では、$10^{24}$年[3]）とすると、私が仏になってから経過した劫の数は、それよりもさらに百・千・万・億・那由佗・阿僧祇劫も多いのである。成道した時から今に至るまで、私は常にこの娑婆《しゃば》（サハー）世界にあって説法し、教化してきた。また、他の世界の百・千・万・億・那由佗・阿僧祇の国々においても衆生を導き、利益《りやく》をもたらしてきた。その間、私は燃燈仏《ねんとうぶつ》[4]などの如来について説き、それらの仏が涅槃に入るということを説いたが、それはすべて私が方便（教化の手立て）として考えたことなのだ。

良家の息子たちよ、もしも衆生が私の所にやってきたときには、私は仏の眼によって彼らの信などの能力の優劣を観察して、救済すべき相手に応じ、所に応じて自分の名前を変えていること、寿命の大小があることを説き、また「出現しては、涅槃に入るであろう」と言い、種々の方便を用いて勝れた奥深い教えを説いて、衆生に歓喜の心を起こさせてきたのである」

◇　◇

この御義口伝で論じられる「我実成仏已来無量無辺百千万億那由他阿僧祇《がじつじょうぶついらいむりょうむへんひゃくせんまんのくなゆたあそうぎ》……」（植木訳『梵漢和対照・現代語訳　法華経』下巻、二二四頁）という一節は、以上の文脈の中に出てくる。

## 十界己己の我ら衆生が無作の仏

この「我実成仏已来無量無辺」の一節から日蓮の時間論が展開される。この一節は、一般的に

は、

我れ実に成仏してより已来《このかた》、無量無辺なり。

と書き下され、「私が成仏してから、これまでに無量無辺の遥かな時間がたっている」というほどの意味で用いられている。

日蓮は、「我実成仏已来無量無辺」を構成しているそれぞれの文字について、次のように意味付けを行なっている。

まず初めの「我」と「実」について、「我」という主語は、釈尊のことであり、「実」、すなわちその釈尊の真実とは何かというと、それは五百塵点劫《じんてんこう》(5)の久遠の昔に成道していたこと(久遠実成《くおんじつじょうどう》)であるとされる。それが、**「我実とは釈尊の久遠実成道なりと云う事を説かれたり」**というところである。ただし、この一節は『昭和定本　日蓮聖人遺文』と要法寺版『御義口伝鈔』では、「我とは釈尊の久遠実成道なり」となっていて、初めの「実」の文字が欠落している。これでは、「我＝釈尊」「実＝久遠実成道」の対応関係が失われてしまう。従って『日蓮大聖人御書全集』の「我実とは釈尊の久遠実成道なり」を採用した。

ところが日蓮は、これは表面的なとらえ方であるとして、**「然《しか》りと雖《いえど》も当品の意《こころ》は」**と断って、寿量品の本意は何かと言えば、**「我《が》とは法界《ほうかい》の衆生なり。十界己己《おのおの》を指して我と云うなり。実《じつ》とは無作《むさ》の三身《さんじん》の仏なりと定めたり。此《こ》れを実と云うなり」**と言い換えている。すなわち、寿量品の意図するところは、「我」とは釈尊に限定されるのではなく、全宇宙（法界）に存在する衆生のことだと言う。「衆生」とは、広い意味では一切の生きとし生けるもののことだが、狭い意味では人間のことである。十界論的に言えば、十界のおのおのを指して「我」と言っている。

これは、仏教が特定の人を特別扱いすることはなく、釈尊であれ、衆生であれ、「法」(dharma)の下に平等であるとする原始仏教以来の精神に基づくものである。

また、「実」について言えば、その「法界の衆生」、あるいは「十界己己」の衆生が本来、無作の仏であるということが、本来の仏教にとっての生命の真実であり、これこそが「実」であると言うのだ。

このように、寿量品において明かされる如来というのは、我々衆生のことであり、我々こそが寿量品の主人公であるということを一貫してこの『御義口伝』では主張している。

## 成とは開く義

以上の「我・実」に続いて、「成・仏・已・来」のそれぞれの文字に対して日蓮が与えた意味は次のように並べることができる。漢訳との対応を考えて、それぞれの漢字が行頭にくるように配列してみる。

**我**とは法界《ほうかい》の衆生なり。十界己己《じっかいおのおの》を指して我と云《い》うなり。
**実**とは無作三身《むささんじん》の仏なりと定めたり。此れを実と云うなり。

**成**とは能成《のうじょう》・所成《しょじょう》なり。成は開く義なり。法界が無作の三身の仏なりと開きたり。

**仏**とは此れを覚知するを云うなり。

**已**とは過去なり。

**来**とは未来なり。

已来の言の中に現在は有るなり。

**我**れ**実**と**成**《ひら》けたる**仏**にして、**已**も**来**も**無量**なり**無辺**なり。

「我」というのは全宇宙（法界）に存在する衆生のことであり、地獄《じごく》・餓鬼《がき》・畜生《ちくしょう》・修羅《しゅら》・人《にん》・天《てん》・声聞《しょうもん》・独覚《どっかく》・菩薩《ぼさつ》・仏《ぶつ》の十界おのおのの衆生を指して「我」と言っている。

次の「実」というのは、その「法界の衆生」、あるいは「十界己己」が本来あるがままの仏（無作の仏）であるということが、本来の仏教にとっての生命の真実であるという。すなわち、寿量品で明かされる如来とは、我々のことであり、我々こそがその主人公であるということを一貫して主張している。

「成」は、動詞として「能成」と「所成」の二つの側面からとらえられている。他動詞に「能」がつくと能動的な主体を意味する。「所」がつくと受身となる。すなわち、「〜するもの」と「〜されるもの」ということだ。「能・所」を挙げることによって、何かの行為には必ず「する側」と「される側」の両面が伴っていることを示している。

この「成」という文字について日蓮は、**「成は開く義なり」**とし、「成る」ではなく、敢えて

「開く」と読み替えている。「成」は普通、自動詞として「なる」と読む。ところが「なる」と読めば、日蓮の仏法においては正確さを欠くことになる。例えば、「成仏」という言葉は仏典の漢訳において早くから用いられ、定着してしまっている。そのため、日蓮も著作の随所でそれを用いている。これを、文字通り「仏に成る」と読むと、現在の凡夫としての自分を全否定して、全く別個の人格に成ることによって成仏するということになってしまう。これでは、「総論　南無妙法蓮華経とは」（七八～七九頁）で詳述した「厭離断九《おんりだんきゅう》の仏」となってしまい、「九界即仏界」「因果倶時」の成仏、「即身成仏」とは程遠いものになる。

　だから、日蓮は敢えてここで「成」の読み方を変えている。すなわち、**「成は開く義なり」**とした。「仏に成る」のではなく、「仏を開く」という表現であるべきだというのだ。人間離れした特別な存在になる必要はなく、自己に秘められたものを開き現わすことによって、現在の自己に即して、凡夫のままで成仏するという意味だ。

　それをどのように開くのかといえば、**「法界が無作の三身の仏なりと開きたり」**である。全宇宙が、あるいは小宇宙とも言うべき自己の生命が、無作の仏であると開くのだという。とすると、「能成」、すなわち「成《ひら》く側」は、法界の衆生、すなわち我々自身のことであり、「所成」、すなわち「成《ひら》かれるもの」が、無作の仏ということになる。「能」と「所」は、「成《ひらく》」という行為において一体のものであり、我が身に無作の仏を開くことである。無作とは、後述するように「はたらかさず・つくろわず・もとの儘《まま》」ということだから、「無作の仏」とは、三十二相といった特殊な姿を具えるような荘厳身《しょうごんしん》ではなく、執着や妄想を離れた凡夫のあるがまま（真如《しんにょ》）の仏ということであろう。現在の自己に即して、凡夫のままで人間として成仏するということだ。失われた自己を回復し、真の自己に目覚めることによる人格の完成である。

「無作の仏」といっても、それは自己に「成《ひら》く」べきものとしてあるのだから、「仏」というのは、それを成《ひら》いて覚知した人のことをいうのである。だから、**「仏とは此れを覚知するを云うなり」**となる。仏であるか、衆生であるかという違いは、それを覚知しているか、していないかという違いがあるだけである。それは、サンスクリット語のブッダ（buddha）が、「目覚める」という意味の動詞の語根ブッドゥ（√budh）から造られた過去分詞で、「目覚めた〔人〕」という意味であることに通じている。仏であるか、衆生であるかという違いは、それを覚知しているか、していないかという違いがあるだけである。

『諸法実相抄《しょほうじっそうしょう》』で日蓮は、

迷悟《めいご》の不同にして生仏《しょうぶつ》異なる。

と言っているが、迷っているか、覚（悟）っているかという違いによって、「生仏」、すなわち「衆生と仏」の違いがあるということであって、同じことを言っている。この「生仏」を「いきぼとけ」と読まないように注意していただきたい。

「ブッダ」とは、「目覚めた人」「覚った人」「覚者」ということであって、釈尊の固有名詞ではない。普通名詞である。しかも、原始仏典ではしばしば複数形の「ブッダー」（buddhā）が用いられている。釈尊のみを特別扱いすることはなかったのである。「法」と「自己」に目覚めれば、だれでもブッダ（仏陀）であったのだ。ここにも、〝法の下の平等〟をうかがうことができる。

## 已来の言の中に現在は有る

以上のことを踏まえて、**「已とは過去なり。来とは未来なり。已来の言の中に現在は有るなり」**として、ここから時間論が展開される。

「已来」は熟語として、「（過去のある時点より）このかた」「（～から）ずっと引き続いて」を意味する。ところが、日蓮は、独自の時間論を展開するために一文字ずつに区切って意味付けしている。

「已」というのは、「すでに」と読み、過ぎ去ってしまったことであって、過去を意味する。「来」というのは、これから来ることであって、未だ来ていない未来を意味すると言うのだ。この一節に示される時間論は、過去といい、未来といっても、現在のことにすぎないということである。

時間といっても、今・現在しか実在しない。過去も、未来も、観念の産物である。過去といっても、過去についての「現在」における記憶であり、未来といっても、未来についての「現在」における予想・期待でしかない。所詮、現在である。その意味で、過去といい、未来といっても、現在を抜きにしてはあり得ないのだ。

『開目抄』に「心地観経《しんじかんきょう》に曰《いわ》く[6]」と断って、

過去の因を知らんと欲せば、現在の果を見よ。未来の果を知らんと欲せば、現在の因を見よ。

という一節が引用されているが、これも、過去や未来が、現在を離れてどこかに客観的にあるのではないことを言っている。あるのは今・現在のみであって、常に「永遠の今」だというのだ。

**已も来も無量無辺**

こうした時間論を踏まえた上で、一念三千の自受用身を自己に体現し、我が身を「無作の仏」と覚知したときのことを、日蓮は、

**我れ実と成《ひら》けたる仏にして、已も来も無量なり無辺なり。**

と結論している。この読み方と、これまでの、

我れ実に成仏してより已来《このかた》、無量無辺なり。

という読み方とを比べると、違いが明らかである。両方とも、漢字だけを順に拾って読むと、

我実成仏已来無量無辺。

となって同じだが、後者のほうは、成仏したのは遥かな過去の一時点であって、時間的に現在とは大きな隔たりがある。前者は、現在の瞬間において我が身を無作の仏と成《ひら》くことにより、過去と未来の意味が、現在の瞬間において無量無辺に開けてくる、瞬間即永遠、宇宙即我と開けてくる、というような意味になる。

過去の一時点ととらえる考えは、因果を時間的に隔たったものとしてとらえる因果異時《いんがいじ》の発想である。これだと、因が劣り果が勝れている（果勝因劣《かしょういんれつ》）という前提で、劣った因から勝れた果を目指すということになり、現在の凡夫としての自分（因）を否定して、未来に特別な存在（果）になるということで、現在という時点の意義が薄れてしまう。それに対して、日蓮の考えは因果倶時《ぐじ》であり、時間的隔たりの中で因果をとらえず、現在という瞬間において仏因と仏果をとらえるので、現在という瞬間こそが重要な意味を持ってくることになる。

### 現在の瞬間に永遠を開く

**「我れ実《じつ》と成《ひら》けたる仏」**が立っているところは、今・現在である。それは、現在の瞬間に生命の本源たる久遠《くおん》を開いていることである。その現在の生命は、時間的に過去と未来を含んでいるわけで、現在における歓喜の充満と、意味の輝きで、過去（已）と未来（来）が**「無量無辺」**に開けてくるのだ。

**「無量無辺」**とは、時間的な観点から言えば、「瞬間即永遠」ということになる。空間的な観点から言えば、「宇宙即我」「自己の宇宙的拡大」ということと言ってもかまわないと思う。

以上述べてきたように、時間というのは、実は今・現在しか実在しない。瞬間、瞬間が、常に「今」の連続である。我々は、連続する「現在」において生きている。それなのに、無明《むみょう》によって妄想や執着が生まれ、時間の観念が形成される。そして、今・現在の重みに気付かずに、過去や未来にとらわれてしまいがちである。過去に辛く忌わしい経験をして、それを忘れることができない人は、過去を引きずるように過去にとらわれながら「現在」を生きてしまいがちである。あるいは、「現在」をいい加減に生きながら、未来に夢想を思い描いて「現在」を生きている人もいる。あるいは、過去の栄光に酔いしれて「現在」を生きている人もいる。いずれにしても、過去や未来という妄想に生きていることに変わりはない。

過去にあった〝事実〟は変えることはできないが、過去の〝意味〟は変えられる。それは、現在の生き方いかんによる。未来も現在の生き方いかんによる。仏教は、原始仏教以来、一貫して現在を重視してきたのである。

日蓮が言うのは、今現在という瞬間に、生命の本源としての無作の仏の生命を成《ひら》き、智慧を輝かせる。そこに、瞬間が永遠に開かれるということだと思う。

哲学者の梅原猛《うめはらたけし》氏（一九二五〜二〇一九）が、

「南無妙法蓮華経」ととなえる題目は、いわば永遠を、今において、直感する方法なのである。

（紀野一義・梅原猛著『仏教の思想12　永遠のいのち〈日蓮〉』、二七〇頁）

と言ったのは至言である。

また、哲学者の三木清《みききよし》（一八九七〜一九四五）が、二十歳の時に「友情――向陵《こうりょう》生活回顧の一節」と題する小文の末尾に記した次の言葉は示唆に富んでいる。

現在は力であり、未来は理想である。記録された過去は形骸に過ぎないものであろうが、我々の意識の中にある現実の過去は、現在の努力によって刻々に変化しつつある過去である。一瞬の現在に無限の過去を生かし、無限の未来の光を注ぐことによって、一瞬の現在はやがて永遠となるべきものである。

原始仏典の『マッジマ・ニカーヤ』においても、釈尊は現在の重要性を次のように語っていた。

過去を追わざれ。未来を願わざれ。およそ過ぎ去ったものは、すでに捨てられたのである。また未来は未だ到達していない。そして現在のことがらを、各々の処においてよく観察し、揺らぐことなく、また動ずることなく、それを知った人は、その境地を増大せしめよ。ただ今日まさに為《な》すべきことを熱心になせ。

（中村元訳）

このように、仏教が志向したのは、〈永遠の今〉である現在の瞬間であり、そこに無作の仏の命をいかに開き、顕現するかということだったということを日蓮は主張しているのであろう。

以上のことを踏まえると、成仏とは、この「我が身」を離れることではなく、今自分がいる「ここ」を離れることでもない。要するに、「今」「ここ」にいるこの「我が身」に無作の仏を開き、具現するということである。

これに対して浄土教は、「今」ではなく「死後」、「ここ」（娑婆世界《しゃばせかい》）ではなくて「あちら」（西方十万億土《さいほうじゅうまんおくど》）、「我が身」は不浄なものであり脱却されるべきものとしている。これは、『法華経』だけでなく、原始仏教の本来の人間観、人生観、国土観とは全く逆行するものであり、日蓮は、この点を鋭く批判していたのである。

以上、日蓮の時間論を見てきたが、中村先生は、「インド思想史」の講義でカーラ・ヴァーディン（時間論者）に言及された折、「道元の時間論は永遠性を見ているが、歴史性がない。それに対して、日蓮の時間論には永遠性に立脚するとともに歴史性があります」と話されたことがあった。確かに道元は、抽象的な形而上学的時間論に偏っているのに対して、日蓮の場合は、永遠性に根ざしつつも「法華経の行者」として現実へのかかわりを重視する歴史的な時間意識に充ち満ちていると言えよう。

## 無量無辺の一念三千

日蓮は、その「**無量無辺**」の意味する内容を、まさに一念三千のことだととらえていた。だから、「**百界・千如・一念三千と説かれたり**」としている。私たちに無作の仏の命が開かれたとき、その時は一念三千の当体として現われているということだ。

それは、生命の本源という意味では「久遠」と言われ、時間的、空間的な広がりの中で種々の心の現われ方を構造的にとらえれば「一念三千」となる。

日蓮は、「一念三千」と結び付けるのに「我実成仏已来無量無辺」に続く「百千万億那由佗阿《なゆたあ》僧祇《そうぎ》……」の一節の中の「百千」の二文字に注目した。そこで、「**百千の二字は、百は百界、千は千如なり。此れ即ち事の一念三千なり**」と展開した。

「百」とは、十界互具した「百界」のこと、「千」とは、それに十如是を加味した「千如是」のこと。それに寿量品で説かれる本国土妙の「常住《じょうじゅう》此《し》娑婆《しゃば》世界《せかい》説法《せっぽう》教化《きょうけ》」（常に此の娑婆世界に住して説法教化せり）として国土世間が明示されるとともに、国土世間の常住が明かされ、三世間が具わることを考慮して、合わせて「一念三千」とした。

一念三千については「第一章　自己の探求」（一〇六〜一一三頁）で触れておいた。そこで、三千という数は、心の自由度の最大値を表わしていると書いた。その最大限の自由度を発揮されている状態の一つとして、過去と未来をはらんだ現在の心の豊かさ、自己の宇宙的拡大ということも含まれている。そのことを「**無量無辺**」と言ったのであろう。

それはまた、『日女御前御返事《にちにょごぜんごへんじ》』に、

妙法五字の光明《こうみょう》にてらされて、本有《ほんぬ》の尊形《そんぎょう》となる。是《これ》を本尊とは申すなり。

とあったように、曼荼羅の中央に位置する「南無妙法蓮華経」の光明によって、左右の十界・三千が照らされて「本有の尊形」として輝いている姿である。三千には、「因《いん》・縁《ねん》・果《か》・報《ほう》」という時間的観点、依報《えほう》（環境）・正報《しょうほう》（主体）としての空間的な観点も含んでいる。それが「無量なり無辺なり」の具体的な内容である。

## 日蓮等の類いは寿量品の本主

以上のように**「我れ実と成けたる仏にして、已も来も無量なり無辺なり」**と言われているのは、ほかのだれでもない。我々のことだと日蓮は言っている。それが、**「今、日蓮等の類い南無妙法蓮華経と唱え奉る者は、寿量品の本主なり」**ということである。言い換えれば、日蓮は、弟子・檀那たちに、無作の仏の境地を開いて寿量品の主人公となるように促している。南無妙法蓮華経と唱えるのは、そのためだということであろう。

寿量品が展開される場面を振り返ってみよう。それは、我々の住むこの娑婆世界のインド北東部に実在する霊鷲山《りょうじゅせん》の上方の虚空《こくう》で展開される。『法華経』の説法は、地上の霊鷲山で始まったが、途中で会座《えざ》を空中（虚空）に移した。

虚空における時空の意味は、地上におけるそれとは意味が異なる。例えば、スペースシャトルに搭乗していると、天井と床といった空間的差別はなくなってしまう。スペースシャトルはほとんど常に太陽の光を浴びているから、夜は来ない。「一日は二十四時間」という既成概念は打ち砕かれる。このように、虚空においては二元論や、それに伴う対立を乗り越え、時空の概念を超越してしまう。

そこに、釈迦（現在仏）・多宝《たほう》（過去仏）の二仏を中心に過去・未来・現在の三世の仏・菩薩や、四方・八方・十方に存在する仏・菩薩をはじめとするあらゆる衆生が一堂に会して、説法が展開される。この儀式は、「霊山虚空会《りようぜんこくうえ》」、あるいは単に「虚空会」と呼ばれる。

その霊山虚空会には、三世の諸仏・菩薩が一同に会している。それは、「現在」の瞬間に過去も未来もはらんだ永遠の世界を意味している。

霊山虚空会は、その「現在」の瞬間がいかに豊かな永遠の境地をはらんだものであるかを象徴している。それは、虚空会に十方の諸仏・菩薩が集合していることで、我々の生命が宇宙大の広がりを持つものであることを象徴することによっても示されている。

苦悩に打ちひしがれている時、自己は小さく萎縮しているが、山の頂上に立ったりすると、広大な自己に気づけるものだ。日常の雑務に追われ、困難に打ちのめされてちっぽけになった自己であっても、広大な生命の広がりを持っていることを示しているのだ。

このように永遠の時間と、無限の空間をそなえた虚空会の会座に〈地獄・餓鬼・畜生・修羅・人間・天〉の六道の衆生と、〈声聞・独覚〉の自利的真理探究者、〈菩薩〉という利他的修行者、それに覚者としての〈仏〉の十種（十界）がすべて勢ぞろいしている。それは、瞬間に永遠をはらみ、宇宙大の広がりを持つ我々の生命に具わる十種の働きを擬人的に表現したものであって、この虚空会自体が、一人の生命の全体像、命の本源を意味しているのだ。これが、『法華経』に描写された霊山虚空会の意味であり、日蓮は「霊山浄土」と呼んだ。天台大師智顗は、このような生命の全体像を一念三千として体系化した。

『法華経』を読誦することは、その命の本源である霊山浄土に立ち還ることを意味している。日蓮は、その霊山虚空会（霊山浄土）を文字で曼荼羅《まんだら》（本尊）として顕わした。その曼荼羅に向かって「南無妙法蓮華経」と唱えることは、『妙法蓮華経』、すなわち『法華経』に南無する、すなわち帰依することだ。それによって、『法華経』に展開される尊く豊かな生命の世界に立ち還るということになる。それは、日々に霊山浄土に立ち還ることを意味している。

『法華経』が、初めは霊鷲山という地上で説かれ、途中で虚空に場所を移し、最後に再び地上に戻るという形式を取っているのは、日常生活の場と霊山虚空会との往復を言っているのであろう。日蓮の手紙の中に、このことを分かりやすく説明した『最蓮房御《さいれんぼうご》返事《へんじ》』がある。

> 我等が居住して一乗《いちじょう》（筆者注、法華経）を修行せんの処《ところ》は、何《いず》れの処にても候《そうら》へ、常寂光《じょうじゃっこう》の都為《みやこた》るべし。我等が弟子・檀那《だんな》とならん人は、一歩を行かずして天竺《てんじく》の霊山を見、本有《ほんぬ》の寂《じゃっ》光土《こうど》へ昼夜に往復し給ふ事、うれしとも申す計《ばか》り無し。申す計り無し。

この文章で、「本有の寂光土」は、「霊山虚空会」に置き換えることができる。『法華経』を読誦し、実践する人のいるところが、そのまま霊山虚空会であり、その人は、一歩も動くことなく、日夜にそこに往来できると説いている。

日蓮は、この『法華経』の思想に基づいて、「南無妙法蓮華経」の題目を唱えることを勧めた。『法華経』に「霊山浄土」として説かれた生命の本源に立ち還ることによって、自己が永遠で宇宙大の存在であることを体現することになる。永遠は、決して死後の世界にあるのではなく、「いま」「ここ」で、この「わが身」をもって生きている人間を離れることはないのだ。

だから、日蓮は**「今、日蓮等の類い南無妙法蓮華経と唱え奉る者は、寿量品の本主なり」**と強調したのだ。

◇　◇

これまで何度も「久遠」という言葉が出てきた。この言葉に日蓮がどのような意味を込めて用いていたのかを見ておこう。「寿量品廿七箇の大事」のなかの「第廿三　久遠の事」を次に取り上げることにする。

**第廿三　久遠の事**

御義口伝に云《いわ》く、此《こ》の品《ほん》の所詮は久遠実成《くおんじつじょう》なり。**久遠**とは、はたらかさず・つくろわず・もとの儘《まま》と云《い》う義なり。無作の三身なれば、初めて成《じょう》ぜず。是《こ》れ働かざるなり。卅二《さんじゅうに》相・八十種《しゅ》好《ごう》を具足せず。是れ繕《つくろ》わざるなり。本有常住《ほんぬじょうじゅう》の仏なれば、本《もと》の儘《まま》なり。是《これ》を久遠と云うなり。久遠とは南無妙法蓮華経なり。実成《まことにひらけたり》無作と開けたるなり云云《うんぬん》。

### 久遠とは働かさず繕わずもとの儘

この寿量品が最も説きたかったことは、久遠において釈尊が成道していたということ（久遠実成）だと言われている。すなわち、**「此の品の所詮は久遠実成なり」**という言葉がそれである。

その「久遠」ということについて、日蓮は、**「久遠とは、はたらかさず・つくろわず・もとの儘《まま》と云う義なり」**と定義している。これらはいずれも〝状態〟を示す言葉である。生命の本来ありのままに立ち還ることが、「久遠」であると言うのだ。

「久遠」というと、時間的な過去という意味合いが強く、時間の概念で言われることが普通である。ところが、ここでは全く時間の概念をぬぐい去って、〝状態としての久遠〟が語られている。「本来ありのままの姿」（本有無作《ほんぬむさ》）としてとらえられている。

「久遠」という言葉によって、寿量品は〝五百・千・万・億《のく》・那由他《なゆた》・阿僧祇《あそうぎ》（＝$5\times10^{87}$）個〟の三千大千世界（$10^{9}$個の太陽系＝銀河系宇宙に匹敵）を構成する原子（微塵《みじん》）の数を用いて計算した想像を絶する天文学的な数字の遥かな過去にさかのぼる形で釈尊の成仏の時点が示されている。ところが日蓮は、ここでも「然《しか》りと雖《いえど》も当品の意《こころ》は」と言わんばかりに、その成道の原点としての久遠を時間的な過去という意味ではなく、生命の本源、本来あるべき状態そのものが「久遠」であると論じている。そこには、時間の概念は伴っていない。

以下、ここに挙げられた**「はたらかさず」「つくろわず」「もとの儘」**という三点について、それぞれどういう意味であるのかが論じられる。

まず、**「はたらかさず」**については、**「無作の三身なれば、初めて成《じょう》ぜず。是れ働かざるなり」**と述べている。この寿量品に説かれるのは、無作の仏だが、それは「無作」とあるように、現在の凡夫としての自己を全否定して、作為的に色相（姿形）を荘厳して仏と成るというのではない。凡夫の身のままで、無作の仏の境地を我が身に開くだけである。そのことを**「はたらかさず」**と言っている。無作の仏の境地は、作為した結果として初めて達成されるものではなく、もともと我々に具わっているものであり、作為したからといって、得られるものではないということだ。

次に、**「つくろわず」**ということについては、**「卅二相・八十種好を具足せず。是れ繕《つくろ》わざるなり」**と言っている。

「繕う」ということは、外見を飾り立て、立派に見せようとすることである。それは、仏教史においては、身体的特徴としての三十二相、身体の微細な特徴としての八十種好という考えに代表される。この三十二相にどんなものがあるかと言えば、足の裏に同心円と放射状の千の輻《や》が刻まれている千輻輪相《せんぷくりんそう》、舌を出せば顔を覆って髪の生えぎわまで届く広長舌相《こうちょうぜつそう》、眉《まゆ》の間に右巻きに白い毛がコイル状に生えていてそこから光を放つ眉間白毫相《みけんびゃくごうそう》といったもの、さらには水かきが手足の指の間に付いている手足指縵網相《しゅそくしまんもうそう》とか、「気を付け！」で直立したら手の指の先が膝より下に届くという正立手摩膝相《しょうりゅうしゅましっそう》とか、陰馬蔵相《おんめぞうそう》なるものまであって、怪物みたいにしか思えない。これが仏であるというのなら、私は成仏などしたくなくなってしまう。

歴史上の人物としての釈尊は、三十二相のことなど何も語っていない。釈尊は、そんなものを自らが具えることなど言下に否定したであろう。三十二相は、もとをただせば、古代のインド人たちが、理想的帝王である転輪聖王《てんりんじょうおう》に具わるものと考えていたものだった。釈尊滅後になって、釈尊を神格化する中で仏教に取り込まれたにすぎない。初めは、「転輪聖王の具える三十二相をブッダも具えている」といった表現だったが、後には「ブッダの具える三十二相のほうが、転輪聖王のそれよりも勝れている」という表現にまで変化している。このような人間離れした姿など全く必要ない。ありのままの人間の姿でいい。それが、**「つくろわず」**ということである。

現代的に言えば、背が高く、足も長くて、太ってなく、ハンサムで、鼻が高く、美声の持ち主で……といった外見が大事なのではない。地位や、名誉、肩書、役職などで自らを権威づけることよりも、人間性こそが大切だということになろう。

最後に、**「もとの儘」**ということについては、**「本有常住の仏なれば、もとの儘なり」**と言っている。「本有」ということは、「本来具有」「本来的な存在」「もとから実在する」というような意味である。「常住」とは、「常に住して不変なこと」「事物が生滅変化しないこと」というような意味である。だから、「本有常住の仏」ということは、本来具有の無作の仏のことで、それは衆生に本来、具有しているのであり、どの瞬間であれ実在して不変なものであるということだ。ということは、無作の仏というのは、人間離れした特別な存在に変身することなど全く必要なく、生じたり滅したりすることもなく、常に人間として**「もとの儘」**であるということだ。

以上、「はたらかさず」「つくろわず」「もとの儘」という三つの観点から論じてきたが、日蓮は、**「是を久遠と云うなり」**として、人間からかけ離れた特別な存在になることではなく、本来ありのままで尊く輝かしい境地、人間としての在るべき真の自己を「久遠」と定義しているといえよう。

だから久遠実成というのは、ここでは釈尊の遥かな過去における成道の意味から転じて、一切衆生が、ありのままの自己としての生命の本源を今、わが身に開いて人間として最も勝れた人格を完成すること、最も人間らしい自己への目覚めのことだと言えよう。

## 人間ブッダの神格化

「はたらかさず」「つくろわず」「もとの儘」ということを、ここで改めて言わなければならなかったのは、仏教史においてブッダを人間離れしたものに神格化することが行なわれてきたことに対して、本来の仏教への回帰を訴えているのである。

原始仏典の『大パリニッバーナ経』（中村元訳『ブッダ最後の旅』）に、

アーナンダよ。今でも、またわたしの死後にでも、誰でも自らを島とし、自らをたよりとし、他人をたよりとせず、法を島とし、法をよりどころとし、他のものをよりどころとしないでいる人々がいるならば、かれらはわが修行僧として最高の境地にあるであろう、――誰でも学ぼうと望む人々は――。（六四頁）

とあるように、歴史上の人物としての釈尊は、「自帰依」「法帰依」を説いて、「真の自己の探求」と「法の体現」による人格の完成を人々に促していた。そのためには、自らを反省することが必要であり、「あやまちを指摘し、忠告してくれる賢明な人と交わるべき」（『ダンマ・パダ』）であり、悪しき友人（悪知識《あくちしき》）ではなく善き友人（善知識《ぜんちしき》）に近づくことを勧めていた（『サンユッタ・ニカーヤI』）。そこにおいて、釈尊自身は自らを人々のための「善き友人」であると自認していて、次のように語っていた。

アーナンダよ、実に**善き友人（善知識）である私**によって、（迷いの世界に）生まれることから解脱するのである。

釈尊は絶対者や、生きた神ではなく、一人の人間であった（中村元著『原始仏教の成立』、一五〇頁）。原始仏典を見ると、釈尊は自らを人間だと称していた。例えば、『増一阿含経《ぞういつあごんきょう》』巻二八では、次のように語っていた。現代語訳して引用する。

わが身は人間に生まれ、人間に長じ、人間においてブッダとなることを得たり。

（大正蔵、巻二、七〇五頁下）

『サンユッタ・ニカーヤI』など多くの原始仏典には、釈尊の教えに触れ、弟子たちが目覚めた場面に必ず出てくる定型句として、次の一節がある。

素晴らしい。君、ゴータマさんよ。素晴らしい。君、ゴータマさんよ。あたかも、君、ゴータマさんよ、倒れたものを起こすように、あるいは覆われたものを開いてやるように、あるいは〔道に〕迷ったものに道を示すように、あるいは暗闇に油の燈し火をかかげて眼ある人が色やかたちを見るように、そのように君、ゴータマさんはいろいろな手立てによって法〔真理〕を明らかにされました。

ここで、弟子たちが「君」「ゴータマさんよ」と気軽に呼び掛けていることが注目される。女性出家者たちの体験手記詩集である『テーリー・ガーター』では、釈尊のことを「ゴータマ」と呼んでいるところが何カ所もある。

例えば、ヴァーシッティーという尼僧は、植木訳『テーリー・ガーター――尼僧たちのいのちの讃歌』（角川選書）で次のように語っている。

私は、自分の心を取り戻した後で、敬礼し、〔ブッダに〕近づき〔坐り〕ました。そのゴータマ〔・ブッダ〕は慈しんで私のために真理の教え（法）を説かれました。（第一三六偈）

歴史上の人物としての釈尊は、「君」「ゴータマ」と呼ばれても全く意に介することはなかった。釈尊は傲慢《ごうまん》ではなかったのだ。それは、先の『サンユッタ・ニカーヤI』で見た通り、「善き友人」（善知識）という自覚が釈尊自身にあったからだ。権威主義的な考えは、本来の仏教とは無縁のものであった。ここでも釈尊自身が、他の修行者と同じ資格における修行者の一人であったことが確認される。釈尊は、〝人間ブッダ〟であったのだ。

ところが、仏教がマウリヤ王朝（紀元前三一七〜同一八〇年頃）の時代に国教とも言えるほどの地歩《ちほ》を確立すると、釈尊はもはや人間ではなく、超自然的な神的存在と考えられて、神格化されるに至った（中村元著『原始仏教から大乗仏教へ』、四五〇頁）。アショーカ王の在位期間（紀元前二六八〜同二三二）中にスリランカ（セイロン）に伝えられた男性出家者の体験手記詩集『テーラ・ガーター』では、釈尊について「神々を超えた者」（ati-deva）、「神々の神」（deva-deva）などといった表現がなされている。また紀元前二世紀中葉のバールフット彫刻の銘文には「偉大なる神」（mahā-deva）という表現も見られる（静谷正雄著『インド仏教碑銘目録』、二五頁）。

紀元前一世紀ごろにまとめられた『アングッタラ・ニカーヤⅡ』には、ドーナというバラモンが、釈尊に矢継ぎ早に質問する場面が描かれている。

「あなたは、神ではいらっしゃらないのですか？」
「あなたは、ガンダルヴァ（天の楽人）ではいらっしゃらないのですか？」
「あなたは、ヤッカ（夜叉《やしゃ》）ではいらっしゃらないのですか？」
「あなたは、人間ではいらっしゃらないのですか？」

釈尊はそれを一つひとつ否定する。そして、次のように答えたとされる。

バラモンよ、私は人間ではないであろう。〔中略〕バラモンよ、私をブッダであると思いなさい。

ところが、釈尊在世中の男性出家者たちの手記詩集『テーラ・ガーター』では、弟子たちは釈尊のことを、「人間であるところの完全に目覚めた人（ブッダ）」（manussa-bhūtaṃ sambuddhaṃ）と呼んでいた。両者を比較すると、〝人間であるブッダ〟から〝人間を超越したブッダ〟に表現が改められていることが分かる。

**釈尊滅後に始まった教団の堕落**

釈尊滅後には、直ちに教団の堕落が始まったようだ。釈尊が入滅するまでの、故郷を目指した旅の記録『大パリニッバーナ経』（中村元訳『ブッダ最後の旅』）を読んで驚いた。釈尊の入滅を聞いて泣き悲しんでいる弟子たちの中に、

やめなさい、友よ。悲しむな。嘆くな。われらはかの偉大な修行者からうまく解放された。〈このことはしてもよい。このことはしてはならない〉といって、われわれは悩まされていたが、今これからは、われわれは何でもやりたいことをしよう。またやりたくないことをしないようにしよう。（一七〇頁）

と、発言したものがいたからだ。こんな不謹慎なことを後から書き加えることなど考えられない。実際にそのような人物がいたのであろう。入滅直後ですらこうだから、釈尊存命中に既にこのような人物がいたということであり、入滅後はさらにひどい情況が予想される。

直弟子たちの手記詩集である『テーラ・ガーター』（中村元訳『仏弟子の告白』）の第九二〇偈から第九四八偈に修行者たちの堕落ぶりが、パーラーパリヤ長老の嘆きの言葉をもって綴《つづ》られている（以下、中村元訳を引用）。

> 世間の主・最上の人（ブッダ）が世にましましたときには、もろもろの修行僧のふるまいは今とは異なっていた。今では（昔とは）異なっているのが認められる。（第九二一偈）
>
> あらゆる煩悩の汚れを滅ぼし尽し、偉大な瞑想者で、大いなる利益をもたらす者であるかれら長老は、いまや亡くなってしまった。今やそのような人々は僅《わず》かである。（第九二八偈）

その結果、修行僧たちは、「腹がふくれるほどに食べ」「目が覚めると雑談をし」「装い飾ることに関しては遊女のように、権威に関しては王族のように（振る舞う）」「奸詐《かんさ》なる者、欺瞞《ぎまん》する者、偽証する者、放埒《ほうらつ》なる者どもであって、多くの術策を弄《ろう》して、財を受用する」――という堕落ぶりを露呈する。

かれらは会議を開催するが、それは（わざわざ）業務をつくり出すためであり、真理を実現するためではない。かれらは他人に法を説くが、それは（自分たちの）利得のためであり、（実践の）目的を達成するためではない。（第九四二偈）

かれらは、教団（の修養生活）の外にありながら、教団の利得に関して争う。慚愧の心の無いかれらは、他人からの利得に依って生活していながら、恥じることがない。（第九四三偈）

或る人々は、そのように、剃髪し、重衣をまとっているが、修行に勤めないで、利得や供養を得ることにうつつをぬかし、尊敬されることだけを求めている。（第九四四偈）

釈尊在世中には、人格と徳性の高い議員による会議が行なわれていたのであろう。ところが、釈尊が亡くなると、このような嘆きの言葉が綴られるほど無意義な会議となり、修行僧たちは、利得を得ることにうつつをぬかし、尊敬されることを求めるようになってしまう。

修行僧の堕落とともにさらに会議は形骸化する。同書の第九四九〜九八〇偈に「未来における僧尼の行跡」について語ったプッサ長老の言葉がある。

未来においては、怒り、また恨み、（己れの悪を）覆い、強情で、偽り、嫉妬《しっと》し、異なった言

説を語る者が多いだろう。（第九五二偈）

（みずから）真理を知っていると思い、深い（海）の辺《ほと》りにいながら、しかも法を軽んじて重んぜず、（また）互いに尊敬することもない。（第九五三偈）

未来の世においては多くの患いが起こるであろう。智慧劣った輩は、善く説かれたこの教えを汚すであろう。（第九五四偈）

そのような修行僧たちが増えた結果、

会議に際しては、たとい徳がなくとも、巧みに言いまくる饒舌《じょうぜつ》無学の輩《やから》が有力となるであろう。（第九五五偈）

会議に際しては、たとい徳が具《そな》わり、恥を知り、欲念のない人々が、道理に従って陳述しても、力が弱いだろう。（第九五六偈）

未来においては、智慧劣った輩は金・銀・田地・宅地・山羊・羊・奴婢を愛好するだろう。（第九五七偈）

愚かで、怒り易く、戒行に専念せず、傲慢で、争闘を楽しみとする獣（のごとき輩）が横行するであろう。（第九五八偈）

また、軽薄で青色の衣服を纏《まと》うた者どもが現れるであろう。詐《いつわ》りの心あり、無情冷酷で、しかも弁舌巧みに交際のうまい者が、貴人のごとくに闊歩《かっぽ》するだろう。（第九五九偈）

これは、正論が軽んじられ、「巧みに言いまくる饒舌《じょうぜつ》無学の輩《やから》」「弁舌巧みに交際のうまい者」の意見がまかり通るようになるということを予言したものだが、予言という形式で釈尊入滅当時の情況を語っているのである。

釈尊の滅後、立派な長老たちもこの世を去り、修行僧が堕落し、民主的な会議が内実を失い、空洞化していったことがよく分かる。会議という制度自体が善ではなく、それを実《じつ》のあるものにする努力をしなければこのような結果になるということであろう。

## 釈尊の神格化と教団の権威主義化

このような修行僧たちの堕落とともに、釈尊の神格化は、釈尊滅後、徐々に始まったであろうが、百年後のアショーカ王の頃には確実なものとなっていた。

その傾向は、紀元前三世紀末の教団分裂後にますます拍車がかかった。如来を呼ぶのに「ゴータマよ」と名前で呼んだり、「君」と呼んだりしてはならないといった記述が現われてくるのだ。例えば、小乗仏教と貶称された代表的な部派である説一切有部《せついっさいうぶ》（略して有部）は、その論書『阿毘達磨大毘婆沙論《あびだつまだいびばしゃろん》』において、五人の比丘に対して行なわれた鹿野苑《ろくやおん》での初転法輪《しょてんぼうりん》の場面を、次のように記述している。現代語訳して引用する。

この時、五人の比丘たちは〔ブッダを〕恭敬するといっても、相変わらずブッダのことを君と呼んでいた。あるいは、ブッダのことをゴータマと称した。そこでブッダが〔五人に〕告げて言われた。「お前たち、如来を呼ぶのに君などと呼んではならない。また、ことさらに〔ゴータマという〕姓名で称してはならない。故意にそのようなことをするならば、長期間にわたって現在と未来の利益を得ることがなく、多くの激しい苦しみを受けるであろう」

（大正蔵、巻二七、九一四頁中）

これは、恫喝《どうかつ》以外の何物でもない。釈尊の神格化と教団の権威主義化の実際を、ここに見ることができる。

その一方で、同じく初転法輪において五人の比丘すべてが覚った時、釈尊が語ったとされる言葉が、『増一阿含経《ぞういつあごんきょう》』巻一四に次のように記されている。

その時、実に世に五人の尊敬されるべき人〔阿羅漢《あらかん》〕あり、世尊を第六とする。

（大正蔵、巻二、六一九頁中）

ここには、覚りの達成者として五人の比丘のことを先に挙げ、自らを第六とする釈尊の謙虚さがうかがわれる。釈尊の呼び方くらいで、五人を恫喝《どうかつ》するような傲慢《ごうまん》さなど微塵も感じられない。しかも、そこに記された釈尊の覚りの内容の表現と、五人の覚りの内容の表現に違いはない。全く同じ表現が用いられていたのだ。

それにもかかわらず、釈尊の神格化と教団の権威主義化は、特に小乗仏教の説一切有部において、同時進行で行なわれた。

説一切有部の実践論は、①成仏の困難さの強調、②修行の困難さの強調、③歴劫修行《りゃっこうしゅぎょう》（天文学的時間をかけて修行すること）の考え方の導入、④阿羅漢の解釈の変更——といったことに結びつき、さらには、⑤釈尊に限定された菩薩（**bodhisattva**）の考え方の導入——とも相まって釈尊の神格化を促進した。

釈尊滅後、教団は、釈尊のことを過去無数劫《こう》(7)にわたって生まれ変わり、身命《しんみょう》を捨て、あらゆる善行を積み、常人にはない三十二相という身体的な特徴を得るための特別な修行を行ない、その結果、インドに生まれてきてブッダとなった——といったストーリーが創作された。こうして、釈尊は人間からほど遠い存在に神格化されてしまったのである。

小乗仏教では、遥か昔の過去の六仏を除いて、未来の仏である弥勒《みろく》（マイトレーヤ）菩薩が如来となって出現してくるまでは、ブッダは釈尊一人のみであり、弟子たちは何度も生まれ変わってきては、段階的に上り詰めて、煩悩を断じ尽くして初めて最高の阿羅漢に至るとしていた。小乗教団は、ブッダを人間からほど遠いものにするとともに、出家者の修行の困難さを強調した。ということは、翻って在家の人には及びもつかないものだということを言いたかったわけである。出家者は、はるかな時間にわたって何度も生まれ変わり、大変な修行を重ねてはじめてブッダに近付くことができる。しかし、近付くことができるだけで、そう簡単にはブッダになれない、阿羅漢止まりであるとした。これは、「歴劫修行」（何劫もの極めて長い時間を経て修行すること）と呼ばれている。そして在家は、阿羅漢にすらも到達できないとされ、ましてや女性は穢《けが》れていて成仏できないとされたのである。

## 容易に覚っていた初期仏教徒たち

ところが、植木訳『テーリー・ガーター——尼僧たちのいのちの讃歌』（角川選書）には、出家後七日にして覚りに到ったイシダーシーという尼僧の次の手記がある。

出家して七日目に私は、三種の明知を獲得しました。（第四三三偈）

さらには、アノーパマーという在家の女性が釈尊の教えを初めて聞いて、その場で阿羅漢の一つ手前の不還果《ふげんか》に到り、出家後すぐに阿羅漢に到ったという記録もあった（第一五四〜一五六偈）。女性たちが異口同音に、「私は覚りました」「私は解脱しました」「ブッダの教えを成し遂げました」と書き残している。

また、最古の原始仏典『スッタニパータ』には、次のような表現が多数見られる。

目の当たりに、時間を要しない〔で果報を得ることができる〕清らかな行ないが見事に説かれました。（第五六七偈）

私は、現世における安らぎをあなたに説き明かしましょう。（第一〇六六偈）

彼（ゴータマ）は、目の当たりに、時間を要しない〔で果報を得ることができる〕法（真理の教え）を私に説き明かされました。（第一一三七偈）

こうした表現から、釈尊は覚りについて「時間を要せず、即時に体得されるもの」と説いていたことが分かる。これが、初期の仏教徒の覚りの実情であった。それにもかかわらず、小乗仏教の時代になると想像を絶するような天文学的時間をかけた修養を経なければ覚りは得られないという筋書きが作られたのである（中村元著『仏弟子の生涯』、四七六頁）。

## 「菩薩」という語による神格化

「菩薩」という語は、釈尊自身が用いた形跡はない。大乗仏教が用い始めたと思っている人が多いようだが、そうではない。紀元前二世紀頃小乗仏教が使い始めた。それも、ブッダとなる以前の釈尊を指すもので、「覚り（bodhi）を得ることが確定している人（sattva）」という意味で、「ボーディ・サットヴァ」（bodhi-sattva）という複合語が用いられるようになった。これが「菩提薩《ぼだいさつ》埵《た》」と音写され、略して「菩薩」となった。これは、西北インドで興った弥勒（マイトレーヤ）信仰の対象である五十六億七千万年後に仏となって登場するとされた弥勒菩薩を除いて、成道前の釈尊に限られていた。

今日、用いられている菩薩の意味は、大きく変わっている。それは、小乗仏教を批判して興った大乗仏教が、小乗仏教の「覚り（bodhi）を得ることが確定している人（sattva）」という菩薩の意味を、「覚り（bodhi）を求める人（sattva）」という意味に塗り替えてしまったからである。これによって、釈尊ただ一人であった菩薩が、多くの人に開放された。

釈尊滅後、ブッダは、困難な修行を長期間やり終えて、三十二相などの尊形《そんぎょう》を具えることによって成道したことにされ、人間から遠く隔たったものに祀《まつ》り上げられていった。それに対して、大乗仏教は、「菩薩」をあらゆる人に開放し、『法華経』は、あらゆる人が差別なく成仏できると主張して、原始仏教の本来の教えに還れと叫んだ。「人間を離れてブッダはないのだ」と。

## 久遠とは南無妙法蓮華経

その人間の生命が、瞬間に永遠をはらみ、宇宙大の広がりを持つものであることを、『法華経』は、三世十方の諸仏・菩薩をはじめとする十界のあらゆる衆生が列座した虚空会の儀式として象徴的に表現していた。天台大師智顗は、それを一念三千として理論的に体系化し、日蓮は、それを十界曼荼羅（本尊）として顕わした。だから、『法華経』を読誦すること、あるいは十界曼荼羅に向かって南無妙法蓮華経と唱えることは、霊山虚空会（霊山浄土）、あるいは十界曼荼羅で示された我々の尊く豊かな生命の本源に立ち還ることを意味する。南無（帰命）して回帰すべきところ、それが、日蓮の言う「はたらかさず・つくろわず・もとの儘」の〝久遠〟ということであろう。それは、何も五百塵点劫の遥かな過去に限ったことではない。今・現在のこととして久遠が語られている。

それは、本章の冒頭で触れた「第三　我実成仏已来無量無辺等の事」での表現を借りれば、「我《わ》れ実《じつ》と成《ひら》けたる仏《ほとけ》にして、已《い》も来《らい》も無量《むりょう》なり無《む》辺《へん》なり」の境地が〝久遠〟であると言ってもいいであろう。

ということは、「久遠」とは南無妙法蓮華経、すなわち『妙法蓮華経』への南無（帰命）によって立ち現われる生命の本源のことだと言えよう。そのような「久遠」と南無妙法蓮華経の関係をとらえて、**「久遠とは南無妙法蓮華経なり」**と言っている。

南無妙法蓮華経という法にもとづくことによって、我が身に無作の仏を開くことができる。その様子を、**「実　成《まことにひらけたり》　無作と開けたるなり云云《うんぬん》」**としている。「実成無作と開けたる」とは、「第三　我実成仏已来無量無辺等の事」において既に論じた「我《わ》れ実《じつ》と成《ひら》けたる仏《ほとけ》」の「我れ」が省略されたものに対応しているようだ。

すなわち、「実成」の二文字は、「実とは無作三身の仏なりと定めたり」「成は開く義なり」と述べられていた。その二つをまとめれば、「無作〔の仏〕と開けたるなり」となる。南無妙法蓮華経と唱えるのは、現在の瞬間瞬間に「はたらかさず・つくろわず・もとの儘」の〝久遠〟とも言うべき我々の命の本源に立ち還ることで、我が身に無作の仏の境地を開くためであると言えよう。その主語の「我れ」は、「我とは法界の衆生なり十界己己」とあったように、十界のあらゆる衆生、すなわち我々のことである。

◇　◇

久遠とは、単なる過去のことではなく、今・現在に開かれた永遠の境地のことだということを日蓮は強調している。そのことは、『法華経』自体でも論じられていた。その一節についての御義口伝「廿八品《にじゅうはちほん》に一文充《ずつ》の大事」の中の化城喩品《けじょうゆほん》の項を見てみよう。

**化城喩品**

三千塵点
観ルニ彼ノ久遠ヲ　猶如シ今日ノ
在世

此《こ》の文《もん》は、元初《がんじょ》の一念《いちねん》、一法界《いちほうかい》より外《ほか》に更に六道四聖《ろくどうししょう》とて有る可《べ》からざるなり。所謂《いわゆる》、南無妙《なむみょう》法蓮華経《ほうれんげきょう》は三世《さんぜ》一念《いちねん》なり。今日《こんにち》とは、末法《まっぽう》を指して今日と云《い》うなり。

「観彼久遠《かんひくおん》　猶如今日《ゆにょこんにち》」（彼《か》の久遠を観《み》るに、猶今日《なおこんにち》の如《ごと》し）は、化城喩品第七の一節である。化城喩品には三千塵点劫という過去における大通智勝仏《だいつうちしょうぶつ》と、その十六番目の王子である釈尊の前身のことが論じられているので、この品《ほん》が説かれている時点での「久遠」は、三千塵点劫である。だから「久遠」の右側に「三千塵点劫」を省略した「三千塵点」とルビが振ってある。その際の「今日」とは釈尊の「在世」となる。また、日蓮の時代、およびその後を「今日」とする人にとっては、「三千塵点」だけでなく釈尊の「在世」も「久遠」の一つと言えよう。だから「久遠」の左側に「在世」とルビが振られている(8)。さらに、寿量品第十六も視野に入れれば、「久遠」は「五百塵点劫」と言ってもいいことになる。いずれの場合であれ、「久遠」のできごとを「今日」のごとしと観るということは同じである。

従って、以下の解説では、究極の久遠とも言うべき「五百塵点劫」と「今日」の関係として論ずることにする。

## 弥勒菩薩待望論への皮肉

化城喩品第七では、〝一個〟の三千大千世界（十億個の世界＝銀河系宇宙に匹敵）を構成する原子（**paramāṇu**、塵《じん》）の数を用いて計算した〝三千塵点劫〟が出てきた。寿量品第十六では、〝五百・千・万・億《のく》・那由他《なゆた》・阿僧祇《あそうぎ》（＝$5\times10^{87}$）個〟の三千大千世界に存在する原子の数を用いて計算した〝五百（・千・万・億・那由他・阿僧祇・三千）塵点劫〟が登場する。（ ）内は、しばしば省略され、〝五百塵点劫〟と呼ばれる。五百塵点劫は、筆者の計算では三千塵点劫の十の百七十二乗（$10^{172}$）倍の過去である。

このように、寿量品では、五百塵点劫という想像を絶する遥かなる過去を振り返って、釈尊は次のように語った。

> 私は、成仏してからこれまで、常にこの娑婆《しゃば》（サハー）世界、および他の幾百・千・万・億・那由他・阿僧祇（＝$10^{87}$）もの多くの国土において、衆生に法を説いてきたのである。その間において私は、燃燈仏《ねんとうぶつ》（ディーパンカラ仏）などの如来について語り、彼らが涅槃《ねはん》に入ることを説いた。それは、私が方便としてなしたことである。〔中略〕私は、それぞれの国土で〔如来としての〕異なる名前を名乗り、〔中略〕それぞれの国土で出現しては涅槃に入るのだと言い、〔中略〕種々の方便《ほうべん》によって教えを説いて衆生に歓喜の心を発《おこ》させてきたのだ。

久遠《くおん》における成道《じょうどう》以来、釈尊はいろいろな国土に出現しては、いろいろな立場や名前で教えを説いてきたという。分別功徳品《ふんべつくどくほん》第十七では、それを聞いた未来仏の誉れ高い弥勒《みろく》（マイトレーヤ）菩薩が、その感想を次のように語っている。

> 仏、希有《けう》の法を説きたもう。昔より未《いま》だ曾《かつ》て聞かざる所なり。世尊は大力有《ましま》して、寿命量《はか》るべからず。
>
> （植木訳『梵漢和対照・現代語訳　法華経』、下巻、二五八頁）

この漢訳では分かりにくいが、サンスクリット語からの拙訳は次の通りである。

指導者（釈尊《しゃくそん》）の寿命の長さがいかに無限であるのか、私たちは、かつて聞いたことがありません。

（植木訳『サンスクリット版縮訳　法華経　現代語訳』、二六二頁）

それは、五十六億七千万年後に釈尊にとって代わって如来となるとされていた自分に出番がないことを、弥勒菩薩自身に認めさせたことを意味している。『法華経』の序品を読むと、弥勒菩薩は過去世において、「求名《ぐみょう》」（名声を追い求めるもの）という名前で呼ばれ、怠け者で、利得を貪り、自分のために説かれたブッダの教えもすぐ忘れるといった不名誉な人物として描かれている。

弥勒菩薩は、イランのミトラ（mitra）神がマイトレーヤ（maitreya、弥勒）菩薩として仏教に取り込まれて考え出されたものであったが、釈尊に代わるブッダとして人々に待望されていた。「第六章　人間離れした諸仏・菩薩への批判」でも触れるように、『法華経』は、当時の弥勒菩薩待望論に対して痛烈な皮肉を盛り込んでいたのである。

### 久遠実成による諸仏の統一

大乗仏典が編纂される一世紀以降には、このように外来の神格が仏・菩薩として仏教に取り込まれることが起こった。それに伴い、西洋の一神教的絶対者のような宇宙大で永遠だが抽象的な如来（法身仏《ほっしんぶつ》）が考え出され、本来の仏教の人間観・ブッダ観とは異なるものになる傾向が出てきた。その代表が、ゾロアスター教の最高神アフラ・マズダーに起源をもつとされる毘盧遮那《びるしゃな》(vairocana)仏である。

『法華経』が編纂される頃(紀元一世紀末~三世紀初頭)には、このほか過去・未来・現在の三世にわたり、また四方・八方・十方の全空間において多くの仏・菩薩の存在が想定されるようになった。

それに対して、歴史的に実在した人物は釈尊のみであった。釈尊以外の仏・菩薩は、「神が人間を作ったのではなく、人間が神を作ったのだ」という西洋の言葉と同様に、人間が考え出した架空の人物である。極端に言えば、コミックや映画などで活躍する「スーパーマン」や、「スパイダーマン」「鉄腕アトム」などの架空のスーパーヒーローと同じである。

こうした傾向に対して、『法華経』は「それらは、いずれも実在しない架空の存在にすぎない。架空の人物にどうして人が救えるのか?」と無下《むげ》に否定することなく、「それらの仏・菩薩は、久遠以来成仏《じょうぶつ》していた私(釈尊)が、名前を変えて種々の国土に出現していたのであり、それらはすべて私であったのだ」と説くことによって歴史上の人物である釈尊に収束させ、統一した。

仏の統一ということでは、化城喩品第七で釈尊を中心としてその八方に、東方の阿閦《あしゅく》仏、西方の阿弥陀《あみだ》仏をはじめとする十五仏を配することによって、また見宝塔品第十一で十方のあらゆる世界から諸仏を釈尊のもとに参集させることによって、諸仏を空間的に釈尊に統一した。それに対して如来寿量品第十六は、諸仏を時系列の中で釈尊に統一したと言える。

このことを二〇一八年四月放送のNHK-Eテレ「100分de名著　法華経」の番組で、〝司会〟の伊集院光氏（一九六七〜）に説明するのに、とっさに小林旭《こばやしあきら》（一九三八〜）の「昔の名前で出ています」（星野哲郎作詞、叶弦大《かのうげんだい》作曲）という歌が思い浮かんだ。その歌詞の概要は、京都では忍《しのぶ》と呼ばれ、神戸では渚《なぎさ》と名乗り、横浜《はま》の酒場に戻った日から、昔の名前で出ています——といった内容で、所に応じていろいろな名前を名乗ったけれども、すべて同一人物であった。

この説明に、伊集院さんは「仏さまの話をそんな譬えでいいんですか？」と笑い、カメラを操作していた人たちもクスクスと笑いをこらえていた。

その後、日蓮の著作を読んでいて、この考えに通ずる日蓮の言葉と遭遇し、譬えがそれほど間違っていなかったことに安心した。それは、『開目抄《かいもくしょう》』の次の一節である。

此《こ》の過《か》去常《こじょう》、顕《あらわ》るる時、諸仏、皆釈尊の分身なり。

久遠実成の後、釈尊が過去において常住（過去常）な存在として、時と所に応じて名前を変えて諸仏の姿を示して出現した。すなわち、諸仏は釈尊の分身であったとして統一したと言うのである。

その際、中途半端な過去に成道《じょうどう》の時点を定めると、それより前に成仏していた如来がいたと言い出されかねない。それを封じるために、五百〔・千・万・億・那由他・阿僧祇・三千〕塵点劫、すなわち三千塵点劫の十の百七十二乗（$10^{172}$）倍というとてつもなく遥かな過去としたのであろう。

## 一神教的絶対者への懸念

人間が考え出した過去の諸仏を釈尊に統一するために、『法華経』は、五百塵点劫、正確には五百千万億那由他阿僧祇三千塵点劫もの遥かな過去における釈尊の成道（久遠実成）を説いた。ところが、そこには、釈尊の成道という原点が、遥かな過去の一時点に固定されてしまうという問題点が伴っていた。そうなると、釈尊の成道の原点は、我々が生きている今・現在とは懸け離れてしまい、縁遠いものとなってしまう。

また、どれほど遥かな過去であったとしても、過去の一時点であることに変わりはなく、釈尊より以前にもっと根源的なブッダがいたなどと主張する人が出てくることは避けられない。さらにまた、それ以前に〝根源のブッダ〟を考え出す人も出てくるだろう。そんなことを無限に繰り返してもきりがない。そのような〝根源のブッダ〟のような存在は、人間離れした一神教的絶対者になりかねない。

仏教では、人間からかけ離れた絶対者的存在を立てない。中村元先生は、「西洋においては絶対者としての神は人間から断絶しているが、仏教においては絶対者（＝仏）は人間の内に存し、いな、人間そのものなのである」（『原始仏教の社会思想』、二六一頁）と言われた。決して個々の人間から一歩も離れることはない。

## 人間を離れてブッダはない

仏教は、人間を原点に見すえた人間主義であり、人間に「人《にん》」としての〝真の自己〟と「法《ほう》」を目覚めさせるものであった。「総論　南無妙法蓮華経とは」の中で「人と法」について論じたように、本来の仏教は、特定の人を特別扱いすることは決してない。釈尊自身が、「法」の下にあらゆる人と平等であると言っていたのだ。

法師品《ほっしぼん》第十に説かれる法師としての菩薩も、「衆生を憐れむために、このジャンブー洲《しゅう》（閻浮提《えんぶだい》）の人間の中に再び生まれてきた」（植木訳『サンスクリット版縮訳　法華経　現代語訳』、一七八頁）ものであり、「ブッダの国土への勝れた誕生も自発的に放棄して、衆生の幸福と、憐れみのために、この法門を顕示するという動機でこの世に生まれてきた使者である」（同、一八〇頁）という在り方が強調された。

薬草喩品第五でも、「如来も世間に出現して、世間のすべての人々を声をもって覚らせるのである」（同、九七頁）ともあった。

あくまでも人間として生まれ、人間対人間の関係性の中で言葉（対話）によって救済する在り方を貫くブッダなのだ。

## 久遠は過去ではなく今・現在のこと

『法華経』編纂者は、当時の仏教界の実情を踏まえて、人間が考え出した過去の諸仏を統一するために久遠実成を説かざるを得なかった。しかし、久遠実成を強調するのみでは、その論理の隙《すき》を突いて、久遠を過去の一時点としてとらえ、それ以前に釈尊を超越する〝根源のブッダ〟として、一神教的絶対者のような存在を主張するものが現れることを危惧していたようだ。そのような絶対者の存在は、本来の仏教の思想とは相容れない。その歯止めとして、『法華経』の編纂者は、「本果」と「本因」という二つのことを寿量品に書き記すことを忘れなかった。それぞれ、次の一節である。


如是《によぜ》我成仏已来《がじょうぶついらい》。甚大久遠《じんだいくおん》。

（是《か》くの如《ごと》く我れ成仏して已来《このかた》、甚《はなは》だ大いに久遠なり）

我本行菩薩道《がほんぎょうぼさつどう》。所成《しょじょう》　寿命《じゅみょう》　今猶未《こんゆうみ》盡《じん》。復倍上数《ぶばいじょうしゅ》。

（我れ本《もと》、菩薩の道《どう》を行じて成ぜし所の寿命、今猶未《なおいま》だ盡《つ》きず。復《また》、上《かみ》の数に倍せり[9]）


前者は、釈尊が久遠以来ずっと仏であり続けているということであり、後者は、久遠以来ずっと菩薩道を行じ続けているということを意味する。この寿量品で釈尊は、ブッダとしての永遠性を強調するとともに、「菩薩としての修行を今なお完成させていないし、寿命も未だに満たされていない」（植木訳『サンスクリット版縮訳　法華経　現代語訳』、二六四頁）と語っている。

この「本果」と「本因」の言葉が意味することは、「ブッダであること」と、「人間であること」とは二者択一の関係ではなく、同時であるということだ。久遠以来、ずっと仏であり、久遠以来、ずっと人間として菩薩の修行をやり続けている。それは、永遠に人間としてあり、人間を離れてブッダがあるのではなく、人間として完成された存在であることを意味している。仏に成ることがゴールなのではなく、人間の真っただ中で善行を貫くことが目的であり、菩薩行は手段でもあり目的でもあったのだ。『増一阿含経』第二八巻を見ても、釈尊は「わが身は人間に生まれ、人間に長じ、人間においてブッダとなることを得たり」(大正蔵、巻二、七〇五頁下)と語っていた。

久遠実成の釈尊とは、人間とかけ離れたところにいるのではなく、あくまでも娑婆世界に関わり続けると同時に、人間の中にあって、人間として、人間に語りかけ、〝永遠の菩薩道〟に専念しているブッダ(歴史的人物)であった。決して、一神教的絶対者のような〝久遠仏〟が宇宙の背後にいて、その化身として、あるいは〝預言者〟のような存在として釈尊が仮の姿で現実世界に現われてきたというのではない。

また、「本果」と「本因」を明かしたそれぞれの言葉が併記されていることで、久遠以来一貫して行菩薩道という〝仏因〟と、成仏という〝仏果〟が同時併行(因果倶時《いんがぐじ》)であることを意味する。菩薩道は、地獄界から菩薩界までの九界を代表するもので、九界と仏界が久遠以来ずっと断絶することなく一体で、「十界久遠」(『観心本尊抄』)であることを意味している。

それによって、過去の一時点ではなく、どの瞬間も仏因であり、仏果となる。どの瞬間も「久遠」であり、「久遠」とは、今・現在の「元初の一念」のことになる。「元初」とは、「時空を超絶した一切の根源」といった意味である。

『法華経』は、架空の人物である諸仏を、歴史上の人物である釈尊に統一するために久遠実成を過去のこととして説いていたが、それと同時に、どの瞬間も仏因であり、仏果であるとすることによって、久遠を過去の一時点とすることなく、永遠に今・現在の瞬間こそが久遠なのだということも併せて主張していたのだ。

## 久遠とは立ち還るべき生命の原点

日蓮も、「久遠」を必ずしも過去という意味にとらなかった。日蓮は、この御義口伝で化城喩《けじょうゆ》品《ほん》第七の**「観彼久遠《かんひくおん》。猶如今日《ゆにょこんにち》」（彼《か》の久遠を観るに、猶《なお》今日の如し）**という一節を取り上げ、久遠を単に過去のこととして観るのではなく、今日の「元初の一念」に久遠を観ていた。すなわち、今・現在の生命の奥底に、久遠の生命があるという。それは、もはや時間の概念を離れ、「久遠とは、はたらかさず・つくろわず・もとの儘と云う義なり」とあったように、〝状態としての久遠〟という意味になってくる。『法華経』は、霊山虚空会として象徴的にそれを表現していた。天台大師は、それを理論的に一念三千として体系化した。日蓮は、それを文字によって十界曼荼羅（本尊）として顕わし、その境地に立ち還るための実践方法として、『妙法蓮華経』に南無するという意味で南無妙法蓮華経を唱えることを説いた。

その本尊に南無妙法蓮華経と唱えて、その世界に帰入することで、生命の本源が立ち現われる。そこが久遠である。その時は、時間と空間を超越した「元初の一念」が現われる。「寿量品廿七箇の大事」の中の「第十四　時我及衆僧倶出霊鷲山《じがぎゅうしゅそうくしゅつりょうじゅせん》の事」に引用されている「霊山一会儼然未《りょうぜんいちえげんねんみ》散《さん》」、すなわち「霊山の一会、厳然として未だ散らず」（『仏祖統紀』、大正蔵、巻四九、一二九頁中）も、このことである。三世十方の諸仏・菩薩をはじめ、十界のすべての衆生が列座した『法華経』の霊山虚空会は、過去のことではなく、今・現在も常に立ち還るべき生命の原点として厳然と在り続けていて、虚空会の儀式は未だ散会されておらず、いつでもそこに連なることができるということだ。

要するに、今現在の瞬間の生命の本源、ここに実は久遠の生命、あるいは「元初の一念」がある。そのことを、『法華経』は霊山虚空会として文学的に表現し、我々に知らせようとしているのだ。

## 元初の一念は十界互具・一念三千の当体

以上のことを踏まえて、日蓮が、この御義口伝で、**「観彼久遠　猶如今日」**の一節を挙げて、漢文体で、

此文ハ元初ノ一念一法界ヨリ外ニ更ニ六道四聖トテ不可有也。

（要法寺版『御義口伝鈔』）

と論じたところを読んでみた。ここに挙げられた「元初の一念」「一法界」「六道四聖《ろくどうししょう》」の三つの語の関係が難解であった。「元初の一念」とは、人間存在の根底としての根源的な心といった意味であろう。「法界」とは、①ものごとの世界、②意識の対象となるすべてのものごと、③十法界（十界）のこと——などの意味がある。「六道四聖」とは、〈地獄・餓鬼・畜生・修羅・人・

天〉の六道と、〈声聞・独覚・菩薩・仏〉の四聖からなる十界（十法界）のことである。

これらの三語がどのような関係にあるのか難解であった。「元初の一念」と「一法界」は、アンドで結ばれる並列の関係なのか、「元初の一念」は、単独で主語の働きをなしているのか、その両者に「六道四聖」がどうかかわってくるのか理解に苦しんだ。

この一節を矯《た》めつ眇《すが》めつ眺《なが》めては、口ずさんでみたり、何度も読み返してみたりしていたが、イメージがつかめなかった。そんな状態を数日間続けていて、疲れてつい昼寝をしてしまった。目覚めた後、改めて読み直してみると、おぼろげながらイメージが浮かんだ。この一節の次に「三世一念」とあり、過去・現在・未来という三世が切り離されたものとしてあるのではなく、今・現在の一瞬の心に収まっているというところを見て、「六道四聖」の十法界（十界）と「一法界」も同様の関係で論じられているはずだと考えて、十法界の一つひとつを離れて十法界が存在することはない。十法界のそれぞれに十法界が具している——すなわち十界互具のことを言っているのだと気づいた。そして、「元初の一念において、一法界を離れて六道四聖は存在しない」という趣旨の文章だと理解できた。

そこで、先の要法寺版『御義口伝鈔』の表記を次のように句読点を補って書き下した。


此の文は、元初の一念、一法界より外《ほか》に更に六道四聖《ろくどうししょう》とて有る可からざるなり。

人間存在の根底としての根源的な心である「元初の一念」は、十界のそれぞれに十界を具えた十界互具としてあり、それをさらに展開すれば一念三千の当体としてあるということだ。一念三千の当体とは、自受用身のことであり、「第一章　自己の探求」で取り上げた「第廿二　自我偈始終の事」において日蓮は、それを「ほしいままに受け用いる身」と読ませていた。

現在の我々にとって、命の根源である「元初の一念」は、十界互具、一念三千の当体としてある。それは、『法華経』の霊山虚空会として象徴的に表現された生命の本源の世界そのものである。

## 久遠を今・現在に体現する

その一念は、「三世一念」と言って、過去・現在・未来の三世を現在の瞬間にはらむものである。三世は、一般的に「過去・現在・未来」で表わされるが、漢訳仏典では「過去世・現在世・未来世」や、「前世・現世・来世」「前際・中際・後際」、あるいは「過《か》・現《げん》・未《み》」「已《い》・今《こん》・当《とう》」などという言い方がなされている。

ところが、『三世諸仏惣勘文教相廃立《さんぜしょぶつそうかんもんきょうそうはいりゅう》』で日蓮は、次のように表記している。

過去と未来と現在とは三なりと雖《いえど》も、一念の心中の理なれば無分別なり。

中国や日本では、「過去・現在・未来」の順に並べるが、インドでは現在を重視していて「過去・未来・現在」（atītânāgata-pratyutpanna）というように過去（atīta）と未来（anāgata）を先に挙げて、現在（pratyutpanna）が最後に置かれる。『三世諸仏惣勘文教相廃立』は、それにならっていると言えよう。三世は、それぞれ独立したものと思われるかもしれないが、過去も、未来も、「一念の心中の理」とあるように、現在の一念における過去についての記憶や、未来に対する期待や予想としてあるだけで、現在の一念を離れて存在し得ない。現在と切り離してあり得ない。だから、三世のそれぞれを対立概念として分け隔てすることはできない。「無分別」であるということ。

本章の初めのところで見たように、時間といっても、今・現在しか実在しない。過去といい、未来といっても、現在を抜きにしてはあり得ない。そのような現在の瞬間において、生命の本源たる久遠の境地を開くことによって、現在における歓喜の充満と、意味の輝きで、**「已も来も無量なり無辺なり」**、すなわち過去（已）と未来（来）が「無量」「無辺」に開けてくるということを論じた。

瞬間に永遠をはらみ、宇宙大の広がりを持って、十界のすべてが輝いている自己の覚知である。日蓮は、南無妙法蓮華経、すなわち『妙法蓮華経』に説かれた霊山虚空会への南無（帰命）によって、その境地に立ち還ることを説いた。それが、**「所謂《いわゆる》、南無妙法蓮華経は三世一念なり」**ということであろう。

過去と未来を輝かせるかどうかは、末法と言われる今日《こんにち》の現在に生きる我々自身の一念にかかっている。だから、日蓮は**「今日とは、末法を指して今日と云うなり」**という言葉で締めくくっている。

## 輪廻と業は仏教思想に非ず

日蓮の時間論を概観してきたが、その視点に立って、これまで巷《ちまた》で語られていた宿業論を見てみると、全く違った風景が見えてくるのではないか。

輪廻《りんね》と業《ごう》(カルマ)は、仏教の思想だと思っている人が多いが、そうではない。紀元前六、七世紀のウパニシャッド(奥義書《おくぎしょ》)に登場した。それをバラモン教が、バラモン(司祭)階級を絶対的優位とするカースト制度を正当化するために利用した。バラモンと生まれるのも、シュードラ(隷民)や不可触民のチャンダーラ(旃陀羅《せんだら》)と生まれるのも、過去世の業の善悪によると一方的に決めつけた。

このようにインドの社会通念となっていた輪廻と業を、釈尊は倫理的な意味に読み替え、現在から未来へ向けて善い行ないと努力をなすように強調した。

原始仏教では、人の貴賤《きせん》は「生まれ」ではなく現在の「行ない」によって決まると説き、「バラモンと言われる人であっても、心の中は汚物にまみれ欺瞞《ぎまん》にとらわれている」「チャンダーラや汚物処理人であれ、努力精進《しょうじん》に励み、常に確固として行動する人は、最高の清らかさを得る。このような人たちこそバラモンである」などと、バラモン階級を無条件に上位とする差別思想を批判した。

## 過去の事実は変えられないが意味は変えられる

繰り返しになるが、原始仏典では次のような時間論が強調されていた。

過去を追わざれ。未来を願わざれ。過ぎ去ったものは、既に捨てられた。未来は未《いま》だ到達せず。現在のことがらを各自の情況《じようきよう》において観察し、動揺せず、それを見極めて、その境地を拡大させよ。ただ今日なすべきことをひたむきになせ。

（『マッジマ・ニカーヤ』）

前世のことなど言われても誰も分かりはしない。そんな過去のことにくよくよして生きるのは愚かである。仏教は現在を重視した。現在の自分は、遥かな過去からの行ない（業）の総決算としてある。けれども、その行ないの内容は知る由もないし、過去にあった事実は変えようがない。しかし、現在の生き方によって過去の〝意味〟は変えられるのだ。

最近、原稿を書いていると、街角で街頭インタビューするNHKの「街録《がいろく》」というテレビ番組の音声が聞こえてきた。「あなたの忘れることのできない言葉は?」といった質問に、山口県の某高校の卒業生が、野球部員の時、大きな失敗をしてずっとくよくよしていたそうだが、監督に言われた言葉が忘れられないと言う。それは、「過去にあった事実は変えることはできないが、現在の生き方によって過去の〝意味〟は変えられるのだ」と言われたことだった。「どこかで聞いたことだな」と思っていたら、妻が「これは、あなたが書いてたことじゃない!」と叫んだ。

拙著『今を生きるための仏教100話』（平凡社新書）の第二十五話に書いたことが、そんなところで生かされていたことを喜んだ。

極端に言えば、過去をどのように見るかは、解釈にしか過ぎない。バラモン教はカースト制度を正当化するために過去を悪用した。某教団は、過去の先祖が地獄で苦しんでいるなどと人を不安に陥れて、その隙に付け込んで高額の寄付をさせた。仏教は、「無畏施《むいせ》」（畏れ無きことの施し）といって人の不安を取り除き、安心させることが目的だったのだ。仏教の名を騙《かた》り、人を不安に陥れ、恫喝《どうかつ》して布施《ふせ》を強要することがあるやに聞いているが、もってのほかである。

仏教は、基本的に現在から過去と未来をとらえることを説いた。忌《い》まわしい過去を引きずって現在を生きるのか、あの過去があったからこそ現在こうなれたとするかは、現在の生き方次第である。

大乗仏教徒が、「自らの悪業《あくごう》は、悪業に苦しむ人々を救済するために自ら願って身に受けた（願兼於業《がんけんおごう》）」と主張したのも過去の〝意味〟の現在における主体的転換であった。『維摩経』に登場する天女が、不退転の菩薩の境地に達していて、女性の姿をしているのは、世間で蔑《さげす》まれている女性を救済するために、自ら願ってのことであるということが、主人公である在家の菩薩によって明かされる。女性として生まれたが故に女性の苦しみを理解できる。だからこそ、女性を救済できるのだという意味が込められている（植木訳『サンスクリット版全訳　維摩経　現代語訳』、二四〇頁）。大乗仏教徒は、身に受けている悪条件の〝現在〟を主体的に受け止め、他者救済の原動力に転じたのである。

## 日蓮は凡夫なれば過去を知らず

日蓮の著作とされる『諸法実相抄《しょほうじっそうしょう》』に、過去・未来・現在という仏教の視点を踏まえて書かれた次の文章がある。その格調の高さに感銘した。

日蓮は、其《そ》の座には住し候《そうら》はねども、経文《きょうもん》を見候《そうろう》にすこしもくもりなし。又其《またそ》の座にもやありけん。凡夫《ぼんぷ》なれば過去をしらず。現在は見へて法華経の行者なり。又《また》未来は決定《けつじょう》として当詣道場《とうけいどうじょう》なるべし。過去をも是《これ》を以《もっ》て推するに、虚空会《こくうえ》にもやありつらん。

法師品《ほっしぼん》第十以降、釈尊滅後の『法華経』弘通《ぐつう》の使命を付嘱《ふぞく》するという『法華経』の中心テーマが展開される。その虚空（空中）での儀式（虚空会）に、果たして日蓮が参列していたのかどうか、自問する場面である。そこで日蓮は最初に、「日蓮は凡夫であるから過去のことは分かりません」と切り出す。この書が書かれたのは、伊豆流罪《るざい》を経験し、小松原で襲撃されて頭に傷を被《こうむ》るとともに、左腕を折られ、龍口《たつのくち》刑場での斬首を免れ、終には佐渡に流罪となっている最中のことである。その事実を見れば、「現在は目に見えて法華経の行者である」ことは間違いないと断ずる。そうであるならば、未来は必ず覚りの座（bodhi-maṇḍa、「道場」と漢訳）に赴いて覚ること（当詣道場）は間違いないであろう。現在と未来がそうであるならば、過去には虚空会にもいたのであろう――と、過去は最後に出てくる。それも、「ありつらん」と、古文で言う現在推量形を用いた遠慮深げな言葉で締めくくっている。三世という時は、現在が重視されるから〈過去↓未来↓現在〉の順番で列挙されるが、日蓮は、「過去を推する」のに、〈現在↓未来↓過去〉というように、仏教で重視される現在から論じて未来を推し、そして現在と未来から過去を推するという順番で論じている。仏教の時間論にかなった自己省察《せいさつ》である。過去から現在の自分を権威付けしようとする人たちとは格段の違いである。

## 法華経は選民思想に非ず

もしも、日蓮が過去から決まっていたなどと言っていたら、それは〝選民思想〟になってしまう。一切衆生の平等を説く『法華経』に選民思想などあるはずがない(10)。日蓮は、過去から現在の自分を意義付けるのではなく、現在の生き方によって過去に意義付けをなしている。

この関係は、我々にも適用されよう。我々が地涌《じゆ》の菩薩であったのかどうか、真剣にいくら考えても答えは出てこないであろう。今・現在の生き方によって、「過去には虚空会にもやありつらん」と感得するしかないのだ。これも、現在における過去への意義付けである。

「私は釈尊の生まれ変わりである」と主張する人物が、かつて私の知る限りでも同時に五人いた。そのうちのある二人は、「お前はブッダの生まれ変わりなんかではなく、四国のタヌキの生まれ変わりだ」などと意地汚く罵《のの》り合っていた。私は、彼らに集まってもらい「我こそは本物のブッダの生まれ変わりだ」という討論会を開いたらいいと思っていた。きっと、醜《みにく》い罵り合いが始まり、取っ組み合いの喧嘩《けんか》になるであろう。その姿を見て、本当のブッダの生まれ変わりであるかどうか、判断すればいい。

仏教は現在を重視するのであって、過去から現在の自分を意義付けすることはない。過去から意義付けをするのは、現在の自分に自信がないからであろう。大事なのは、過去において誰であったかということではない。現在、人間として何をやっているのか、どのような尊い生き方を貫いているのかである。

それは、原始仏典の『サンユッタ・ニカーヤ』で「生まれを尋ねてはいけない。行ないを尋ねよ」（中村元訳）と釈尊自身が語っていたことである。

◇　◇

以上、日蓮、あるいは仏教の時間論を概観してきたが、それは、冒頭に紹介した中村元先生の「仏教の思想は時間論と言ってもいい。それは〝今を生きる〟ということだ」という言葉に尽きると言えよう。〝今を生きる〟ということが重視されるということは、必然的に「誰が」「どこで」ということも重要になってくる。だから、仏教で説かれる真理は、「いま」「ここ」に生きるこの「わが身」を離れてはあり得ないのである。死後や、遥か彼方の別世界に楽園を求めることも、人間離れした絶対者を頼らせることもないのである。

**註**

（1）サンスクリット語で基数詞は、ダシャン（daśan、十）、シャタ（śata、百）、サハスラ（sahasra、千）など日常的によく使われる数の場合と違い、非日常的な巨大数の場合は、インドの各学派で意味する数が異なっている。那由他（**nayuta**）は「万」「十万」「千億」、阿僧祇（**asaṃkhyeya**）は「十の五十六乗（$10^{56}$）」「十の五十九乗（$10^{59}$）」などと異なっている。従って、この二つは、那由他、阿僧祇のままで表記する。

（2）一つの世界（**loka-dhātu**）は、スメール山（須弥山《しゅみせん》）を中心として横に四大陸（四洲《ししゅう》）があり、その回りを鉄囲山《てっちせん》を境界として九山八海が囲んでいる。縦には下は地獄、上は日月《にちがつ》、六欲天などの神々の住所までで、須弥山の中腹の高さに太陽と月が含まれていることから、「一世界」とは、ほぼ太陽系に相当するとみなすことができよう。その世界を千個集めたものが、「小千世界」と呼ばれ、その「小千世界」を千個集めたものが、「中千世界」、さらにその「中千世界」を千個集めたものが、「大千世界」とされる。「大千世界」は、「三回にわたって千個ずつ集めた大千世界」という意味で、「三千大千世界」ともいう。ここで言う「三千」とは3,000のことではなく千の三乗（$1000^3$=1000×1000×1000）のことである。だから、「十億個の世界」のことであり、現代的には「太陽系が十億個集まったもの」ということができよう。現代天文学によれば、銀河は約数十億から数千億個の恒星（太陽）が大集団を形成しているもので、我々の住む天の川銀河（直径約十万五千光年）は、一千億個の恒星からなる。それを考えれば、「三千大千世界」は、現代天文学の銀河系宇宙にほぼ匹敵しているといえよう。

（3）植木雅俊・橋爪大三郎著『ほんとうの法華経』、ちくま新書、筑摩書房、三二一頁を参照。

（4）燃燈仏（**Dīpaṃkara**）は、紀元前二世紀頃考え出された仏で、過去世において修行中の釈尊に「将来、覚りを得てブッダになるであろう」と予言（授記《じゅき》）したとされる。そこで授記されて実際に仏に成るまでの釈尊を、小乗仏教は、「覚り（**bodhi**）が確定している人（**sattva**）」という意味を込めて**bodhisattva**（菩薩）と呼んだ。

（5）三千塵点劫と五百塵点劫の違いを、「三千」と「五百」の数にとらわれて誤解している人が多いようだ。三千塵点劫は、世界を三回にわたって千倍した大千世界という意味の「三千大千世界」を微塵になして計算される時間の長さのこと。ここの「三千」は「3000」のことではなく、「千の三乗」、すなわち「$1000^3$」のことである。三千塵点劫が、〝一個〟の三千大千世界を微塵にして計算される時間であるのに対して、五百塵点劫は〝五百千万億那由他阿僧祇個〟の三千大千世界を微塵にして計算される時間のことで、正式には「五百千万億那由他阿僧祇三千塵点劫」という。この表記があまりにも長いので、省略して「五百塵点劫」と呼ばれている。拙著『思想としての法華経』（岩波書店）の第十章において、それがいかに膨大な天文学的数字であるかも計算しておいた。五百塵点劫は、三千塵点劫の十の百七十二乗（$10^{172}$）倍である。また、橋爪大三郎氏との対談『ほんとうの法華経』（ちくま新書）の三〇九～三一四頁も参照されたし。

（6）日蓮は、『心地観経』からの引用としているが、『心地観経』にこの言葉は出てこない。『諸経要集』に「経に云く」として出てくるが、経典名は書いてない。佐渡に流罪となって約三カ月頃のことで、資料が手もとにないまま、一気に書き上げたために勘違いしたものと思われる。そのような条件下で、日蓮最大の長編（四百字詰め原稿用紙で百十五枚余）と言われる『開目抄』をしたためたことに驚嘆する。

（7）「劫」は、サンスクリット語の「カルパ」（kalpa）を音写した「劫波《こうは》」の略。天文学的な時間の長さを意味する。『雑阿含経』巻三四によると、縦、横、高さがそれぞれ一由旬《ゆじゅん》（約十五キロメートル）の鉄城の中に芥子の実をいっぱいにし、百年に一度、一粒ずつ取り去ったとして、すべての芥子の実がなくなるまでの時間の長さよりも長い時間であるとされる（芥子劫《けしこう》）。このケースで計算すると、約十の二十四乗（$10^{24}$）年となる（植木雅俊・橋爪大三郎著『ほんとうの法華経』三一〇頁）。あるいは、四方が一由旬の大きさの岩の塊があって、カーシー（ベナレス）産の織物で百年に一度払ったとして、その岩塊が完全に摩り減ってなくなるまでの時間の長さよりも長い時間とされる（磐石劫《ばんじゃくこう》）。

（8）ルビの「三千塵点」と「在世」の位置は、①要法寺版『御義口伝鈔』、②『昭和定本　日蓮聖人遺文』、③『日蓮大聖人御書全集』で、それぞれ異なっている。①では、いずれも「久遠」の左右に付されていて、②では、いずれも「彼久遠」の左右に付されているが、③では、「三千塵点」が「久遠」の右側、「在世」が「彼」の左側に付されている。③では、左右のルビがずれている理由が不明である。①と②のいずれでも悪いことはないが、「彼」はなくてもいいので、筆者は①を採用した。

（9）「上の数に倍せり」という翻訳において、「上の数」（五百塵点劫）の倍とは、①久遠実成した時点から過去へ倍なのか、②『法華経』が説かれている時点から未来へ倍なのか――漢訳では、いずれとも解釈できる。ところが、サンスクリット版のケルン・南条本では、

私は、過去における菩薩としての修行を今なお完成させていないし、寿命も未だに満たされていない。私の寿命が満たされるまで、今なおその〔久遠以来の〕二倍、すなわち幾百・千・コーティ・ナユタ劫にわたるであろう。

（植木訳『サンスクリット版縮訳　法華経　現代語訳』、二六四頁）

となっていて、『法華経』が説かれている時点から未来に倍となっている。

（10）地涌の菩薩への滅後の弘教の付嘱が、〝選民思想〟でないことについては、拙著『法華経とは何か』（中公新

書)、二三三～二三八頁を参照。

# 第四章

# 普遍思想としての人間尊重

『法華経』独自の菩薩は、地涌《じゆ》の菩薩と常不軽《じょうふきょう》菩薩である。宮沢賢治（一八九六～一九三三）が「雨ニモマケズ」で「サウイフモノニ／ワタシハナリタイ」としていた「デクノボー」は、この常不軽菩薩をモデルにしていると言われる。日蓮は、「教主釈尊の出世の本懐は、人の振舞にて候《そうらい》けるぞ」として、どんなに罵《ののし》られ、危害を加えられても、決して怨み返すことなく人を敬い続けたこの菩薩をわが身に引き当てて、〝法華経の行者〟として生き抜いた。その菩薩の人間尊重の振る舞いについて御義口伝「常不軽品三十箇の大事」の中から主なものを見てみよう。

> **第五　我深敬汝等不敢軽慢所以者何汝等皆行菩薩道当得作仏の事**
>
> 御義口伝に云《いわ》く、此《こ》の廿四字《にじゅうよじ》と妙法の五字は替われども、其《そ》の意《こころ》は之《こ》れ同じ。廿四字は略法華経なり。

## 常不軽菩薩の生きた時代

常不軽菩薩品第二十で釈尊は、得大勢《とくだいせい》という菩薩に向かって、サダーパリブータと呼ばれる一人の菩薩について語り出した。それは、過去の威音王仏《いおんのうぶつ》という如来が亡くなった後、正しい教え（正法《しょうほう》）が衰亡し、正しい教えに似て非なる教え（像法《ぞうほう》）も衰亡しつつあった時代で、その教えが増上慢《ぞうじょうまん》の男性出家者（比丘《びく》）たちによって攻撃されている時のことであった。

『法華経』が成立した紀元一世紀末から三世紀初頭の頃は、「末法《まっぽう》」という語はまだ用いられていなかったが、その時のことを鳩摩羅什は「像法の隠没《おんもつ》」と漢訳している。このような時代設定がなされたということは、『法華経』編纂当時に釈尊の教えの真意が見失われ、形骸化しているという危機感があったからであろう。

## 像法は〝似て非なる教え〟

この「正法」「像法」「末法」は、中国の法相宗《ほっそうしゅう》の慈恩大師基《じおんだいしき》（六三二〜六八二）による解釈の影響で、「正しい教え（正法）が時を経て効力を失っていくプロセス」として、あたかも正法の〝賞味期限切れ〟や、〝消費期限切れ〟であるかのように説明され、教え自体の問題として語られることが多かったようだ。果たしてそうであろうか。人間の平等と尊厳を説いた普遍的真理（法）が、時を経るに従って衰えるということはあるはずがない。真理は永遠のものである。むしろ、それを伝承する人間のほうに問題があるのではないだろうか。権威主義に陥った小乗仏教では、自分たちの都合のいいように釈尊の言葉を改竄《かいざん》したりしていた。あるいは、低俗化させることもあった。そのように、「正法」を形骸化させるのは人間のほうだ。

「像法」（**saddharma-pratirūpaka**）は、サッダルマ（**saddharma**、正しい教え）とプラティルーパカ

（pratirūpaka）の複合語を漢訳したものである。pratirūpaka は、「似ている」「やぶ医者」「山師」「似て非なるもの」という意味で、saddharma（正法）との複合語となって、「正しい教え（正法）に似た教え」となる。もっと厳しい言い方をすれば、「正しい教え（正法）に似て非なる教え」を意味している。「正しい教え」が、「似て非なる教え」に取って代わられるということだ。「正しい教え（正法）」は厳然としてあるにもかかわらず、それを亡きものにして「似て非なるもの」にすり替えてしまうのは、人間の側である。

正法・像法・末法の歴史観は、どんなに勝れた思想であったとしても後世の人間による形骸化、低俗化を免れないということを教えている。その変遷の仕方は、初めは〝似ているもの〟であったかもしれないが、世代交代を繰り返す中で、〝似て非なるもの〟にすり替えられ、最終的には〝似ても似つかぬもの〟になってしまう。「正法・像法」の存続期間は、「千年・五百年」、あるいは「千年・千年」などと考えられたが、いずれもおおよその概数であって、年数自体にとらわれる必要はない。釈尊滅後百年にして、小乗仏教が登場して在家や女性を差別するようになったり、権威主義になったりしたこと自体が、既に似て非なる教え（像法）だと言えよう。

形骸化は思想自体の問題ではなく、それを伝える人間の問題なのだ。どんなに勝れた思想といえども、人によって伝承されるからその変遷を免れることはない。だからこそ、原点を見失わないことが大事であり、『維摩経』や『涅槃経』で「依《え》法《ほう》不《ふ》依《え》人《にん》」（法《ほう》に依《よ》って人《にん》に依らざれ）と言って、「人」ではなく「法」にもとづくべきだと強調されてきたのである。

『法華経』は、「原始仏教の原点に還れ」と訴える経典である。その後、正法・像法・末法の史観にもとづき、正法の復興・興隆を叫んだのが日蓮であった。日蓮は、当時の似て非なる教えを多数、目《ま》の当たりにして、『涅槃経《ねはんきよう》』の、

若《も》し善比丘《ぜんびく》あって、法を壊《やぶ》る者を見て置いて、呵責《かしやく》し駈遣《くけん》し挙処《こしよ》せずんば、当《まさ》に知るべし、是《こ》の人は仏法の中の怨《あだ》なり。若し能《よ》く駈遣し呵責し挙処せば、是れ我が弟子、真の声聞《しようもん》なり。

（大正蔵、巻一二、三八一頁上）

に従って、黙っていられなかった。

この常不軽品も、過去の威音王仏《いおんのうぶつ》が入滅した後の話で、「正しい教えが衰亡し、また正しい教えに似た教えも衰亡しつつあり、その教えが増上慢の男性出家者たちによって攻撃されている時」（植木訳『サンスクリット版縮訳　法華経　現代語訳』、三一〇頁）のこととして語られていた。「正しい教え」（正法）を攻撃して亡きものにするのは人間なのだ。

## 常不軽菩薩の振る舞い

『法華経』の理想とする菩薩である常不軽菩薩《じようふきよう》は、男性・女性、在家・出家の違いを問わず誰に対しても、

我れ深く汝等《なんだち》を敬う。敢《あ》えて軽慢《きようまん》せず。所以《ゆえん》は何《いか》ん。汝等《なんだち》は皆、菩薩の道《どう》を行じて、当《まさ》に作《さ》

仏《ぶつ》することを得べし。
（植木訳『梵漢和対照・現代語訳　法華経』下巻、三六六頁）

と語りかけた。これを漢文で書くと、この御義口伝の表題である次の二十四文字になる。句読点を補って表記する。

**我深敬汝等《がじんきようにょとう》。不敢軽慢《ふかんきようまん》。所以《しょい》者何《しゃが》。汝等皆行菩薩道《にょとうかいぎょうぼさつどう》。当得作仏《とうとくさぶつ》。**

サンスクリット語からの拙訳では、次のようになる。

私は、あなたがたを軽んじません。あなたがたは、軽んじられることはありません。理由は何か？　あなたがたは、すべて菩薩としての修行を行ないなさい。あなたがたは、正しく完全に覚った尊敬されるべき如来になるでありましょう。
（植木訳『サンスクリット版縮訳　法華経　現代語訳』、三一〇、三一一頁）

これを告げられた人たちは、この菩薩に対して嫌悪感を抱き、怒り、罵《ののし》り、非難し、危害を加えた。その菩薩は、何をされても憎悪する心を生じることもなく、危害の及ばないところへ走り去り、「私は、あなたがたを軽んじません」「あなたがたも、如来になることができます」と主張し続けた。その菩薩を罵った増上慢《ぞうじょうまん》の人たちが、その菩薩にサダーパリブータというニックネームを付けた。それは、「馬鹿の一つ覚えで、常に軽んじないと言うことしか能のないやつ」という軽蔑の意味が強かったであろう。

## 〝常不軽〟という訳の是非

このサダーパリブータ（**sadāparibhūta**）という名前を、中国南北朝時代の訳経僧、鳩摩羅什《くまらじゅう》（三四四～四一三）は常不軽《じょうふきょう》（常に軽んじない）と漢訳した。ところが、鳩摩羅什の百二十年前に『正《しょう》法華経《ほけきょう》』として漢訳を手がけた西晋時代の竺法護《じくほうご》（二三九～三一六）は、常被軽慢《じょうひきょうまん》（常に軽んじられる）と訳していた。二つの訳を比べると、能動に対する受動、否定に対する肯定であり、全く相反する訳になっていることが長年の謎《なぞ》だった。

サダーパリブータ（**sadāparibhūta**）は、次のように副詞のサダー（**sadā**、常に）と、「軽んじる」という意味の動詞 **pari-√bhū** の過去受動分詞パリブータ（**paribhūta**）、あるいは否定を意味する接頭辞ア（**a**）を頭に付けたアパリブータ（**aparibhūta**）との二通りの複合語と考えられる。

(1) **sadā**（常に）+ **paribhūta**（軽んじられた）
(2) **sadā**（常に）+ **aparibhūta**（軽んじられなかった）

(1)は、竺法護訳に相当するが、鳩摩羅什訳は、(1)と(2)のいずれでもない。そこで、鳩摩羅什訳は誤りだとして、岩波文庫『法華経』下巻の岩本裕《ゆたか》訳では「常に軽蔑された男」（二一九頁）、中公文庫の大乗仏典『法華経Ⅱ』では「常に軽んぜられた」（一六四頁）と現代語訳されている。

ところが、これは過去受動分詞だから、「〜られた」「〜られなかった」とする〝教科書的〟文法からの翻訳である。さらに高度な実践的文法書（例えば、J. S. Speijer, *Sanskrit Syntax*, reprinted by Bodhi Leaves Corp. in Delhi, 1973, § 360. など）には、「過去受動分詞は受動だけでなく、能動の意味でも用いられる」と明記されている。そうなると、この菩薩の名前は、〈能動と受動〉および〈肯定と否定〉の組み合わせ方によって、次の四通りに解釈できることになる。

①常に軽んじない（能動と否定）＝鳩摩羅什訳に相当

②常に軽んじた（能動と肯定）

③常に軽んじられた（受動と肯定）＝竺法護訳、岩波文庫『法華経』の岩本裕訳、中公文庫『法華経』の訳に相当

④常に軽んじられなかった（受動と否定）

サダーパリブータという名前は、この四つの意味の掛詞《かけことば》になっていて、竺法護訳か、鳩摩羅什訳かという二者択一ではなかったのだ。

常不軽品でこの四つは、①主人公である菩薩自身の振る舞いと、②四衆が菩薩の行動をどう受け止めたのか、その結果、③菩薩が四衆たちから受けた仕打ち、そして④四衆たちが信服随従《しんぷくずいじゅう》したことで、菩薩は軽んじられなくなったという最終的な結末――の四段階をたどった常不軽品の

ストーリーそのままである（詳細は、拙著『ほんとうの法華経』第八章を参照）。このように考えると、長年の謎もすっきりと解決する。この命名は天才的なものである。

掛詞に込められたすべての意味を反映させて外国語に翻訳するのは不可能に近い。そこで、鳩摩羅什は根幹の意味である①で、竺法護や、岩本裕氏は末節の③で漢訳した。常不軽品の内容から言っても、鳩摩羅什の訳のほうが勝れている。

それよりもっと勝れた訳は、四つの意味をすべて訳すことであろう。そこで私は、常不軽菩薩品のサンスクリット語のタイトルを次のように現代語訳した。

**常に軽んじない**〔と主張して、**常に軽んじている**と思われ、その結果、**常に軽んじられる**ことになるが、最終的には**常に軽んじられない**ものとなる〕菩薩。

（植木訳『梵漢和対照・現代語訳　法華経』下巻、三六二頁）

拙訳『梵漢和対照・現代語訳　法華経』上・下巻が、岩波書店から出版されることになり、編集部長（当時）の高村幸治氏（一九四七〜）に「章のタイトルとしては少々長すぎて、四行になりますが、いいですか」と尋ねたところ、即座に「これは世界初の訳なのですよね。だから、これでいきましょう」ということになった。いずれにしても、「サダーパリブータ」はストーリー展開の一部始終を一語に込めた、実に秀逸にして絶妙なネーミングであったのだ。

このように高度な掛詞が『法華経』に用いられているのを見るにつけ[1]、渡辺照宏《わたなべしょうこう》氏（一九〇七

～一九七七）が、『法華経』について岩波新書『日本の仏教』で「一見してあまり教養のない人たちの手で書かれたものである」（一七八頁）と記していることに首を傾《かし》げたくなる。

## 在家・出家、男女、カーストを問わず

この菩薩は、出家であれ、在家であれ、男女を問わず、出会う人には、誰にでも近づいて、「尊者がたよ」（āyuṣmanto）、「ご婦人がたよ」（bhaginyo）と呼びかけては、次のように告げた。

私は、あなたがたを軽んじません。あなたがたは、軽んじられることはありません。理由は何か？　あなたがたは、すべて菩薩としての修行を行ないなさい。あなたがたは、正しく完全に覚った尊敬されるべき如来になるでありましょう。

（植木訳『サンスクリット版縮訳　法華経　現代語訳』、三一〇、三一一頁）

これを鳩摩羅什は、この御義口伝の表題となっている二十四文字に漢訳した。

このように『法華経』の理想とするこの菩薩は、「常不軽」という名前のとおり、女性をも軽んじることなく、男女が平等に成仏できることを訴え続けていたのだ。しかも、龍女《りゅうにょ》の成仏の際のように、いったん男身に変ずる（変成男子《へんじょうなんし》）といったことを必要としていない。だから龍女の変成男子は、小乗仏教の成仏観にとらわれて、女性の成仏を信じようとしない分からずやのシャーリプトラ（舎利弗）らを説得する手段であり、女性の成仏のための必要不可欠な条件ではない

のだ（詳細は、拙著『差別の超克――原始仏教と法華経の人間観』第六章を参照）。

女性が著しく差別されていたインドにおいて、「ご婦人がたよ」という呼びかけがあるのとないのとでは大違いであった。ただ、鳩摩羅什は、「尊者がたよ」「ご婦人がたよ」というこの二つの呼びかけを訳していない。そのために、近年、漢訳で『法華経』を読んだ人の中に、「龍女の成仏を描いた提婆達多品第十二が後世に追加されていたとなると、もともと『法華経』は女性の成仏を説いていないではないか」と主張する人が現われた。鳩摩羅什が、「ご婦人がたよ」（bhaginyo）を漢訳してくれていたなら、そんな言いがかりをつけられることはなかったであろう。その点は惜しまれるところである。

さらに、「出会う人には、誰にでも」話しかけたということは、カーストの違いにもとらわれないということであり、この菩薩は身分差別も超越していたのだ。

## 経典は読誦しないが人間を尊重

この菩薩は、会う人ごとにこのように語りかけるのみで、他者に対して教理の解説《げせつ》もなさず、自分自身のために聖典を学習することもなかった。鳩摩羅什はこれを、
不専読誦経典《ふせんどくじゆきようてん》。但行礼拝《たんぎようらいはい》。
（経典を読誦《どくじゆ》するを専《もつぱ》らにせずして、但礼拝《ただらいはい》を行ず）

と漢訳した。受持《じゅじ》（記憶して忘れないこと）とともに、読誦・解説の実践を『法華経』ほど重視し、強調していた経典はない。その『法華経』でこの菩薩は、経典を読誦することも、解説することも一切していなかった。仏道修行の基本ともいえる〝形式〟を満たしていなかったというのだ。

そのような菩薩から、このように告げられた増上慢《ぞうじょうまん》の在家や出家の男女たちは、「虚偽の予言」（虚妄《こもう》の授記《じゅき》）をなすものだと言って、この菩薩に対して嫌悪感を抱き、怒り、罵り、非難し、危害を加えた。その菩薩は、何をされても決して怒ることも、憎悪の心を生じることもなく、危害の及ばないところへ走り去り、そこから「私はあなたがたを軽んじません」と主張し続けた。増上慢の四衆たちは、そこをとらえてサダーパリブータというニックネームをつけていた。

それは、「〝常に軽んじない〟と言うことしか能のないやつ」という軽蔑の意味が込められていた。

## 誰も語っていない空中からの声

この菩薩は、教理の解説もなさず、自ら聖典を学習することもなく、人間尊重の振る舞いをひたすら貫き通した。つまりこの菩薩は、それまで『法華経』を知らなかったということになる。長いあいだ、このような実践を続け、臨終間際になったとき、『法華経』の法門が空から聞こえてきた。鳩摩羅什訳では誰かがしゃべったとも、しゃべっていないとも書かれていない。岩波文庫『法華経』下巻の岩本裕訳では「誰かが語った空中からの声」（一三七頁）となっている。

それに対して私は、「**誰も語っていない**空中からの声を聞き」（**na kena-cid** bhāṣitam antarīkṣān nirghoṣaṃ śrutvā）と訳した。「ケルン・南条本」は、この箇所の冒頭を yena kena-cid（誰かが〜したところの）と校訂しているが、その底本である英国・アイルランド王立アジア協会本でも、カシュガル本でも na kena-cid（誰も〜していない）となっている。チベット語訳も「誰も語っていない」となっている。J・H・C・ケルンと南条文雄《なんじょうぶんゆう》は、誰も語っていないのに聞こえるはずがないと気を回し、na（英語の not）に ye を付け加えて関係代名詞 yena に書き換えた。それは、〝勇み足〟であった。岩本裕氏は、それに何の疑問も抱かずに「誰かが語った」と訳したのであろう。従ってこの箇所に関して、私は「ケルン・南条本」を採用せず、元の英国・アイルランド王立アジア協会本のままに戻した（拙訳『梵漢和対照・現代語訳　法華経』下巻、三七〇頁五行目）。

その箇所の拙訳は次のとおりである。

サダーパリブータ菩薩は、誰も語っていない空中からの声を聞き、この法門を受持し、（中略）六根清浄《ろっこんしょうじょう》を獲得した。そして、直ちに自身の生命を存続させる働きに神通力をかけて、さらに二百万・コーティ・ナユタ年もの間、〝白蓮華のように最も勝れた正しい教え〟（法華経）という法門を説いた。（植木訳『サンスクリット版縮訳　法華経　現代語訳』、三一二頁）

臨終の間際となって、この菩薩は空中から聞こえてきた『法華経』を素直に受け止め、そして六根清浄を得て、「まだ死んではいられない、もっと生きなければ」と思って寿命を延ばし、そこから初めて経典としての『法華経』を説き始めた。

すると、この菩薩にサダーパリブータという名前をつけた増上慢の在家・出家の男女たちのすべてが、その菩薩の具《そな》えるすぐれた神通力や、人に理解させる雄弁の力、智慧の力の威力を見て、教えを聞くためにその菩薩に信服随従《しんぷくずいじゅう》するものとなった。それは、その菩薩が「常に軽んじられない」ようになったということを意味する。これで、先ほど述べた「サダーパリブータ」の掛詞の四つの意味が完結するのだ。

誰に対しても「私は、あなたがたを軽んじません」と語る常不軽菩薩の人間尊重の振る舞いは、滅後の弘教のモデルととらえることができる。『法華経』が説く菩薩行の実践モデルと言ってもいいであろう。この常不軽品第二十が、地涌の菩薩に対して滅後の弘教の付嘱が行なわれる如来神力品第二十一の直前に置かれているのは、滅後の弘教における菩薩の実践のモデルケースを示したものと理解すべきであろう。

『法華経』法師品《ほっしぼん》第十では、釈尊滅後の説法者（法師《ほうし》）である菩薩について、「世間の人々に安寧をもたらし、慈しむもの」「人間の中に、この法門を説き示すために生まれてきたもの」と説かれている。それは、人間対人間の具体的な関係性を通じた対話によって人々に教え導く人たちのことである。目の前にいる人間に語りかけ、罵られようが誤解されようが、それでも誠意を貫き通していく。そのことによって誤解を解き、理解をかち取り、互いに意思疎通がなされ両者が何かに目覚めていくという在り方である。法師品では、その際に大事な実践規範が三つ示されている。それが、「衣《え》・座《ざ》・室《しつ》の三軌《さんき》」と言われるもので、次のように示されていた。

如来の入滅後、後の時代、後の情況において、誰であれ、この法門を四衆に説き示すならば、その菩薩は、如来の室《しつ》に入って、如来の衣《ころも》を着て、如来の座《ざ》に坐って説き示すべきである。

（植木訳『サンスクリット版縮訳　法華経　現代語訳』、一八五頁）

忍耐の鎧《よろい》（如来の衣）を着て、物事に執着しない空《くう》の座（如来の座）に坐り、一切衆生に対する慈悲の部屋（如来の室）に住するということである。

## 人間尊重の振る舞いが『法華経』

この菩薩は、他者に仏教の教理を解説することもなく、自分で経典を読誦することもなかった。ただ、あらゆる人に、「私は、あなたを軽んじません」と語りかけるのみだった。ところが、臨終の間際に誰もしゃべっていないのに『法華経』の法門が天から聞こえてきて、それを信受した。これは、いったい何を意味するのであろうか。

ここには、重大なメッセージが込められているに違いない。この菩薩は、天から『法華経』が聞こえてきたとき、それを素直に受け入れた。疑ったり、拒絶したりするようなことはなかった。それは、この菩薩の振る舞いが既に『法華経』の精神に適《かな》っていたからであろう。『法華経』は、誰もが成仏できるという平等思想を説いている。たとえ経典としては読んでいなかったとしても、この菩薩の振る舞いは既に『法華経』を実践していたのである。誰もしゃべっていないのに聞こえてきたというのは、この菩薩が『法華経』を自得したということであろう（詳細は、拙著『思想としての法華経』第八章を参照）。

その一方で、小乗仏教の出家者たちは、僧院にこもって朝から晩まで経典ばかり読んでいて、人間と向き合ってはいない。中村元先生が「みずから身を高く持し」「その態度は独善的高踏的であった」（『古代インド』、二七六～二七七頁）と指摘されていた通りである。どちらが本来の仏教と言えるのか――。

この菩薩の人間尊重の振る舞い自体、誰でもブッダになれると主張し続けたこと自体、さらに悪口《あっく》・罵詈《めり》されても感情的になることもなかったということ自体、それこそが、まさに『法華経』の説かんとすることであり、『法華経』の精神にかなっていたということを意味する。それは、法師品第十に説かれた「衣・座・室の三軌」の実践そのままである。

**其の意が同じであれば『法華経』**

前置きが長くなったが、以上のことを踏まえて、常不軽菩薩の決まり文句である二十四文字**「我深敬汝等不敢軽慢所以者何汝等皆行菩薩道当得作仏」**についての御義口伝を見てみよう。二十四文字に込められた意味は、これまでの長い解説で論じてきたところである。

日蓮は、**「此《こ》の廿四字《にじゅうよじ》と妙法の五字は替われども、其《そ》の意《こころ》は之《こ》れ同じ」**と論じている。「妙法の五字」とは、妙法蓮華経の五文字のことで、「此の経一部八巻・二十八品《ほん》・六万九千三百八十四字」（『開目抄』）と日蓮が述べている『法華経』のタイトル（題目）である。その『法華経』は、八巻からなり、そこには二十八品（章）が含まれ、文字数としては六万九千三百八十四にも及ぶ。

それに対して、常不軽菩薩の決まり文句は、わずかに二十四文字でしかない。けれども日蓮は、「其の意は之れ同じ」と断じている。

二十四文字に象徴されるこの菩薩の言動が、人間尊重の振る舞い、誰でもブッダになれると主張し続けたこと、さらに悪口・罵詈されても感情的になることもなかったということ――それこそが、まさに『法華経』の説かんとすることであり、『法華経』の精神にかなっているということで、日蓮は「其の意は之れ同じ」と述べたのであろう。その上で、日蓮は、**「廿四字は略法華経なり」**と結論している。六万九千三百八十四文字に比べれば、二十四文字は微々たるもので「簡略」極まりない表現になっているかもしれないが、「其の意は之れ同じ」であるので、同じく『法華経』であると称している。

この考え方から、日蓮は、『法華経』を「一部八巻・二十八品・六万九千三百八十四字」からなるものだけに限定していないことが見て取れる。『法華経』自体がそのような考えに立っていた。それは、序品第一において過去の二万人の日月燈明如来《にちがつとうみょうにょらい》のすべてが、あるいはこの常不軽品において過去の二万億の威音王仏《いおんのうぶつ》のすべてが、最晩年に説いたのが『法華経』とされていることからもうかがわれる。それらは、時と所によって表現形態は全く異なっているであろうが、人間尊重、寛容と平等の思想といった普遍的真理が語られていて、「其の意は之れ同じ」と言えよう。

例えば、二〇一〇年七月から放送されたイギリス・BBC製作のテレビドラマ『シャーロック』は、コナン・ドイルの小説『シャーロック・ホームズ』シリーズを翻案したもので、舞台を二十一世紀のイギリスに置き換え、シャーロック・ホームズがスマートフォンやインターネットといった最新の電子機器を駆使して事件を解決する様を描くといったものだった。ＮＨＫの衛星放送で観ながら、時代背景、表現は変わっているが、どことなくかつての十九世紀末から二十世紀初頭にかけて書かれた『シャーロック・ホームズ』を彷彿《ほうふつ》とさせていた。この場合も、時代背景が変わったことに伴い表現形態は変わっても、「其の意は之れ同じ」と言えよう。「其の意は之れ同じ」という考えをさらに発展させれば、次のようなことも言えよう。

## 異宗教間の対立を超える視点

常不軽菩薩は、仏道修行の基本とも言える経典の読誦や解説をやっていなかったかもしれないが、寛容の精神に立った人間尊重という振る舞いが『法華経』にかなっていたことで、『法華経』を自得したということになると、そこには重要なメッセージが込められていることになる。

ここでは、経典ばかり読んではいるが、「自ら真の道を行ずと謂《おも》いて、人間を軽賤《きょうせん》する」（植木訳『梵漢和対照・現代語訳　法華経』下巻、一一六頁）出家者たちに対して、経典を読むことはないが人間を尊重する振る舞いに徹している菩薩とのコントラストを際立たせる表現が取られている。

文字化された経典を目にし、口にすることが大切なのか、それともその経典の言おうとしたこと、すなわちあらゆる人が平等であり、誰でもブッダとなることができることを訴え、人間を尊重する振る舞い・言動を貫くことを、言葉では知らなくても実行することが大事なのか——という根本的な問題提起がなされている。

その答えは、だれ人も軽んじない人間尊重の振る舞いこそが、『法華経』であったということになる。経典読誦などの仏道修行の〝形式〟を満たしていなくても、『法華経』の教えを知らなくても、人間尊重の振る舞いを貫いているならば、その人は既に『法華経』を行じていることになる。逆に、仏道修行の形式を満たしていたとしても、人間を軽んじたり、利用したりするようなことがあれば、それはもはや『法華経』だとも、仏教だとも言えない。この考え方を敷衍《ふえん》すれば、仏教徒であるか否かということも二の次になるといえよう。

世界には、さまざまな文明の対立、人種の対立、宗教の対立がある。南アフリカのネルソン・マンデラ（一九一八〜二〇一三）は、アパルトヘイトに反対して二十七年間も獄中にあったが、それでも人権を守るために闘争を続けた。キング牧師（一九二九〜一九六八）も人権のために闘った。貧困や病に苦しむ人々の救済に生涯をささげたマザー・テレサ（一九一〇〜一九九七）や、「公民権運動の母」として知られるローザ・パークス[2]（一九一三〜二〇〇五）のことも忘れてはならない。そうした人たちの信念と行動も、『法華経』の実践と言っていいのではないか。そうした極めて普遍的なメッセージがここに読み取れる。

ここでは、両極端のケースの比較がなされているが、『法華経』も読誦し、人間尊重の振る舞いも貫くのがベストであるのは、もちろんのことである。

これは、『法華経』編纂当時、小乗仏教と貶称《へんしょう》された説一切有部《せついっさいうぶ》という部派のように出家中心主義になって権威主義化し、社会的に没交渉になっていたことの反省を迫るものである。「宗教のための宗教」に陥ることなく、「人間のため」「社会のため」の『法華経』であり、仏教であり、かつまた宗教であるという原点を忘れてはならないということを警告している。権威主義は、『法華経』とも、本来の仏教とも全く逆行するのだ。

一宗一派や、イデオロギー、セクト主義の壁を乗り越え、異なる文明・宗教のあいだの対立を乗り越える視点が、ここに提示されている。それは、人間の尊厳を訴え、生命を尊いものとして尊重するという視点である。

中村元先生が、なぜ原始仏教の研究に取り組まれたのかということについて、三十六歳の時に毎日新聞社から出版された『宗教における思索と実践』（二〇〇九年にサンガから再刊）の「はしがき」に記されている。

仏教、というよりはゴータマの思想は、……何ら特定の宗教の立場をとらなかった。他の宗教を、他の宗教であるが故に排斥することをしなかった。ただ人間の真理を明らかにするということを、めざしていたのであった。かかる立場に立つ人間の真理の探求は必ずや他の宗教にも通じ得るものであろう。

中村先生も、一宗一派や、イデオロギー、セクト主義の壁を乗り越える視点を当初から持っておられたことが理解できよう。

## 教主釈尊の出世の本懐は人の振る舞い

『法華経』の理想とする菩薩の一人である常不軽菩薩に最も注目していたのは、日蓮であった。インド、敦煌《とんこう》、中国、朝鮮、日本においてこの菩薩が彫刻や絵画で取り上げられるのは希有《けう》なことで、それだけ注目されていなかった。それは、一九九七年十月、中村元先生と、本間昭之助氏（中外日報社長、当時）の提唱により京都で開催された第七回日中仏教学術会議（中外日報社と中国社会科学院世界宗教研究所の共催）での、私の質問に対して、中国・敦煌《とんこう》研究者の方廣錩《ほうこうしょう》氏（世界宗教研究所副教授＝当時、一九四八〜）や、中国大陸の仏教遺跡をつぶさに調査された東京大学名誉教授の鎌田茂雄博士（一九二七〜二〇〇一）も認めておられたことである（拙著『仏教、本当の教え』、中公新書、二一七頁参照）。その日蓮は、この常不軽菩薩の姿を通して人の振る舞いの大切さを読み取って、『崇峻《すしゅん》天皇御書』に次のように記している。

一代の肝心は法華経、法華経の修行の肝心は不軽品にて候《そうろう》なり。不軽菩薩の人を敬《うやま》いしは、いかなる事ぞ、教主釈尊の出世の本懐《ほんかい》は、人の振舞《ふるまい》にて候《そうらい》けるぞ。

その観点から、常不軽菩薩が礼拝の行を貫いた理由を、日蓮は『松野《まつの》殿御《どのご》返事《へんじ》』で次のように意義付けている。

過去の不軽菩薩は、一切衆生に仏性《ぶっしょう》あり、法華経を持《たも》たば必ず成仏すべし。彼れを軽んじては仏を軽んずるになるべしとて、礼拝《らいはい》の行《ぎょう》をば立てさせ給《たま》いしなり。法華経を持《たも》たざる者をさへ若《も》し持ちやせんずらん。仏性ありとて、かくの如《ごと》く礼拝し給う。

何をもって人間を尊しとするのか。ここでは「すべての人に仏性がある。その人を軽んじることは仏を軽んじることになる」という意味で、人間を最大限に尊重するというのだ。

## 人間尊重の振る舞いは目的であり手段に非ず

以上の日蓮の言葉から、人間を尊重する振る舞いの大切さを常不軽菩薩の礼拝行に読み取っていることが分かる。その振る舞いは、〝手段〟としてではなく、それ自体が〝目的〟でなければならない。ところが、この常不軽菩薩の振る舞いを教化／布教の手段として説明する人がいた。中国の天台大師智顗である。彼は、『摩訶止観《まかしかん》』において、『勝鬘経《しょうまんきょう》』に説かれている「摂受《しょうじゅ》」（相手を受け容れ穏やかに説得すること）と「折伏《しゃくぶく》」（相手を責めたて、うち砕いて迷いを覚ますこと）の考えを、『法華経』に持ち込んで解釈した。そして、常不軽菩薩の礼拝行を「折伏」という教化方法に相当すると論じた。そのため、常不軽菩薩の振る舞いについて、「教化の相手を激させ、怒らせることによって、かえって自分のほうに引きつけてゆく、これが逆化折伏《ぎゃっけ》である」（藤井教公《きょうこう》著『法華経』、仏典講座7、下巻、九五八頁）というような説明がなされることになった。

常不軽菩薩が、この説明を読んだら、ものすごい違和感を抱くのではないだろうか。今まで常不軽菩薩の人間尊重の振る舞いについて紹介してきて、どんな人間に対しても誠心誠意を貫く常不軽菩薩の高潔な人格を感じてきたが、ここで〝手段〟という言葉が出て来て、一気に興《きょう》が冷めてしまう。常不軽菩薩は、小乗仏教の権威主義的な人間観に対して、人間を尊重する振る舞いを貫いただけであり、誤ったことが横行している中で真実を訴えただけである。その行為は、権威主義者にとっては不都合なことであり、また常不軽菩薩が名もない菩薩であったから軽蔑されて、悪口や罵詈を被ったのであり、教化の手段として常不軽菩薩が怒らせたのではない。そこには誠意はあったとしても、下心《したごころ》はない。

天台大師の解釈は、もともと『法華経』の意図していなかったことを他の経典から枠組みを持ち込んで無理矢理、型にはめるもので、『法華経』を誤解させるものでしかない。型にはめるということでは、妙楽大師湛然《たんねん》も同じで、安楽行品第十四に説かれる安楽行を「摂受」、常不軽菩薩の礼拝行を「折伏」と規定した。安楽行を「安楽な行」と解釈したことにともなう勘違いでもある。拙著『法華経とは何か』（中公新書、一八二、一八三頁）で指摘したように、「安楽な行」ではなく、「安楽の境地に住するための行」という意味であった。そこに説かれたことは、中国仏教で解釈されてきた「初心浅行の菩薩のための教え」ではなく、仏滅後に『法華経』を実践する菩薩の日常的な心構えをまとめたものであり、『法華経』信奉者にとっての〝戒律〟といえるものであった。決して軽んじるべきでないものであり、常不軽菩薩の礼拝行と〝二者択一〟あつかいすべきものではない。

後に詳述する「不軽の解《げ》」についての天台大師智顗の展開は、素晴らしいものがある。けれども、この常不軽菩薩の礼拝行を折伏とすることは、『法華経』常不軽品の意図したことを誤解させるものである。サンスクリット原典の存在を知られなかった時点では、中国における注解を手掛かりとして『法華経』を理解するしかなかった。そこには、普遍的な視点がある一方で、六世紀の中国という時代的制約を免れないものもあるであろう。天台大師といえども、すべてを絶対視することはできない。そこに依存しすぎると、型にはめて、先入観にとらわれて『法華経』を読むことにもなりかねないという教訓がここにある。

拙著『法華経とは何か』でも述べているように、「無《む》二《に》亦《やく》無《む》三《さん》」を「二乗も三乗もない」とする読み方（一二一～一二三頁）や、鳩摩羅什が漢訳した段階では含まれていなかった提婆達多品が、後に追加されたことに対する理由付け（一六頁）など、情報量の少ない中での天台大師の説明であり、時代的制約を免れていないのは仕方がないことであって、普遍的なものと、時代的制約を免れないものとを判別しなければならない。

## 常不軽菩薩の振る舞いを実践した人たち

常不軽菩薩の寛容と忍辱の振る舞いを実践したのが、インド独立の父、マハトマ・ガンディー（一八六九～一九四八）の非暴力主義であったし、その影響を受けたのが、アメリカの黒人解放指導者、マーティン・ルーサー・キング・ジュニアであった。わが国では、日蓮が自らを常不軽菩薩になぞらえて「法華経の行者」と称していたし、宮沢賢治が「雨ニモマケズ」で「サウイフモノニ／ワタシハナリタイ」としていた「デクノボー」は、この常不軽菩薩がモデルであった。

この常不軽菩薩の振る舞いは、誰でも差別なく成仏できるとする『法華経』の一仏乗の思想を現実の人間関係における具体的実践として示したものといえよう。

◇　◇

常不軽菩薩のことを理解するには、釈尊が話し相手として選んだ得大勢菩薩のことを知ることも大事であろう。この『御義口伝』の「常不軽品三十箇の大事」の中の「第二　得大勢菩薩の事」を見てみよう。

**第二　得大勢菩薩の事**
御義口伝に云《いわ》く、**得**とは応身《おうじん》なり。**大**とは法身《ほっしん》なり。**勢**とは報身《ほうしん》なり。又《また》**得**とは仮諦《けたい》なり。**大**とは中道《ちゅうどう》なり。**勢**とは空諦《くうたい》なり。円融《えんゆう》の三諦《さんたい》・三身《さんじん》なり。

## 得大勢とは大勢至のことだった

釈尊は、常不軽菩薩について得大勢菩薩に語って聞かせるのに、何度もこの菩薩に名前で呼び掛けている。サンスクリット版では十八回も呼び掛けている。けれども、一度も返事することもなく、一言もしゃべっていない。全く存在感を感じさせない書き方である。

天台大師智顗は、『法華文句』の中でこの得大勢という菩薩の名前に触れているが、「得大勢の下は……」というように、文章の位置を示すために用いられているだけで、人物についての言及は全くなされていない。どういう人物か理解できていなかったのであろう。

日蓮は、常不軽菩薩について語って聞かせる相手として、釈尊がこの菩薩を選んだことに何らかの関心を示していたのであろう。この御義口伝でその名前に言及した。しかし、この菩薩の詳細は、当時としては不明であったようだ。日蓮としては、「得大勢」という名前を「得」「大」「勢」の三つに分割して、〈法身・報身・応身〉の三身と、〈空・仮・中〉の三諦に当てはめて解釈するしかなかったのであろう。〈法身・報身・応身〉の三身については、「第一章　自己の探求」（一一三～一一九頁）で詳細に論じておいた。〈空・仮・中〉の三諦とは、あらゆる存在は実体のないものであるとする空諦《くうたい》、あらゆるものごとは因縁によって生じた仮《かり》のものとする仮諦《けたい》、あらゆる存在は空《くう》でも有《う》でもなく、言葉や思議の対象を超えたものであるとする中諦《ちゅうたい》のことで、この三つの観点から現象世界の真実のすがた（諸法の実相）を表わそうとしたものである。

ただ、ここで得大勢を三身と三諦から意義付けしても、この常不軽品の趣旨とは何も関連が見いだせない。判断材料としての情報量が少なくて、そのように展開するしかなかったのであろう。

サンスクリット語から『法華経』を翻訳していて、この菩薩の名前はマハー・スターマ・プラープタ（mahā-sthāma-prāpta）となっていた。マハー（mahā）が「偉大な」「大きい」、スターマ（sthāma）が「勢力」、プラープタ（prāpta）が「得た」「至った」という意味である。これらの意味から、鳩摩羅什は「得大勢」と漢訳していた。ところが、荻原雲来《おぎわらうんらい》編『梵和大辞典』を見ると、もう一つの漢訳があった。それが、「大勢至《だいせいし》」であった。三世紀頃の康僧鎧《こうそうがい》（Saṃghavarman、生没年不詳）が、『仏説無量寿経』において「大勢至」と漢訳していたのだ。これは阿弥陀《あみだ》如来の脇侍《わきじ》である。

漢訳だけを見ていると、得大勢と大勢至とが同一人物だとは気づきにくい。中国、日本では同一人物であることは、知られていなかったのであろう。

もしも日蓮が、そのことを知っていたならば、もっと違った御義口伝の展開となっていただろうと惜しまれる。

## なぜ阿弥陀如来の脇侍を聞き役に?

『法華経』をサンスクリット語から翻訳しながら、どうして、このサダーパリブータ菩薩について語って聞かせる相手が、阿弥陀如来の脇侍なのか? 考え込んでしまった。

大勢至菩薩について調べてみると、この菩薩の働きが「智慧の光で一切を照らし、衆生が地獄界や餓鬼界に堕ちるのを防ぐ」とされていることがヒントになった。サダーパリブータ菩薩は、敢えて人間関係にかかわって、言葉によって語りかけ、誤解されても感情的にならず、自らの人間尊重の主張を貫き、誤解を理解に変えて、ともどもに覚りに到るという在り方を貫いた人である。これは、原始仏教以来、変わってはならない実践形態であろう。

釈尊自身も、菩提樹の下で成道した時、その覚りを表現する言葉はなかったであろう。「言語《ごんご》道断《どうだん》」(言語の道、断《た》ゆ)、「不可思議」(思議す可《べ》からず)などの言葉があるように、言葉の限界というものを痛感していたはずである。それでも釈尊は、初転法輪において五人のかつての修行仲間に積極的に語った。言葉の限界を知りつつも、言葉による表現の必然性を知悉していたのであろう。何度も言葉のすれ違いを繰り返しながらも、敢えて言葉で表現する努力を続けた。

その際、釈尊は「こんなことも分からないのか！」といったことは決して言わなかった。分かってもらえなければ、手を変え品を変えして、分かってもらえるまで、さまざまな角度から説き続けた。

それによって、他の思想との違いも明確になり、自らの覚りも言語化され、整理・体系化されていったことであろう。それを通して、五人の比丘たちにとっても、言語による表現の試行錯誤が同時進行で共有されていった。釈尊と五人の比丘たちとのこうしたやり取りの共同作業を繰り返した末に、完璧に釈尊の覚りが五人にも共有されることになった。釈尊の覚りが言語によって表現され、〝社会化〟されたのである。仏教用語は、このようなプロセスを経て結実した。こうして、自他ともに覚りの内容が共有されて、五人も覚ることができた。その時の喜びは、五人よりも釈尊のほうが遥かに大きかったはずである。このように、覚りというものは、言葉による意思疎通を試行錯誤しながら、何度もすれ違いを繰り返した末に、共有され、自他ともに覚りが完成されるのだ。

そのような本来の仏教の立場だけでなく、思想というものの在り方から考えても、「光で照らすだけで人が救えるのか？」という疑問は当然生じるべきものである。人は、人間対人間の対話によってしか救うことはできない——ということを釈尊は得大勢（大勢至）に語って聞かせているように思える。『法華経』が編纂された頃、光による救済という信仰が興っていたのであろう。それに対する批判の意味が、ここに込められている。

原始仏教で強調されていたように、神がかり的な救済を否定する意図が、得大勢菩薩を聞き役とする場面設定自体に込められているように筆者には読める。
漢訳の『法華経』では、得大勢と漢訳されたことで、誰のことだか分からなくなってしまったが、マハー・スターマ・プラープタの名前を聞いて、インドの人たちには阿弥陀如来の脇侍に対する批判であることが難なく理解できていたはずだ。

◇　◇

日蓮は、この御義口伝「常不軽品三十箇の大事」の中で、「之《これ》に付《つけ》て十四箇所の礼拝住処《らいはいじゅうしょ》の事、之《これ》有り」と断って、常不軽菩薩がなぜ礼拝《らいはい》（合掌して拝むこと、尊敬すること）という人間尊重の振る舞いを貫くことができたのか、その根拠（礼拝住処）となるものを十四箇挙げている。「礼拝住処」とは、「礼拝をするに当たっての立脚基盤」、あるいは「礼拝という行為を成り立たせる根拠」という意味であろう。その中から四つ選んで見てみよう。

**第廿三　無明礼拝住処の事**
御義口伝に云《いわ》く、自他の隔意《きゃくい》を立て、彼は上慢の四衆、我は不軽と云《い》う。不軽は善人、上慢は悪人と、善悪を立つるは無明《むみょう》なり。此《ここ》に立って礼拝《らいはい》の行を成す時、善悪不二・邪正一如《じゃしょういちにょ》の南無妙法蓮華経と礼拝するなり云云《うんぬん》。

### 善悪不二・邪正一如の礼拝

この御義口伝の表題の**「無明礼拝住処」**とは、「礼拝するに当たって、無明を立脚基盤（礼拝住処）とすること」という意味であろう。無明を礼拝住処とすることに、いささか奇異な感じを覚えるが、これは常不軽菩薩のことではなく、我々がこの菩薩にならって礼拝行をなすときのことを言っているようだ。

その当初には、**「自他の隔意を立て、彼は上慢の四衆、我は不軽と云う」**というように、自己と他者との間に心の隔たりを設けて、相手の四衆（在家と出家の男女）を増上慢と決めつけ、自分のことを常不軽菩薩として自任する。そして、常不軽菩薩は善人だが、増上慢の四衆は悪人だとして善と悪に立て分けてしまう。それは、無明（ものごとの道理に無知なこと）のなせる業《わざ》だと言っている。

無明の「明」は、「知ること」「知識」「学問」を意味するサンスクリット語のヴィドヤー（vidyā）の漢訳語であり、それに否定を意味する接頭辞ア（a）を付けたアヴィドヤー（avidyā）が、「無明」と漢訳された。だから、「無知」や「邪見にとらわれて真理を知らないこと」という意味である。

従って、人を善人や、悪人と決めつけることは、表面的なことにとらわれた思い込みによるものであり、**「不軽は善人、上慢は悪人と、善悪を立つるは無明なり」**と論じている。

出発点では、その無明に立って礼拝行をなすことになるかもしれないが、相互の理解を深めることによって、善人と悪人に決めつけることはできないことに気づく。人は、地獄界から仏界までの十界を具えた存在であり、たとえ今は地獄・餓鬼・畜生・修羅の三悪道・四悪趣にあったとしても、明日は菩薩界や仏界を顕現する可能性を秘めている。十界において人界は、前半の悪しき境地と、後半の善き境地との中間に位置する善悪の中間的存在である。そういう意味で〝善悪不二〟〝邪正不二〟である。『妙法蓮華経』に南無することによって、そのような『法華経』の人間観、生命観を自他ともに体現することによって、「十界同時の成仏」として善悪や邪正の対立や差別を乗り越え、善悪不二・邪正不二に立脚して礼拝することになるということであろう。**「此に立って礼拝の行を成す時、善悪不二・邪正一如の南無妙法蓮華経と礼拝するなり」**というのは、そのような意味であるように思われる。

**第廿六　慈悲の二字礼拝住処の事**

御義口伝に云《いわ》く、不軽礼拝の行は、皆当作仏《かいとうさぶつ》と教うる故に慈悲なり。既に杖木瓦石《じょうもくがしゃく》を以《もっ》て打擲《ちょうちゃく》すれども、而《に》強毒之《ごうどくし》するは慈悲より起れり。仏心とは、大慈悲心是《これ》なりと説かれたれば、礼拝の住処は慈悲なり云云《うんぬん》。

## 大慈悲心に立脚した礼拝

この御義口伝は、礼拝するに当たっての立脚基盤（礼拝住処）を慈悲の二字とすることについて論じたものである。

常不軽菩薩が、あらゆる人を礼拝しながら口にしたことは、二十四文字の決まり文句であった。その最後に「皆当作仏」（皆、当《まさ》に作仏すべし）とある。在家も出家も、男女の別もなく、カーストも問うことなくして、あらゆる人が等しく成仏できると主張していたのは、慈悲の思いの表われである。だから、日蓮は、**「不軽礼拝の行は、皆当作仏と教うる故に慈悲なり」**と述べている。ところが、その決まり文句を言われた増上慢の四衆たちは、杖や木で打ったり、瓦や石を投げつけるなどした。それでも菩薩は、ひるむことなく「私はあなたがたを軽んじません」「あなたがたも如来になることができます」と主張し続けた。それは、慈悲の念があったからだ。それが、**「既に杖木瓦石を以て打擲すれども、而強毒之するは慈悲より起れり」**というところである。そして、**「仏心とは、大慈悲心是なりと説かれたれば、礼拝の住処は慈悲なり」**というのは、仏の心とは、大慈悲心のことだと説かれているように、人々を礼拝し、尊重する行為の立脚基盤は慈悲であるということだ。

これは、法師品に説かれた「衣・座・室の三軌」の「如来の室」、すなわち一切衆生に対する慈悲という部屋に住することに相当する。

ただ、私は「而強毒之」（而《しか》して強《し》いて之《これ》を毒す）、あるいは「毒す」という言葉に違和感を禁じ得ない。この言葉は、天台大師智顗の『法華文句』巻一〇上に出てくるものだ。

本《もと》と未《いま》だ善有らざれば、不軽は大を以《もっ》て而《しか》して強《し》いて之《これ》を毒す。

「而強毒之」とは、正法を信じようとしない衆生に強いて説き聞かせ、敢えて三毒（貪り・憎悪・愚かさ）の心を起こさせることによって仏縁を結ばせることだと言う。智顗は、それを常不軽菩薩がやったと言っているが、果たしてそうだろうか。常不軽菩薩は、敢えて三毒の心を起こさせようとしたのだろうか。そうではない。この菩薩は、ただ単に誠意をもって語りかけていただけであり、「三毒の心」を起こさせようとはしていない。そのような心を増上慢の四衆たちが起こしたとすれば、それは結果的なことであって、常不軽菩薩の意図したことではない。「而強毒之」では、何でもいいから相手に強引に言い張って相手を怒らせることに意義を見いだすことになってしまう。乱暴で粗暴な口ぶりで言うことだと勘違いする人も出てきかねない。常不軽菩薩は、一切そんな言動はしていない。道理に適《かな》ったこと、普遍的真理だが相手がまだ気づいていないことを、誠意をもって敢えて語って聞かせるということに徹している。そのことを理解できない増上慢の四衆たちが、勝手に憎悪して罵り、危害を加えただけである。

誠意を尽くしても誤解される。その誤解を解くために忍辱《にんにく》の鎧《よろい》を着て誠意をもってするというのが、真実であろう。そこに大慈悲があるのではないか。

---

**第廿八　究竟即礼拝住処の事**

御義口伝に云く、凡有所見《ぼんぬしよけん》の見は仏知見《ぶつちけん》なり。仏知見を以《もっ》て上慢《じようまん》の四衆《ししゆ》を礼拝《らいはい》する間、究竟即《くきようそく》を礼拝の住処と定むるなり云云《うんぬん》。

---

## あらゆる人に仏知見を見ての礼拝

常不軽品の「凡有所見」（凡《およ》そ見る所有《あ》る）という文字は、比丘《びく》の菩薩である常不軽が、「私はあなたがたを軽んじません」という内容の漢字二十四文字からなる言葉（略法華経）を発する次の場面に出てくる。

是《こ》の比丘、凡《およ》そ見る所有る比丘《びく》・比丘尼《びくに》・優婆塞《うばそく》・優婆夷《うばい》の若《ごと》きを、皆悉《ことごと》く礼拝《らいはい》讃嘆して是の言《ことば》を作《な》さく。

（植木訳『梵漢和対照・現代語訳　法華経』下巻、三六六頁）

これは、サンスクリット原典では次のようになっている。拙訳から引用する。

その菩薩は、男性出家者であれ、女性出家者であれ、男性在家信者であれ、女性在家信者であれ、まさに出会う人には、誰にでも近づいて告げた。

（植木訳『サンスクリット版縮訳　法華経　現代語訳』、三一〇頁）

従って、「凡有所見」の「見」は、「出会う」という意味である。ところが日蓮は、さらに深く読み込んで、常不軽菩薩が出会った人たちに何を「見る」ことによって、礼拝（尊重）し続けたのかということをここで論じている。それが、**「凡有所見の見は仏知見なり」**である。この菩薩は、出会ったあらゆる人たちに仏知見を見ていたから、あらゆる人を尊重することができたと言うのである。

「仏知見」は、「如来の知見」とも言い、「仏の覚った智慧[3]」といったことを意味する。『法華経』方便品第二で、釈尊自らがこの娑婆世界に出現した理由を語った次の一節に出てくる。

諸仏世尊は、唯一大事《ただいちだいじ》の因縁を以《もっ》ての故に、世に出現したもう。〔中略〕諸仏世尊は、衆生をして仏知見《ぶっちけん》を**開**かしめ、清浄《しょうじょう》なることを得せしめんと欲するが故に世に出現したもう。衆生に仏の知見を**示**さんと欲するが故に、世に出現したもう。衆生をして、仏知見を**悟**らしめんと欲するが故に、世に出現したもう。衆生をして、仏知見の道に**入**らしめんと欲するが故に、世に出現したもう。

（植木訳『梵漢和対照・現代語訳　法華経』上巻、九四、九六頁）

この箇所のサンスクリット語からの拙訳は、次の通りである。

如来は、ただ一つの仕事のため、ただ一つのなすべきことのため、大きな仕事のため、大きななすべきことのために世間《せけん》に出現するのである。如来は、衆生を如来の知見《ちけん》によって教化《きょうけ》すること、すなわち衆生に如来の知見を開示し、衆生を如来の知見に入らせ、衆生に如来の知見を覚らせ、衆生を如来の知見の道に入らせるという理由と目的で世間に出現するのだ。

（植木訳『サンスクリット版縮訳　法華経　現代語訳』、四〇頁）

これは、釈尊だけでなく諸仏世尊が世間に出現する理由を明かした言葉である。それは、「開《かい》・示《じ》・悟《ご》・入《にゅう》」の「四仏知見《しぶっちけん》」と言って、自分が覚った仏知見をあらゆる人に開き、示し、覚らせ、入らせるためであった。それは、自らが覚った仏知見が、あらゆる人にも具わっていることを知っているからである。それに対して、あらゆる人はそれに気付いていない。それを知らしめることが、諸仏の究極の目的だという。

常不軽菩薩も、増上慢の四衆を礼拝するに当たって、仏知見を自らも覚知し、相手にもそれを認めて礼拝した。しかも、その仏知見の究極である究竟即を礼拝の根拠としたというのである。すなわち、**「仏知見を以《もっ》て上慢《じょうまん》の四衆《ししゅ》を礼拝《らいはい》する間、究竟即《くきょうそく》を礼拝の住処と定むるなり」**ということだ。究竟即は、天台大師智顗が覚りのプロセスを六段階（六即《ろくそく》）に分類した中で、その最終段階のことである。

## 「不軽の解」により身口意の三業で人間尊重

NHK文化センターなどで講義していて、「常不軽菩薩は、そこまで悪口《あっく》・罵詈《めり》され、危害を加えられていながら、どうして、憎悪の心を抱くこともなく、人々を尊重する〝常不軽〟の振舞いを貫くことができたのでしょうか？」という質問が必ずと言っていいほど寄せられた。

その答えとしては、世親《せしん》（または天親《てんじん》）と漢訳されたインドのヴァスバンドゥ（三二〇頃〜四〇〇頃）が残した『法華論《ほっけろん》』の次の言葉を挙げることができよう。

「我れ汝《なんじ》を軽《かろ》んぜず。汝等《なんだち》は皆当《まさ》に作仏《さぶつ》することを得べし」とは、衆生に皆、仏性《ぶっしょう》有ることを示現《じげん》するが故なり。（大正蔵、巻二六、九頁上）

すべての衆生が本来、「仏となる可能性」「仏の本性」である仏性（如来蔵《にょらいぞう》）を具えているからだという。「仏性」という言葉は、中期大乗仏典（四〜五世紀）の『涅槃経《ねはんぎょう》』などで用いられるようになった。一世紀末から三世紀初頭に編纂された初期大乗仏典の『法華経』に「仏性」という言葉は用いられていないが、その考えは既に現われている。[4] その一つが、先の「仏知見」である。ヴァスバンドゥは、その思想を汲《く》み取って記述したのであろう。だから、以下の「仏性」という言葉は、「仏知見」と置き換えて読んでもかまわないと言えよう。

中国の天台大師智顗は、ヴァスバンドゥの言葉よりさらに立ち入って、『法華文句』で次のように論じている。

内に不軽の解《げ》を懐《いだ》き、外に不軽の境《きょう》を敬う。身に不軽の行《ぎょう》を立て、口に不軽の教《きょう》を宣《の》べ、人に不軽の目《もく》を作《な》す。（大正蔵、巻三四、一四〇頁下）

心（＝意《い》）に「不軽の解」を抱いているからこそ、身体（＝身《しん》）と言葉（＝口《く》）によって具体化する一切の不軽（軽んじない）という行為（業《ごう》）が可能になるというのだ。それとともに、あらゆる人が尊い存在であり、軽んじられるべきではないと見ることができるという。その「不軽の解」を智顗は、ヴァスバンドゥの言葉を踏まえて、「衆生に仏性有るを知る」ことだと述べている。

まず〈意〉、すなわち心に、「衆生に皆、仏性有る」ことを信じるがゆえに、〈身〉にあらゆる人への礼拝をなし、〈口〉に「我れ深く汝等《なんだち》を敬う」と語り続け、身口意《しんくい》の三業《さんごう》で、すなわち全身全霊で不軽の礼拝を行じることができるというのだ。

仏教では、〈身〉と〈口〉だけでなく〈意〉の働きも行為（karman＝「業《ごう》」と漢訳）として認めていて、身口意の三業と称する。あらゆる行為の根本にあるのは心の思いであるからだ。心に思ってもいないのに、口先だけでものを言ったり、格好だけ取り繕って身の振る舞いをしても、いつか必ずメッキがはげてしまう。常不軽菩薩が、どんなに悪口《あっく》・罵詈《めり》されても決して感情的にならず、人間尊重の振る舞いを貫くことができたのは、〈意〉に「不軽の解」が不動のものとしてあったからだと智顗は述べている。

どんなに誹謗《ひぼう》されても、微動だにしないことを掛詞で表現した箇所が勧持品第十三にあるので紹介しておこう。

それは、勧持品の次の文章である。

**ye câsmān kutsayiṣyanti... durmatī ime buddhā bhaviṣyanti /**

（植木訳『梵漢和対照・現代語訳　法華経』下巻、一一八頁）

鳩摩羅什は、これを次のように漢訳した。

斯《こ》れの軽んじて、『汝等《なんだち》は、皆、是《こ》れ仏なり』と言う所と為《な》らん。

（同、一一八頁）

私は、このサンスクリット語を次のように現代語訳した。

愚かな〔男性出家〕者たちは、「こいつらは、ブッダになるんだってよ」と〔皮肉を言って〕私たちを誹謗するでありましょう。

（植木訳『サンスクリット版縮訳　法華経　現代語訳』、二二八頁）

ところが、これは、鳩摩羅什の漢訳からは分からないが、文章全体が次の文章と掛詞になっている。

〔皮肉を言って〕私たちを誹謗するこれらの愚かな〔男性出家〕者たちもまたブッダになるのであり……。

（同、二二八頁）

この掛詞は、『法華経』の実践者を罵って発された言葉が、そっくりそのまま、罵っている人をも尊重する『法華経』実践者の言葉になっている。誹謗中傷の言葉をこのように受け止めて、耐えることができるのは、『法華経』実践者に「これらの愚かな男性出家者たちもまたブッダになる」という〝不軽の解〟があるからだと言えよう。『法華経』の寛容思想のよりどころを、この掛詞に見ることができよう。

## 自己から他者へ「不軽の解」の拡大

では、どうしたら「不軽の解」、すなわち「衆生に仏性有るを知る」ことができるのであろうか。それには、まず「自己に仏性有るを知る」ことが第一であろう。それは、〝真の自己〟に目覚めることであり、自己との思想的対決や格闘の結果得られるものだ。

信解品《しんげぼん》第四の「長者窮子《ちょうじゃぐうじ》の譬え」は、自らを卑下していた貧しい男が、自らの尊さに目覚める物語で、〝失われた自己の回復〟〝真の自己〟に目覚めることがテーマであった。それこそ、自己を卑屈に思い、自己卑下していた男が、「自己に仏性有るを知る」に至るまでのストーリーである。

『法華経』にその場面は描かれていないが、常不軽菩薩も、自信喪失や、自己嫌悪、自己卑下などを乗り越え、自らの存在の尊さを覚知した原体験があったはずである。そうでなければ、他者の尊さを信ずることはできなかったであろうし、あれだけ長期にわたって悪口・罵詈され続けて、信念を貫くこともできなかったことであろう。

私自身、学生時代に自信喪失から極度の自己嫌悪に悩み、自己卑下していたことがあった。そんな時に中村元先生の原始仏教の思想についての本を読んで、仏教が「自己」と「法」への目覚めを重視する教えであることを知って、それまで他者の視線ばかり気にしていた自分から解放され、自分らしく生きることに目覚めることができた。

そのような体験があったことから、『法華経』には書いてないけれども、この菩薩にも、おそらく自己嫌悪の時代があったに違いない。そうした時代を経て、あるとき自分の尊さに目覚めた。だからこそ他人の尊さも信じることができたのではないか――と思えてならない。〝真の自己〟に目覚めるがゆえに、自己の存在の重さ、愛しさが自覚できる。それはそのまま、他者の存在の重さ、愛しさを自覚することにもつながる。

仏教は、自己への目覚めが他者への目覚めへと発展するという形で、他者との関わりを説いている。釈尊自身も、まず自らが覚り、その内容を他者に語って伝えた。それは相手に対しても自分と同じものを認めていたからだ。おそらく常不軽菩薩にもそうした原体験のようなものがあったに違いない。「自分はつまらない人間だと思っていたけれど、こんなに尊い命が自分にもあったのだ」と気づいた。だから、人々に語りかけることを続けられたのだと思う。

自分では、心底そう思ってもいないのに、他者に対して「人は誰でも尊い」と言い続けていて、ひとたび罵《ののし》られ、非難されればやる気をなくして、すぐに放棄してしまうだろう。

テレビのニュースなどで、「誰でもいいから人を殺したかった」というような殺人犯の供述を耳にすることがある。私は、そう言っている人はきっと、幼い時から愛情に恵まれず、自己の尊さ、自分が生きていることに大きな価値があるということに気づく機会がないままに育ったのではないかと思う。だから、自暴自棄になって、「誰でもいいから人を殺す」という行為になるのではないか。自分が生きていることが尊いことだという感動を体験していれば、他者に対してそのようなことはできないのではないだろうか。

〝真の自己〟に目覚めることは、同時に他者の〝真の自己〟に目覚めることでもある。自己嫌悪、自己卑下の苦悩を超えて、自己の尊さに目覚めることは、他者の尊さに目覚めることでもあり、自己から他者への「不軽の解」の拡大・発展につながる。
原始仏典の『サンユッタ・ニカーヤI』に次の言葉がある。

あらゆる方向を心が探し求めてみたものの、どこにも自分よりもっと愛《いと》しいものを見出すことは決してなかった。このように、他の人にとっても、自己はそれぞれ愛しいものである。だから、自己を愛するものは他の人を害してはならないのである。

仏教においては、自己への目覚めを通して他者への目覚めへと発展するという形での他者との関わりが重視された。釈尊にとってその第一歩が、かつての修行仲間であった五人に対して鹿野《ろくや》苑《おん》でなされた釈尊の初転法輪《しょてんぽうりん》であった。
自己から他者へのこのような展開を日蓮は、三十四歳の時の『一生成仏抄』において次のように表現している。

一心《いっしん》を妙《みょう》と知りぬれば、亦《また》転じて余心《よしん》をも妙法と知る処《ところ》を妙経とは云《い》うなり。

これは、天台大師智顗の『法華玄義』巻一上の、一心、観《かん》を成《じょう》ずるに由《よ》って、亦《また》転じて余心を教ゆ。之《これ》を名づけて経と為《な》す。

（大正蔵、巻三三、六八五頁下）

という一節に基づくものであろうが、日蓮の表現のほうが「言葉」と「自己」と「他者」との緊密な関係が見事に、また簡潔に表現されている。

自己の一心が、妙法（最高の真理）に則ったものであると知ったとき、転じて他者の余心もまた妙法にかなったものであるはずだと知る（信ずる）ことができる。だから、他者にもそのことを知らせたくて、「妙経」という言葉による表現の行為となって現われる——と言うのだ。自己の尊さに目覚めるからこそ、他者の尊さも理解できる。だからこそ、他者を礼拝し尊重できるということだ。

その具体例は、ほかならぬ『法華経』に見いだすことができる。それは、先に挙げた「長者窮子の譬え」を語った後に、マハー・カーシャパ（大迦葉）が、次の決意を詩で語ったところである。

保護者よ、今、私たちは、〔仏の声（教え）を聞くだけでなく、仏の声を聞かせる人として〕**真の声聞**（śrāvaka-bhūta）であり、最高の覚りについての声を人々に**聞かせるでありましょう**（saṃśrāvayiṣyāmatha）。また、私たちは覚りの言葉を宣言しましょう。それによって、恐るべき決意に立った声聞なのであります。

（『サンスクリット版縮訳　法華経　現代語訳』、九〇頁）

この文章で、「仏の声を聞く（人）」「仏の声を聞かせる人」「真の声聞」の三つの語は、**śrāvaka-bhūta** の一語に込められた三つの意味の掛詞になっている[5]。

これは、今までは「仏の声（教え）を聞くだけ」の声聞だったけれども、今、自らも菩薩であり、成仏できることを知ることができた。その感動をもって、これからは他者に「仏の声を聞かせる人」として「真の声聞」になって、「最高の覚りについての声を人々に聞かせるでありましょう」と決意を語っている。これも、自己への目覚めが他者への働きかけの原動力であったことを示している。

**第卅《さんじゅう》　礼拝住処忍辱地の事**

御義口伝に云《いわ》く、既に上慢の四衆《ししゅ》、罵詈《めり》・瞋恚《しんに》を成して虚妄《こもう》の授記と謗ずと云《い》えども、不生瞋恚《ふしょうしんに》と説く間、忍辱地《にんにくじ》に住して礼拝の行を立つるなり云云《うんぬん》。

〔以下略〕

## 罵られ憎悪されても、憎悪せず

この御義口伝の表題「礼拝住処忍辱地の事」は、要法寺版『御義口伝鈔』でも、『昭和定本日蓮聖人遺文』でも、『日蓮大聖人御書全集』でも、すべて表記のようになっている。しかし、これまでの表題のつけ方からすれば、「忍辱地礼拝住処の事」とすべきではないかと思われることを指摘しておく。

**「既に上慢の四衆、罵詈・瞋恚を成して虚妄の授記と謗ずと云えども」**とあるように、増上慢の四衆（在家・出家の男女）たちは、「あなたも如来になることができます」と告げられて、常不軽菩薩を口汚く罵り、憎悪して、「虚妄の授記」だと非難した。けれども、この菩薩は、**「不生瞋恚と説く間」**とあるように、この菩薩は、四衆たちに対して全く憎悪（瞋恚）の思いを抱くことはなかった。それは、**「忍辱地《にんにくじ》に住して礼拝の行を立つるなり」**、すなわち忍辱地（いかなる迫害や辱《はずかし》めにも耐える境地）に立って、礼拝の行を実践していたからだという。

あらゆる人の平等を信じて、人間尊重の行為を貫いても、なかなか理解されない。誤解されて、ひどい仕打ちを受けることもある。そんな時は、危害の及ばないところに逃げて身を守るべきだが、それでも、誠意を貫くことが理解を勝ちとる近道であるという。それが仏教、なかんずく『法華経』の他者に対する接し方なのであろう。

誠意を誠意と感じるかどうかは相手の問題で、誤解されたり、すれ違ったりするのが常である。そこにおいて、誠意はどこまでも貫くしかない。時間がかかるかもしれないが、いつかは通じる。そこにおいて持ち合わせなければならないのが、常不軽菩薩の立脚していた「忍辱地」であり、それを支えるのが「一切衆生に仏性あり」という人間観（不軽《ふきょう》の解《げ》）に基づく「慈悲」の心であり、いかなる毀誉褒貶《きよほうへん》にもとらわれず執著することのない「一切法は空であるという覚り」であった。それは、法師品で強調された「衣《え》・座《ざ》・室《しつ》の三軌《さんき》」である。

## 勝利は常に謗りを堪え忍ぶ人に

この菩薩は、空中から聞こえてきた『法華経』を素直に信受して、六根清浄《ろっこんしょうじょう》の功徳を得るとともに寿命を延ばし、ここから初めて経典としての『法華経』を説き始めた。これまで誹謗していた増上慢の四衆たちは、その菩薩に具わった見違えるほどに勝れた神通力や、雄弁の力、智慧の力の威力を見て、その菩薩に信伏随従するものとなった。これで、菩薩は「常に軽んじられない」ものとなった。

それは忍辱地に立った常不軽菩薩の振る舞いの勝利の姿を示していて、原始仏典『ウダーナ・ヴァルガ』第二十章の次の言葉そのままであった。

> 愚かな人は、粗暴な言葉を語りながら、〔自分が〕うち勝っていることを考える。〔けれども〕勝利というものは常に、謗《そし》りを堪え忍ぶところのその人のものなのだ。（第一三偈）

**註**

（1）植木雅俊著「『法華経』に用いられた掛詞」、三友健容博士古稀記念論文集『智慧のともしび　アビダルマ佛教の展開』（二〇一六年）所収を参照。
（2）ダグラス・ブリンクリー著、中村理香訳『ローザ・パークス』（岩波書店）を参照。
（3）藤井教公氏の「仏知見の解釈をめぐって」（『印度学仏教学研究』六二号、三二三〜三二六頁）という論文で、「如来の智慧」と「如来知見」とが同義であることを示しておられることを参考にした。

（4）如来蔵思想の研究者として知られる東京大学名誉教授で、鶴見大学学長であった高崎直道《たかさきじきどう》先生が、二〇〇八年三月二十八日の拙訳『梵漢和対照・現代語訳　法華経』上下巻（岩波書店）の出版記念会で、「『法華経』には、〝如来蔵〟や〝仏性〟という言葉は出てきませんが、考え方は既に現われています」とスピーチしておられた。

（5）詳細は、『サンスクリット版縮訳　法華経　現代語訳』（角川ソフィア文庫）、九二～九四頁を参照。

第五章

# 日蓮の男性観・女性観

お茶の水女子大学に提出した私の博士論文のテーマは、「仏教におけるジェンダー平等の研究」であった。[1] その観点で、「普門品《ふもんぼん》五箇の大事」の中の「第四　二求両願《にぐりようがん》の事」を読んだとき、文字通りに読めば、民間信仰のご利益《りやく》にすぎないものが、日蓮によって、男性原理・女性原理の意味に読み替えられ、人間存在の在り方として論じられていることに驚いた。

**第四　二求両願の事**

御義口伝に云く、**二求**《にぐ》とは求男《ぐなん》・求女《ぐにょ》なり。求女とは世間の果報、求男とは出世の果報、仍《よ》って、現世《げんせ》安穏《あんのん》は求女の徳なり。後生善処《ごしょうぜんしょ》は求男の徳なり。求女は龍女が成仏、生死即涅槃《しょうじそくねはん》を顕《あらわ》すなり。求男は提婆《だいば》が成仏、煩悩即菩提《ぼんのうそくぼだい》を顕《あらは》すなり。[2] 我等が即身成仏を顕すなり。今、日蓮等の類《たぐ》い、南無妙法蓮華経と唱え奉《たてまつ》る行者は、求男・求女を満足して、父母の成仏、決定《けつじょう》するなり云云《うんぬん》。

## 「二求」と「求男」「求女」の出典

この御義口伝の冒頭にある「二求」という文字は、『法華経』には出てこないが、「求男」「求女」は、観世音菩薩普門品《かんぜおんぼさつふもんぼん》（以下、観音品《かんのんぼん》と略称）第二十五の次の一節に出てくる。

若《も》し女人《にょにん》有って、設《たと》い**男《おのこ》を求めん**と欲し、観世音《かんぜおん》菩薩を礼拝《らいはい》し供養せば、便《すなわ》ち福徳智慧の男を生まん。設《たと》い**女《めのこ》を求めん**と欲せば、便《すなわ》ち端正有相《たんじょううそう》の女の宿《むかし》、徳本を殖《う》えて、衆人《しゅにん》に愛敬《あいぎょう》せらるるを生まん。

（植木訳『梵漢和対照・現代語訳　法華経』、下巻、四九六、四九八頁）

従って、「二求」と「求男」「求女」とは、女性が出産する際、男の子の誕生を願い求めること（求男）と、女の子の誕生を願い求めること（求女）という二つの願望（二求）のことである。その二つの願望が、観世音菩薩（以下、観音菩薩と略称）を礼拝することで満たされると言うのだ。観音品には、観音菩薩のご利益が多数列挙されていて、「求男・求女」の「二求」はその中に挙げられている。それらは、文字通りに読むと、観音菩薩の名前を呪文のように唱えるだけで、子宝に恵まれるという民間信仰の現世利益にすぎないが、日蓮はこれを全く独自の視点で読み替え、人の男性原理と女性原理ととらえ直したうえで、成仏、すなわち人格の完成の条件として論じている。

本章では、この観音品の一節から日蓮の男性観、女性観について考察することになるので、まず観音品と、観音菩薩について概説することにしよう。また、欧米の研究者は、観音菩薩をジェンダー・フリー（男女の性差別をなくすこと）の象徴と見なしているようなので、その解釈の是非についても検討しておこう。

## 観音菩薩のルーツ

本来の仏教では、迷信やドグマなどは徹底的に排除されていた。(3) 最古の原始仏典『スッタニパータ』(中村元訳『ブッダのことば』)で釈尊《しゃくそん》は、

わが徒は、アタルヴァ・ヴェーダの呪法《じゅほう》と夢占《ゆめうら》いと相《そう》の占いと星占いとを行なってはならない。

(二〇一頁)

と呪法を行なうことを禁じていた。バラモン教の聖典の一つである『アタルヴァ・ヴェーダ』は、呪文を集大成したもので、蛇にかまれないための呪文や、病の平癒《へいゆ》祈願《きがん》、小児の体内の虫の駆除、恋敵《こいがたき》への呪《のろ》い、論敵《ろんてき》への勝利、頭髪の生長など、生活の全般にわたっていた。

原始仏教において釈尊は、それらに依存することをことごとく禁じていた。ところが釈尊の入滅後、いつの間にか、それが仏教に取り込まれていった。

その背景について中村元先生は、その著『古代インド』(講談社学術文庫)において、次のように記している。

一般民衆は、あいかわらず太古さながらの呪術的な祭祀を行ない、迷信を信じていた。

(三六七頁)

〔民衆を導こうとつとめる仏教者たちは、〕当時の愚昧な一般民衆を教化するのは容易でないことを痛感した。〔中略〕民衆は、依然としてむかしながらの呪術的な信仰をいだいていた。〔中略〕そこで、大乗仏教では、民衆のこのような傾向に注目して、いちおう呪術的な要素を承認して、漸次に一般民衆を高い理想にまで導いていこうとした。だからダーラニー（dhāraṇī、陀羅尼《だらに》）すなわち呪文の類が多くつくられた。〔中略〕また、仏教自身も当時の民間信仰を、そのまま、あるいは幾分か変容したかたちでとり入れた。（三六八頁）

さらに時を経て七世紀頃、仏教が密教化すると、「男女の性的結合を絶対視」（三六九頁）したり、「強烈な刺激を与える薬品だとかを用いるようになり、〔中略〕仏教そのものがいちじるしく変容し、堕落してしまう」（三六九頁）。

このような時代背景を考慮すると、『法華経』の高尚な平等思想などよりも、神通力や超自然的な救済などのほうに関心が強い庶民に媚《こ》びて、薬王品《やくおうほん》第二十三から普賢菩薩品《ふげんぼさつぼん》第二十八までの六つの品《ほん》（章）は、追加されたのであろう。それらの六つの品は、呪術的な信仰、民間信仰などを取り込んでいて、嘱累品《ぞくるいほん》第二十二までの原形部分とは趣を異にしている。その原形部分を編纂した人からすれば、これらの六つの品には許容できないものがあり、彼らの目が黒いうちには六品の追加はできなかったであろう。そう考えると、六品が追加されたのは、彼らの没後、すなわち、『法華経』の原形が成立して約五〇〜一〇〇年ほど経ってからのことと考えていいのではないか。
『法華経』の原形は、如来神力品《にょらいじんりきほん》第二十一に続く嘱累品第二十二で完結していたと思われる。後世になって、陀羅尼品から普賢菩薩品までの六つの品が付け足された。[4] だから、その六品は、『法華経』の原形部分とは異質なものがある。その違和感を抱いていたからであろう、釈道安《しゃくどうあん》（三一二頃〜三八五）は原形部分を、①「序分《じょぶん》」（仏の本意を説くための準備・導入部）、②「正宗《しょうしゅう》分《ぶん》」（仏の本意を説いた中心部分）としたのに対して、この六つの章を③「流通分《るつうぶん》」（衆生の利益と法の流布《るふ》のために記した部分）とした。それは、『法華経』の主題とは異なるものを感じていたからであろう。鳩摩羅什門下の道生《どうしょう》（三五五？〜四三四）、天台大師智顗、そして日蓮も、この六つの章を流通分としてひとまとまりだと見ていた。

観音品は、それらの六つの品の一つであった。これは、『観音経』という名の単独の経典であったが、『法華経』にも現世利益があると強調して人々の関心を引くために、『法華経』に摂取されて観音品となった。

観音菩薩の観念は、西北インドのガンダーラで現われた。イランの神を仏教に取り込んで形成されたと言われている。ガンダーラやマトゥラーで製作された観音菩薩の彫像の年代を調べると、二世紀か、三世紀には既に製作されていて、当時の人たちが、この菩薩を崇拝していたことが明らかになる。観音菩薩は、中央アジアと敦煌《とんこう》を経由して、ガンダーラから中国や東アジアの国々へともたらされた。

観音品には、観音菩薩の名前を呼ぶことでかなえられる現世利益の数々が列挙されている。例えば、①大火の中に落ちても、大火の塊から解放される、②川の濁流に押し流されても、すべての川は浅瀬を作り与える、③大海で財宝を積んだ船が羅刹女《らせつにょ》の島に打ち上げられても、その島から解放される、④死刑の判決を受けても、死刑執行人たちの剣はこなごなに砕ける、⑤邪悪な心を持つ夜叉《やしゃ》や羅刹鬼《らせつき》たちも、その人を見ることさえもできない、⑥手枷《てかせ》、足枷、鉄の鎖で縛られても、速やかに手枷、足枷、鉄の鎖に亀裂が生じる、⑦貴重な財宝を運ぶ隊商は、盗賊の恐怖や、怨敵の恐怖から速やかに解放される、⑧男の子の誕生を願う女性には、福徳・智慧を具えた男の子が生まれる、⑨女の子の誕生を欲する女性には、端正で多くの人から愛敬される女の子が生まれる、⑩船が、龍や海の怪物マカラ魚の住む大海の難所に入り込んでも沈むことはない――などである。現世利益のオンパレードだ。

この観音品を読んでいて、気になることがいくつかある。まず、この品のすみからすみまで読むと、「観音菩薩の名前を受持する」「観音菩薩の名前を称する」という言葉が頻繁に出てくるけれども、『法華経』の名前は一箇所も出てこないということだ。『法華経』の信受には全く言及されていないのである。このことから、この観音品は、もともと『法華経』とは無関係に独立して作られた経典であって、それが後に『法華経』に取り込まれたということの証拠だと言えよう。

また、『法華経』の法師品第十や、涌出品第十五、常不軽菩薩品第二十、如来神力品第二十一などを読んでいると、「私も菩薩として、何かやらなければならない」という能動的姿勢になってくる。ところが、この観音品第二十五を読んでいると、「観音菩薩よ、いつ私を助けに来てくれるの？　まだ？」という受け身の姿勢に転じている自分に気づく。両者は、全く異質で、観音品には違和感を禁じ得ない。

さらに、ガンジス河の砂（恒河沙《ごうがしゃ》）の六十二倍に匹敵する膨大な数のブッダに供養する功徳と、たった一人の観音菩薩に供養する功徳が同じであるということを釈尊に語らせていることには、あきれてしまった。架空の人物にしかすぎない観音が、歴史上の人物である釈尊以上であるかのように書かれているの[5]は、本末転倒である。

以上のように、観音品は『法華経』の思想とは基本的に相容れないものが含まれているということが理解できるであろう。

## 観音菩薩はジェンダー・フリーの象徴か？

仏教の男女平等思想について論じた私の本 *Gender Equality in Buddhism*[6] が二〇〇一年にニューヨークのピーター・ラング社から出版されると、カナダのトロント大学をはじめ、北米の大学でテキストにするところが現われた。また、カリフォルニアのロヨラ・メリーマウント大学のロビン・ワン（**Robin Wang**）博士から「中国の文化と思想における女性像」という共同研究と出版の誘いがあった[7]。

企画書に「ジェンダー・フリーの観音菩薩にも言及してほしい」との要望が記されていた。観音は、男性と女性の両方の姿を取ることができるとされていることで、欧米研究者の間ではジェンダー・フリーの体現者だと解釈され、評価されていたようだ。

鳩摩羅什訳の『法華経』（四〇六年）によると、観音は三十三の化身《けしん》を持つとされ、その内の七つは、①女性出家者、②女性在家信者、③長者の夫人、④資産家（居士《こじ》）の夫人、⑤宰官の夫人、⑥バラモンの夫人、⑦少女――の女性だと言う。けれども、サンスクリット原典（ケルン・南条本）では男性のみの十六身で、竺法語訳の『正法華経《しょうほけきょう》』（二八六年）でも男性のみの十七身であり、ガンダーラで発掘された観音像のほとんどには口髭《くちひげ》があり女性ではない。サンスクリット原典では、観音の女性の姿はあり得ないことであった。ところが、中国において、この菩薩は女性化し、中国と日本では現在、女性の菩薩として広く信仰されている。中国において観音が女性化したことと、鳩摩羅什訳に観音の化身として女性の姿が追加されたこととは、大いに関係がありそうだ。

さらに、鳩摩羅什訳に存在せず、サンスクリット原典（ケルン・南条本）に追加されている第三一偈（詩句）には、観音を脇侍《わきじ》とする阿弥陀仏の浄土に女性は一人も生まれてこないとある。現在、女性である人も、死して後には極楽浄土に男として生まれてくるとされているからだ。このようにサンスクリット原典から見ると、観音がジェンダー・フリーの体現者であるという考えは、もろくも崩れ去ってしまう。

ただ、中国では観音が男女の姿を示すとする鳩摩羅什訳が読まれてきた。従って、サンスクリット原典からではなく、鳩摩羅什訳から、ジェンダー・フリーと言えるのか、中国女性の地位向上に寄与したのか――を検討しなければならない。

まず初めに、観音が男女のいずれの姿をも化現することができるということと、龍女が身をもって成仏の姿を示したこととを比較してみよう。

鳩摩羅什訳によると、確かに観音は男性の姿だけでなく、女性の姿にもなって出現することができるとして、七種類の女性の姿が挙げられている。しかし、そのことは、すべての女性が観音の化身であるということを意味しているのではない。観音は、困ったときに助けを求めて祈る対象なのだ。困った人に応じて、三十三種の姿を取るとされるだけで、困った人自身が観音の化身なのではない。

それに対して、龍女は自らの意見を堂々と主張し、身をもって即身成仏の姿を示して見せ、小乗仏教の女性観に固執して女性の成仏を頭ごなしに否定するシャーリプトラ（舎利弗《しゃりほつ》）を沈黙させた。(8) それは、日蓮が、『開目抄』で「挙一例諸《こいつれいしょ》」（一を挙げて諸を例す）という言葉を用いて、

龍女が成仏、此《こ》れ一人にはあらず。一切の女人の成仏をあらはす。〔中略〕挙一例諸と申して、龍女が成仏は、末代の女人の成仏往生《おうじょう》の道をふみあけたるなるべし。

と述べているように、すべての女性がブッダと成り得ることを自ら例示して見せたものであった。両者は、極めて対照的である。

さらに、『維摩経《ゆいまきょう》』には性差を超越しつつも、女性に生まれたが故に女性の苦しみを理解できるとして救済に立ち上がる女性像が描かれている。その女性が、小乗仏教の女性蔑視に凝《こ》り固まったシャーリプトラを智慧ある対話でやり込める場面は圧巻である。(9) それなのに、このように自立した女性像は、中国、日本で注目されることはなかった。中国において観音はジェンダー・フ

リーどころか、女性を男尊女卑の儒教倫理の枠内に甘んじさせただけで、決して女性を自立させるものではなかったのだ。

以上の観音菩薩についての私の見解を書いてワン博士に送ると、観音をジェンダー・フリーと見なすことについての私の否定的な見解に驚かれながらも、私の考えに同意し、研究者仲間に回覧して、「すべてをあなたに任せます」と言ってくださった。

『法華経』におけるこれらの観音品の違和感は、既に述べたように、嘱累品第二十二までが『法華経』の原形として先に成立し、観音品を含む薬王品第二十三から普賢品第二十八までの六品が、後世に付加されたものであることによるのである。それは、仏教界に現世利益や民間信仰の傾向が著しくなった時代のことであった。

ロビン・ワン博士らとの共同研究は、二〇〇三年に *Images of Women in Chinese Thought and Culture*（中国の思想と文化における女性像）という本にまとめられてマサチューセッツ州のハケット社から出版された。(10) 敦煌《とんこう》文書をはじめとして多くの中国文献の英訳を手掛けてきたヴィクター・メイヤー（**Victor Mair**）博士の内容チェックでも赤字が入ることはなかったと聞いて、ホッとした。

## 中国での観音信仰の普及

サンスクリット語の『サッダルマ・プンダリーカ・スートラ』（白蓮華のように最も勝れた正しい教えの経）が『正法華経』（二八六年）、あるいは『妙法蓮華経』（四〇六年）という題名で漢訳されたことで、観音信仰は中国に広まった。さらに『無量寿経』（二五二年）や、『観無量寿経』（四二四〜四四二年）、『華厳経』（四一八〜四二〇年）が漢訳され、観音信仰は中国に急速に普及していった。

観音の奇跡的なご利益を称《たた》える多くの話が、仏教説話として記録された。西暦二二〇年の後漢の末から、五八一年の隋《ずい》統一まで、観音信仰による奇跡的な体験を集めた多くの説話集が編纂されている。『高僧伝』[11]（五一九年）にも観音にまつわる多くの話が収録されている。五世紀の終わり頃、『冥祥記《めいしょうき》』という、その当時の仏教徒の信仰の実態を反映した書が著わされた。そこには、子どもに恵まれない五十歳を過ぎた男についての話が出てくる。近くのお寺の僧侶から教えられて、彼は『観音経』を読誦した。二、三日すると、夢の中でお告げがあり、すぐに彼の妻が妊娠し、男の子どもを授かったという話だ。

観音信仰は、唐（六一八〜九〇六年）の時代に、さらに盛んになった。六六八年に、観音の奇跡についてのさらに多くの話を含んだ『法苑珠林《ほうおんじゆりん》』が出版されている。

これらの話の大部分は、牢獄に入れられたり、強盗に襲われたり、捕らわれの身となったりした人が、観音の名前を唱えたことで、死を免れることができたという筋書きからなっている。

観音への祈りの内容は、変化に富んでいた。病気の回復のための祈りや、地位とお金を得たいという祈り、よい子どもに恵まれたいという祈り、そして、災難から逃れたいという祈りが、その主なものであった。多くの人々が、現世利益をもたらしてくれることを観音に願ったのだ。

さらに清（一六一六〜一九一二年）の時代になると、『観音慈林集』と『観音経持験記』が編纂された。特に後者には、その当時の信仰の実態を証言する観音信仰の奇跡的な体験談が百十六含まれている。観音信仰は、このように儒教倫理の支配する社会にあって、特に男の子に恵まれたいと願う人々の間に子宝信仰として広く普及した。

## 儒教社会の不安解消としての観音信仰

『法華経』の前半部には、一切衆生の成仏を説いた「一仏乗《いちぶつじょう》」という平等思想や、そのような思想を自ら法師となって弘通していく菩薩のことや、女性の成仏可能なことを自ら示して見せた龍女の成仏などが説かれている。また、他の大乗経典には、「一切は男にあらず、女にあらず」とする「空《くう》」の思想や、女性に生まれたが故に他の女性の苦しみを理解することができるし、救うこともできるという考えも説かれてはいた。けれども、中国社会の一般大衆の間に広く受け入れられたのは、むしろ子宝に恵まれることなどの現世利益をもたらしてくれるとされた観音信仰のほうであった。

男尊女卑の儒教社会である中国は、男性中心の社会であった。『詩経』には、男の児が生まれたら床《しょう》（牀）に寝かせ、玉《ぎょく》をもって遊ばせるとあるが、女の児が生まれたら地面に寝かせて瓦《が》（素焼きの糸車）で遊ばせると歌っていて、男女の差別は甚だしいものである。家系を継ぐのは男であり、長子相続であったので、祖先崇拝を強調する儒教倫理では、家系を継ぐ男子がなく、家系が絶たれることは、不孝の最たるものとされていた。従って『礼記《らいき》』には、妻が離縁される七つの理由（七去《しちきょ》）の一つとして、「嫁《か》して三年、子なきは去る」とある。すなわち、結婚は男の子を産ませるためであった。嫁は、子を産ませる道具にすぎず、人格を認められることもなく、〝もの〟同然に見なされていた。(12)

儒教社会におけるそのような不安から救われたい中国の人々によって観音信仰が受け入れられたということは否定できないことである。それに対して、仏教の男女平等の思想はどの程度、中国で受け入れられたのであろうか？　本来の仏教は、〝真の自己〟に目覚めることによって自立した人格の完成を目指すものであった。中国に仏教がもたらされて後、そのような意味で中国の女性の生き方に影響を与えたことはあるのだろうか。結論から言えば、仏教のジェンダー平等の思想は、中国において男尊女卑を掲げる儒教倫理を乗り越えることはなかったと言っても過言ではない。

従って、観音菩薩はジェンダー・フリーの象徴などではなく、むしろ男尊女卑の儒教倫理に悩む人たちのすがるものではあったとしても、女性の地位を向上させることや、女性自らの価値や、平等意識、あるいは女性の自立に目覚めさせることからも遠く懸け離れたものだったということが結論されると思う。

このように、観音菩薩のご利益の一つである子宝に恵まれるという「求男」「求女」の「二求」の受け止め方は、中国、日本において民間信仰の域を出ることがなかったと言えよう。ところが、日蓮は、それを換骨奪胎して、独自の男女観を展開した。前置きが長くなったが、ここで御義口伝に話を戻して、日蓮の男性観・女性観を見ていこう。

## 「世間の果報」と「出世の果報」

この御義口伝の表題「二求両願」の「二求」も「両願」も同じ意味であり、合わせて「二つの願い求めること」といった意味であろう。その「二求」について、**「御義口伝に云く、二求とは求男・求女なり」**と述べて、観音品の「求男」と「求女」の二つの願望のことだと言う。観音品で、「求男」は、「若《も》し女人有って、設《たと》い**男《おのこ》を求めん**と欲し、観世音菩薩を礼拝《らいはい》し供養せば、便《すなわ》ち福徳智慧の男を生まん」という文章に出てきた。「求女」は、「設い**女《めのこ》を求めん**と欲せば、便ち端《たん》正有相《じょううそう》の女の宿《むかし》、徳本を殖《う》えて、衆人《しゅにん》に愛敬《あいぎょう》せらるるを生まん」となっている。このように、観音品のままに読めば、「二求」とは、生まれてくる赤ちゃんについて、「男の子であればいいな」とか、「女の子がいいな」といった「親の求める二つの願望」のことであった。この点、『法華経』という著しく普遍性を追求した経典にしてから、やはり民間信仰のようなものを取り入れざるを得なかったのかと思うと、人々を世間法から出世間法へと導くことの困難さを痛感する。

「求男」と「求女」を文字通りにとらえると、民間信仰の域を出ないが、日蓮は、**「求女とは世間の果報、求男とは出世の果報」**と、その意味をガラリと塗り替えている。『御義口伝』の特徴は、『法華経』の元々のストーリーにあまりとらわれることなく、そこに用いられた漢字の多義性にのっとりながら、日蓮独自の思想を読み込んでいるところにある。言い換えれば、日蓮独自の法門を展開するためのたたき台として、『法華経』の一文一句を用いていると言ってもかまわない。

ここで言う「出世」とは、俗に「立身出世」というように「社会的に高い地位につき、世間で有名になること」といった意味ではない。「出世」は「出世間」の略で、「世間を出離すること」、すなわち「煩悩などのけがれに汚染された世間のあらゆることを超越していること」を意味している。

「果報」は、行ないの報いとして得られる結果のことである。それには、善悪の両面があるが、「果報者《かほうもの》」（幸せ者）という言い方があるように、一般には「幸運な結果」として用いられる。ここは、「善い結果」のほうである。

だから、「世間の果報」とは、日常性のなかで得られる善い結果である。「出世の果報」は日常性を超越したところで得られる善い結果と言えよう。このように日蓮は、「求男」「求女」という言葉によって、俗世間の日常性における価値を探究することと、出世間の日常性を超越したところでの価値を探究することとの違いを浮き彫りにしている。

## 「求男」は男性原理、「求女」は女性原理

すなわち、日蓮がこの御義口伝において、「求男」「求女」という言葉を使う場合は、「男性的在り方を求めること」（男性原理）、「女性的在り方を求めること」（女性原理）という意味に読み換えている。その両者を求める主体は、〝男の子〟、あるいは〝女の子〟を産む「父」であり、「母」であるが、これもまた男性原理、女性原理としての「父母」であることを忘れてはならない。「父母」といっても、二人の人がいるのではなく、一人の人格における男性原理（父性原理）、女性原理（母性原理）として位置付けられている。

「父母」として男性原理、女性原理の両面を兼ね備えた一個の人格が、具体的な生き方として何かを求め、目指していく、それを「求男」「求女」に例えている。すなわち、〝男の子〟に象徴される男性的在り方を求めることを「求男」、〝女の子〟に象徴される女性的在り方を求めることが「求女」というわけだ。

これによって、「求男」は男性的価値観（男性原理）を求めることであり、「求女」は女性的価値観（女性原理）を求めることという意味に言い換えられ、また、その「父母」として、その両者を追求する主体としての男性原理、女性原理という関係に位置付けされている。

これは、特に中国仏教において用いられた「体《たい》」と「用《ゆう》」、すなわち「本体」とその「働き」「属性」に相当している。それは例えば、薬自体が「体」にあたり、その効能書きに示された効能が「用」にあたると言っていいであろう。男性原理と女性原理の「体」と「用」が、それぞれ「父母」と「求男・求女」として示されたものと言える。

こうした言い換えに伴い、男性原理として求められる在り方（求男）は「福徳智慧の男」に象徴される「心」に関することであり、女性原理として求められる在り方（求女）が「端正有相の女」「衆人に愛敬せらるる」に象徴される「身」に関するものである。

こうしたことを踏まえて、「求女とは世間の果報」「求男とは出世の果報」とされるのである。すなわち、女性的価値観（求女＝女性原理）は、「世間」、すなわち日常性の中での果報を求めるところにあるということだ。

これに対して、「求男とは出世の果報」となる。日常性を超えたところで果報を求めることである。そこにおいて果報を求めるのが、男性的価値観（求男＝男性原理）であると言うのだ。

**「現世安穏」と「後生善処」**

このように、男性原理と女性原理の特質を押さえたうえで、**「仍《よ》って、現世安穏は求女の徳なり。後生善処は求男の徳なり」**と論じられる。『法華経』薬草喩品第五の

「現世《げんせ》安穏《あんのん》・後生善処《ごしょうぜんしょ》」（現世は安穏にして、後に善処に生ぜん[13]）

の一節が、「求男」と「求女」にからめて展開されている。

この八文字を、「現世安穏」と「後生善処」の前後二つに分け、まず、その前半について**「現世安穏は求女の徳なり」**としている。「現世安穏」だから、今現在と、身の回りのことに重点があるということだ。その半面、未来への展望と広い視野に立つことが、この段階では欠けている。この「現世安穏」を求めることが女性的在り方を求めることであり、それが「求女」であり、女性原理である。

それに対して、後半部分については、**「後生善処は求男の徳なり」**とされる。現在という目の前のことよりも、むしろ「後生」、すなわち未来の理想に目が向いているということであろう。この「後生善処」を求めることが、男性的在り方を求めることであり、それが「求男」であり、男性原理となる。

## 男性原理と女性原理の補完的関係

女性原理だからと言って、必ずしも女性に限られるものではなく、男性にも具わっている。逆に、男性原理も女性に具わっている。ちょうど、女性ホルモンといえども男性にも具わり、男性ホルモンが女性にもあるようなものだ。ただ、男性原理、女性原理のいずれが優勢になりやすいか、という違いがあるにすぎない。

男性原理と女性原理は、それぞれ未来志向と現在志向という違いがあるが、一方が勝れて、他方が劣るという問題ではない。いずれも欠かすことのできないものである。

女性原理たる「現世安穏」、男性原理たる「後生善処」、このそれぞれ一方のみでは、目先のことにとらわれてしまって、全体観や長期的展望を欠いてしまったり、逆に未来の夢想を追い求めたりするのみで、足もとが地についていないというように、いずれの在り方も行き詰まりやすく、偏頗《へんぱ》になりやすいものである。

また、この両者がお互いに争っても、その立っている基盤が全く食い違っているから、いつまでも平行線をたどるのみであろう。

それでは、どうしたらよいのであろうか。それは、両者が、それぞれの長所をもって、それぞれの短所を補い合う、相互補完的関係となることではないだろうか。だから、『法華経』の功徳を「現世安穏・後生善処」として、両者が併記されているのである。

## 成仏とは人格完成のこと

この御義口伝の結論部分でも、**「今、日蓮等の類い、南無妙法蓮華経と唱え奉る行者は、求男・求女を満足して、父母の成仏、決定するなり云云」**と書かれていて、「求男」「求女」の両方を満足するとある。これは、性別としての生物学的な意味での男か女かということとは無関係であることは言うまでもない。

男性原理としての「求男」、女性原理としての「求女」の両方を満足するがゆえに即身成仏、すなわち、このわが身において「人格の完成」があり得ると言える。仏教が目指したことは、〝真の自己〟に目覚めることを通して人格を完成させることであった。

仏についての十種の名前（十号）を見ても、いずれも人格の完成という意味を読み取ることができる。まず、初めに「タターガタ」（**tathāgata**）は、「タター」（**tathā**、このように）と「ガタ」（**gata**、行った）の複合語と見れば「このように行《い》った〔人〕」（如去《にょこ》）となり、「タター」と「アーガタ」（**āgata**、来た）の複合語と見れば「このように来た〔人〕」（如来《にょらい》）ということになり、そこから「修行を完成した人」、あるいは「人格を完成した人」という意味になる。「スガタ」（**sugata**）は、**su**（よく）と**gata**の複合語であり、「よく行《い》った〔人〕」（善逝《ぜんぜい》）で、英語の**well done**（うまくいった）というような意味であって、「人格をよく完成した〔人〕」ということになる。「アルハット」（**arhat**、阿羅漢《あらかん》）は「尊敬されるべき人」であり、「ローカヴィッド」（**lokavid**、世間解《せけんげ》）は「世間をよく知る人」、「アヌッタラ」（**anuttara**、無上士《むじょうじ》）は「人間として最高の人」、

「ブッダ」（buddha、仏陀）は「目覚めた人」、「バガヴァット」（bhagavat、世尊）は「世に尊敬される人」という意味であり、このように見てきただけでも、いずれも人間離れしたものではなく、人格の完成ということが大きな内容を占めていることが分かる。

このように、「成仏」ということを現代的に言い直せば「人格の完成」と言うことができるのではないかと思う。

## 「求男」「求女」両面の満足で人格の完成

その「人格の完成」をここでは、男性原理（求男）と女性原理（求女）の両面の満足として論じられているのである。育児を見ても、一個の人格を形成するうえには、男性原理（父性原理）と女性原理（母性原理）のいずれかが欠けても、何かどこかに人格のゆがみを生ずると言われている。

それでは、父親不在、あるいは母親不在の家庭では子どもの人格形成に不備があるのかといえば、必ずしもそうとは言えないことを心理学者の河合《かわい》隼雄《はやお》氏（一九二八～二〇〇七）が話されていた。[14]たとえ、父親、または母親が不在であっても、母性的在り方、あるいは父性的在り方で臨機応変に対応し、一人で男性原理と女性原理を使い分けて、うまくいっているということである。むしろ、父親、母親がそろっていても男性原理・女性原理に偏頗さがあれば人格形成に問題点を残してしまうと言う。

## 慈悲にも男性原理と女性原理

仏の「化導《けどう》」のことを、別の言葉で「教化《きょうけ》」とも言われているが、「教化」には、教育と大変に似ている面が多々ある。衆生を教化するに当たって、仏は慈悲をもって行なうとされる。その「慈悲」という言葉自体、男性原理と女性原理の両面の要素を含んでいる。

「慈」は、サンスクリット語で「マイトリー」（maitrī）といい、「友」「親しき者」を意味する「ミトラ」（mitra）から派生した語であり、真の友情、純粋の親愛の念のことである。「悲」は、サンスクリット語で「カルナー」（karuṇā）といい、「哀憐」「同情」を意味している。

天台大師は、この「慈悲」という文字を二つに分け、それぞれに意味付けを行なった。「慈」は「他者に利益と安楽をもたらすこと」（与楽《よらく》）、「悲」が「他者から不利益と苦を取り除くこと」（抜苦《ばっく》）という具合いにだ。そして、それぞれを父親の愛と、母親の愛とに例えて、「慈父《じふ》」「悲母《ひも》」という言葉も用いられるようになった。

章安大師が、「慈無くして詐《いつわ》り親しむは、是れ彼が怨《あだ》なり」と言っているように、「慈」は、妥協することのない厳格さを意味し、「父」（父性原理）に当たるが、「悲」は、相手に同情してともに悲しむということで、「母」（母性原理）に相当している。このように、仏の化導ということも男性原理と女性原理の両面からなされるということを意味している。

以上の議論からも、男性原理（父性原理）と女性原理（母性原理）ということは、何も生物学的な意味での性別に固定されたものではなく、男性原理と女性原理のいずれか一方を取って他方を捨てるというような関係であってもならないということがお分かりになると思う。

**求女は生死即涅槃を顕すなり**

ここまでは、「現世安穏・後生善処」の観点から「求男」「求女」について論じられてきたが、続いて**「求女は龍女が成仏、生死即涅槃を顕《あらは》すなり。求男は提婆が成仏、煩悩即菩提を顕すなり」**として、「生死即涅槃」「煩悩即菩提」という観点から論じられる。

「生死即涅槃」とは、生死《しょうじ》、生死と繰り返す迷いと苦の生存の世界を、覚った仏智から見ると、不生不滅の清浄な安らぎの境地（涅槃）と開けるということであり、「煩悩即菩提」とは、心を乱し悩ませる貪《むさぼり》・瞋《いかり》・癡《おろか》などの煩悩を転じて覚り（菩《ぼ》提《だい》）と開くことである。

まず、**「求女は龍女が成仏、生死即涅槃を顕すなり」**とある。龍女の成仏は、生死が即涅槃と開けることを意味するというのだ。

ここで、「求女」としての女性原理を「生死」と関連させているのが面白い。「生死」とは、生死、生死と繰り返す迷いと苦の生存のことであり、またそのように生存している世界、あるいは主体のことである。それは翻って、存在自体、あるいは〝結果〟としてある今の生活に伴う苦を意味している。あるいは、感性的な面も含めて、身体的というか、先天的なものである。

**求男は煩悩即菩提を顕すなり**

それに対するものが、**「求男は提婆が成仏、煩悩即菩提を顕すなり」**である。提婆《だいば》達多《だった》は、伝説によると、多くの弟子たちに慕われる釈尊を妬《ねた》む心が燃え盛っていた。その妬みの心から、教団を分裂させたり、釈尊を殺そうとまでしたと言われている。(15) その提婆達多が成仏したということは、あらゆる人の煩悩即菩提を顕わしているというのだ。

ここで、「求男」としての男性原理を「煩悩」と結びつけているが、「煩悩」とは、現在の生活よりは夢や願望、名声、ロマンのほうに比重がかかっている。極めて知性的、意識的であって、後天的なものだと言えよう。

以上のことは、次の『始聞仏乗義《しもんぶつじょうぎ》』の一節、

生死《しょうじ》とは、我等が苦果《くか》の依身《えしん》なり。所謂《いわゆる》、五陰《ごおん》・十二入《にゅう》・十八界《かい》なり。煩悩とは、見思《けんじ》・塵沙《じんじゃ》・無明《むみょう》の三惑《さんわく》なり。

からもうかがうことができる。

**生死は身、煩悩は意に関係**

ここにも「生死」というのは、私たちの苦しみという結果としての「身」と、その生存する世界（五陰・十二入・十八界）に関係することであるとされている。また、煩悩についても、三惑に代表される「意《こころ》」の問題であると述べられている。

「五陰」とは、衆生を構成する五つの要素のことで、色《しき》（いろ・かたち＝物質存在）、受《じゅ》（感受作

用）、想《そう》（表象作用）、行《ぎょう》（意志的形成作用）、識《しき》（識別作用）からなる。

「十二入」とは、〈眼《げん》・耳《に》・鼻《び》・舌《ぜっ》・身《しん》・意《い》〉という六つの感覚器官（六根《ろっこん》）と、それぞれに対する〈色《しき》・声《しょう》・香《こう》・味《み》・触《そく》・法《ほう》〉という六つの対境（六境）のことである。この六根から入ってきた六境それぞれについて認識（識別）する六つの働きである〈眼識《げんしき》・耳識《にしき》・鼻識《びしき》・舌識《ぜっしき》・身《しん》識《しき》・意識《いしき》〉の六識を「十二入」に加えて「十八界」となる。

以上の「五陰・十二入・十八界」という言葉で、主観と客観のすべての世界が表わされている。自己と切り離したところで世界をとらえないことが仏教の特徴であると言えよう。

「三惑」とは、詳細は後述するが、情的・知的両面における迷いである「見思惑《けんじわく》」、塵や沙（砂）ほどに無数にある現実、特に人間関係における迷いである「塵沙惑《じんじゃわく》」、自己や生命についての無知からくる迷いである「無明惑《むみょうわく》」の三つのことである。

このように、生死は「身」に関し、煩悩は「意」に関係していて、「身」と「意」に関する迷い、執著を転ずるところに「生死即涅槃《しょうじそくねはん》」「煩悩即菩提《ぼんのうそくぼだい》」があるというのだ。それが、『御義口伝』の「譬喩品九箇の大事」の中の「第三　身意《しんに》泰然《たいねん》快得《けとく》安穏《あんのん》の事」に、

身とは生死即涅槃なり。意とは煩悩即菩提なり。


という一節に示されている。

これは、『法華経』譬喩品第三の、

身も意《こころ》も泰然《たいねん》として、快く安穏なることを得たり。

（植木訳『梵漢和対照・現代語訳　法華経』、上巻、一七四頁）

という一節について述べたものである。「身」も「意」も泰然として快く安穏であるとはどういうことを意味するのか、日蓮は、「身の泰然」というのは「生死即涅槃」ということであり、「意の泰然」とは「煩悩即菩提」のことであると言っている。このように、「生死即涅槃」は「身」に関係し、「煩悩即菩提」は「意」に関係している。

## 男性原理は観念的、女性原理は身体的

以上のように、提婆達多に象徴される男性原理は、「こころ」というか、精神面に重きがあり、龍女に象徴される女性原理は、身体的な側面に関係しているというのである。

男は、見た目よりも、どちらかというと「こころ」というか、気位《きぐらい》のほうを重視する。女性は比較的に、身なりや、姿形に重点を置くということであろうか。その意味もあるにはあるだろう。しかし、それよりも「男は頭でウソをつくが、女は全身でウソをつく」という言葉が、端的に示していると思う。

男性原理は観念的であり、それに対して女性原理は身体的であり、存在自体にとらわれがちである。こうした在り方を具体的に述べているのが、『佐渡御書』の

男子ははぢ（恥）に命をすて、女人は男の為《ため》に命をすつ。

である。

「恥に命を捨てる」ということは、裏を返せば名誉を求めるために生きているということである。名誉というものは、物質的・身体的なものではない。そういったものを通じて追求されるかもしれないが、そのもの自体が目的ではない。共同幻想として、極めて観念的なものである。それは、へたをすると見栄や虚栄心、功名心になりやすいことも事実である。

一方、「男のために命を捨てる」ということは、裏を返せば、自らの存在感を男性にかまわれることによって満たそうとすることが多いということであろうか。これは、極めて身体的なところに重心がある。

先に触れた「求女」について、『法華経』では「端正有相の女の……衆人に愛敬せらるる」という言葉が使われていたが、この一節もまさにそのことを示している。容姿端麗で衆人に愛敬される、すなわち身体的なところに重点がある。

それに対して、『法華経』では「求男」について、「福徳智慧の男」という表現がなされていたが、これ自体、精神面に重きを置く男性原理の側面を表している。

**「身の成仏」と「こころの成仏」**

こうした議論は、いずれも「身」と「意」（あるいは「こころ」）の両面から男性原理と女性原理を論じたものである。このような関係から、「身」にとらわれると生死の束縛に苦しむことになり、「意」にとらわれて悪い面が現われると、煩悩という形で苦しむことになる。その束縛、とらわれを断ち切るところに生死即涅槃・煩悩即菩提が開ける。

『法華経』において、こうした在り方を象徴する人物が龍女であり、提婆達多であったと言うのだ。その関係を分かりやすく述べた三つの文章を、弘安二（一二七九）年四月の『上野殿御返事』、および『御義口伝』の「譬喩品九箇の大事」の「第三　身意泰然快得安穏の事」、そして「提婆達多品八箇の大事」の「第七　言論未訖《ごんろんみこつ》の事」から引用する。

提婆《だいば》は、こころの成仏をあらはし、龍女は、身の成仏をあらはす。

身とは、生死即涅槃《しょうじそくねはん》なり。意《こころ》とは、煩悩即菩提《ぼんのうそくぼだい》なり。

提婆は、我等が煩悩即菩提を顕《あらは》すなり。龍女は、生死即涅槃を顕すなり。

この三つの文章は、「提婆達多」「意《こころ》」「煩悩即菩提」の三つが相互に密接な関係にあって、三角形の頂点をなして結び合っていることを示している。「龍女」「身」「生死即涅槃」の三つについても全く同じである。

## 提婆と龍女の成仏の意味するもの

提婆達多は、男性原理（求男）を表わしていることから、まず「提婆はこころの成仏をあらはし」と言われ、その「こころの成仏」の内容を具体的に「意とは煩悩即菩提なり」と示されている。この二点を踏まえて、今度は「提婆は、我等が煩悩即菩提を顕すなり」と結論されることで、三つの点が結ばれて三角形が形成される。

ここには、

「A＝B」「B＝C」である。ゆえに「A＝C」である。

という三段論法が用いられている。

女性原理（求女）である龍女についても、「龍女は、身の成仏をあらはす」と述べ、その内容を「身とは生死即涅槃なり」と押さえて、「龍女は、生死即涅槃を顕すなり」と結ばれて、ここにも三角形が出来上がる。この最後の結論は、「提婆は、我等が煩悩即菩提を顕すなり」の一節の「我等が」という言葉が、ここまでかかっていると考えたほうが自然である。とすると、「我等が」を補って、

龍女は、我等が生死即涅槃を顕すなり。

と言い換えてもよいであろう。
提婆達多の成仏は、『法華経』の登場人物としての提婆達多個人の成仏を顕わすのみではなく、「我等」が「こころの成仏」としての「煩悩即菩提」を顕わしていたのであり、龍女の成仏も、龍女個人の成仏だけではなく、「我等」が「身の成仏」としての「生死即涅槃」を顕わしていたのである。

このように提婆達多に象徴される「煩悩即菩提」と、龍女に象徴される「生死即涅槃」は、「身」と「意《こころ》」の両面、あるいは男性原理、女性原理という二つの側面から即身成仏（人格の完成）を論じたものであって、これらの両面が相まって初めて、**「我等が即身成仏を顕すなり」**と述べられている。ここに至ると、外見上の男性か、女性かということはもはや問題外となっている。

このように、男性原理と女性原理については、「現世安穏と後生善処」「身と意」「生死即涅槃と煩悩即菩提」などのいろいろな角度から論じられている。そのそれぞれの特質の両面から即身成仏を顕わそうとしたのが、提婆達多と龍女の成仏であった。この両者は一体であり、ワン・セットでなければならない。

この男性的在り方として求められること（求男）、および女性的在り方として求められること（求女）の両方を満足する。すなわち、「現世安穏」と「後生善処」、あるいは「身の成仏」と「こころの成仏」、さらには「生死即涅槃」と「煩悩即菩提」――のそれぞれの両者を満足した時、それと同時に、それを求める主体としての「父母」(「体」としての男性原理と女性原理)の成仏も確定するというのである。

それが、この御義口伝の「二求両願の事」の結びの言葉、**「求男求女を満足して、父母の成仏決定《けつじょう》するなり」**の意味するところであろう。

## 「倶体倶用」としての人格の完成

これによって、男性原理、女性原理の「体《たい》」である「父母」も、「用《ゆう》」である「求男・求女」も成仏となり、「倶体倶用《くたいくゆう》」として真の成仏(人格の完成)となるのである。

「倶体倶用」とは、「体」も「用」もいずれも欠けることなく、倶《とも》に具わっていることを意味している。「体」とは本体のこと、「用」とはその働き、属性のことで、あらゆる存在は本来、「体」を離れて「用」はなく、「用」のない「体」もあり得ない。それなのに、「用」を離れて「体」のみが単独で存在する(但体無用《たんたいむゆう》)かのごとく説かれたり、逆に「体」を離れたところで「用」のみが独立して説かれたりすることがあるようだ。それは、「兎の角や、亀の毛」(兎角《とかく》・亀毛《きもう》)という言葉は存在しても、そのようなものが実在しないのと同様、「体」と「用」が分離してバラバラとなっているようなものはあるはずもなく、そんなものは現実に何の役にも立たない。人間が考え出した諸仏・菩薩も、その批判を免れることはない。「倶体倶用」であって初めて現実的な力を発揮することができる。

## 日蓮による独創的な提婆と龍女の捉え方

岩本裕《ゆたか》氏(一九一〇~一九八八)は、

〔サーガラ龍王の娘(龍女)の成仏の〕エピソードはそれ自体で纏《まと》まった一つの構成を持っていることは事実である。しかし、このエピソードが何故にデーヴァダッタのエピソードのすぐ後に述べられているか、文面に脈絡もなく、その理由は判らないと言わねばならぬ。(16)

と述べて、提婆達多品になぜ龍女の話が登場するのかということを疑問視している。提婆達多(デーヴァダッタ)の話の後に何の関係もなく突然、龍女のことが出てきているというのだが、言われてみれば確かにそうだ。しかし、男性原理(後生善処、煩悩即菩提、こころの成仏)と女性原理(現世安穏、生死即涅槃、身の成仏)の両面から成仏を論じたものであると理解すれば、何の問題もない。むしろ、そのことを指摘した日蓮の独創的なとらえ方に感銘すら覚える。

また、岩本氏は、先の一節に続けて、

〔提婆達多と龍女のエピソードの〕両者が一つにまとめられて『妙法華』でいう提婆達多品を構成している事実を無視することはできない。〔中略〕ここに変成男子説の起源と秘密が匿《かく》されているかと思われる。(17)

と指摘しているが、これまで論じてきたことを考えてみると、その答えが、日蓮によって与えられていると見ることはできないであろうか。日蓮が、提婆達多と龍女を男性原理と女性原理の象徴としてとらえていること自体が、まさにその答えであり、変成男子は身体的な変身ではなく、女性原理から男性原理への転換を意味していると理解できる。

## 「如来性」は男性的な在り方

このように、女性原理から男性原理への転換ということを考えながら、法顕《ほっけん》（三三七〜四二二）と仏陀跋陀羅《ぶつだばつだら》（Buddhabhadra、三五九〜四二九）とが漢訳した『大般涅槃経《だいはつねはんきょう》』を読んでいて、次の記述に遭遇した。

善男子《ぜんなんし》・善女人《ぜんにょにん》よ。摩訶衍般泥洹経《まかえんはつないおんきょう》に於《お》いて、当《まさ》に方便をもって、丈夫《じょうぶ》の志を立てることに勤《つと》むべし。所以《ゆえん》は何《いか》ん。如来性《にょらいしょう》は、丈夫の法なるが故なり。女人《にょにん》の志は、一切法に於いて多く染著《ぜんじゃく》を生じ、力《つと》めて摩訶衍深経の妙味を発《ひら》くに堪忍《かんにん》せず。〔中略〕若《も》し、善男子・善女人が方便もて女人の法を離れんことを欲せば、当《まさ》に此《こ》の摩訶衍般泥洹経を修習《しゅじゅう》すべし。所以《ゆえん》は何《いか》ん。此の摩訶衍般泥洹経は、「如来性は丈夫の法なり」と説く故なり。若し、衆生の自身に如来性あることを知らざるものあらば、世間に男子《なんし》と名を称すと雖《いえど》も、我、此の輩《やから》は是《こ》れ女人と説く。若し、女人の能《よ》く自身に如来性あることを知らば、世間に女人と名を称すと雖

も、我、此等《これら》は男子と説く。　（大正蔵、巻一二、八九四頁下）

「摩訶衍般泥洹経」の「摩訶衍《まかえん》」は、サンスクリット語の「マハー・ヤーナ」（**mahā-yāna**）を音写したもので、(18)「偉大な乗り物」という意味で「大乗」と漢訳された。「般泥洹《はつないおん》」は、「パリニルヴァーナ」（**pari-nirvāṇa**）を音写したもので、「完全な涅槃」という意味で、「般涅槃《はつねはん》」とも音写される。だから、「摩訶衍般泥洹経」は、「大乗の『涅槃経』」という意味である。

この一節のキーワードである「如来性」とは、サンスクリット語で「タターガタットヴァ」（**tathāgatatva**）、あるいは「タターガタター」（**tathāgatatā**）と言う。「タターガタ」（**tathāgata**）が「如来」のことで、その後に続く「トヴァ」（**tva**）、あるいは「ター」（**tā**）が、それぞれ中性と女性の抽象名詞を造る接尾辞である。漢訳では、「〜性《しょう》」と訳されているが、「性質」といった意味ではない。むしろ、「本性」などの意味であって、「如来性」とは「如来の本性」、あるいは「如来を如来たらしめるもの」という意味になる。これは、よく使われる「仏性《ぶつしょう》」という言葉で置き換えてもかまわないと思う。

この一節の前半部分を現代語訳すると、次のようになる。

　行ないの立派な男性と女性たちよ。大乗の『涅槃経』において努力して男性的な志を立てるように努めなさい。それはなぜかというと、如来性〔すなわち如来を如来たらしめる如来の本性〕は、男性的な在り方をしているからです。女性的な志は、あらゆるものごと〔一切法〕

に対して多くの執着する心を生じてしまうので、大乗の深い教えの妙味を開こうと努力しても、それに耐えられません。〔中略〕もしも、行ないの立派な男性と女性たちが、努力して女性的な在り方から離れることを願うならば、この大乗の涅槃経を修行し、学習すべきであります。それはなぜかといえば、この大乗の涅槃経が、「如来の本性は男性的な在り方をしている」と説いているからです。

ここでは、「女人の志」すなわち「女性的な志」ではなく、「丈夫の志」すなわち「男性的な志」を立てることが強調されている。その理由は、あらゆるものごと（一切法）にとらわれ、執著しやすい女性的な志と違い、如来性（仏性）は男性的な在り方（丈夫の法）をしているからであると説いている。しかも、「善男子・善女人が……女人の法を離れんことを欲せば……」とあるように、「女人の法」を離れることを善女人だけではなく、善男子にも要求していることが注目される。このことから「丈夫の法」「女人の法」は、生物学的な性差とは次元を異にしていることが分かる。

## 「如来性」顕現の最後の〝カベ〟は無明

続いて後半部分を現代語訳すると、この「如来性は丈夫の法なり」という観点を踏まえて、次のように結論している。

もしも、衆生自身に如来性（仏性）があることを覚知することがないならば、世間において
この人のことを男子と呼んでいるとしても、私は、此の人のことを女人であると説きます。
逆にもし女人が、自分自身に如来性があることを覚知したならば、世間の人がその人のことを女人と呼んでいるとしても、私は、この人のことを男子であると説きます。

ここでは、肉体的な男性と女性の違いということではなく、心の内面における男性と女性の違いを強調している。すなわち、肉体的、生物学的な差異としての男女ではなく、心の内面における男女、すなわち男性原理と女性原理のことと言ってもよいであろう。この「丈夫の法」と「女人の法」は、それぞれ「男性原理」と「女性原理」と訳しても差し支えない概念だと思う。

大乗の『涅槃経』は、「如来性」の覚知においては、女性原理ではなく男性原理でなければならないと言っている。「如来性」を顕現するために突破しなければならない最後のカベとして、無明《むみょう》が立ちはだかっているからだろう。天台大師も三惑《さんわく》の最後に無明惑を挙げている。

その三惑とは、①見思惑《けんじわく》、②塵沙惑《じんじゃわく》、③無明惑のことである。第一の「見思惑」は、見惑《けんわく》（道理や理屈における迷い）と、思惑《しわく》（感情、感覚、本能的な迷い）の二つからなる。「見」というのは、「見解」や「意見」の「見」であって、思想であり、考え方のことである。だから見惑は、知的な在り方としての煩悩というか、思想、考え方に関する迷いということである。これは、頭で割り切れる。「人生はこうあらねばならない」とか、「幸福とはかくかく、しかじかである」というように、割り切ることができる。だから、見惑のほうは比較的簡単に乗り越えられる。

思惑の「思」というのは、思いというか、感情みたいなものである。だから思惑は、感情に伴った煩悩のことだ。好きだとか、嫌いだとかという感情は、頭や理性では割り切れない。だから、どちらかというと、見惑と思惑では、見惑のほうが御《ぎょ》しやすく、思惑のほうが厄介《やっかい》なものである。見惑と思惑では以上のような違いがある。この違いを、見惑を断つのは石を割るようなものであり、思惑を断つのはレンコンの糸を切るようなものであると例えられたりしている。レンコンで分かりにくければ、納豆の糸を切るようなものだと言い換えればいいであろう。スパッと石を割るようにはいかない。石のように硬いものではないのに、ベタベタとねちっこく粘りついて、簡単には断ち切れない。情的煩悩の厄介さがよく譬えられている。この見惑と思惑のそれぞれは、既に論じてきた男性原理と女性原理のマイナス面に当たる。

二乗は、この二つを乗り越えて阿羅漢果に到るとするのだが、次の「塵沙惑」で、それはもろくも崩れてしまう。塵沙惑とは、文字通り塵と沙（砂）ほどに無数にある現実ということだ。具体的に言えば、人間関係に代表される。その人間関係は、だましたり、利用したり、足を引きずろうとしたりすることが多い世界であって、かかわるのも嫌になるものである。だからこそ特に二乗（声聞、独覚）は、煩《わずら》わしい人間関係を否定し、切り捨てて自分自身の内面世界に理想像を研ぎすますという生き方に陥ってしまいがちである。ところが、人間関係をいくら否定しようとしても、人間として生きているからには、人間関係を否定できるものではない。その厳しい現実に直面したとき、結局、見思惑という男性原理、女性原理の差別面、マイナス面にとらわれてしまうのである。これを打ち破ることができるのが、菩薩の生き方であった。自行化他《じぎょうけた》の実践という、他者との大乗菩薩道的かかわりが大事であった。

ただ、この菩薩道という生き方自体、偉大な生き方ではあるが、無明惑には破れてしまうという限界がある。「無明惑」とは、自己と生命についての無知（avidyā、無明）からくる迷いである。

## 無明の断破に女性原理は用をなさず

この最後の〝カベ〟である無明への対応として、この『御義口伝』では、「貪愛《とんあい》、無明の父母を害して」「元品《がんぽん》の無明を対治する」「元品の無明を切る」「疑惑を断破する」という過激な表現がなされている。これらの言葉自体が男性原理である。女性原理は「まあまあ、そんな難しいこと言わないで……」と丸く収めようとするものである。

無明惑に対するに女性原理では用をなさないことについては、河合隼雄氏の言葉が参考になる。河合氏は、その著『母性社会日本の病理』において、ユングのいう母性の特質である①慈しみ育てること、②狂宴的な情動性、③暗黒の深さ――を挙げながら、母性原理について「包含する」機能としてとらえ、「母性原理は、その肯定的な面においては、生み育てるものであり、否定的には、呑みこみ、しがみつき、死に到らしめる面をもっている」と言っている。

一方、父性原理については、「切断する」「分割する」機能をその特性としていて、「強いものをつくりあげてゆく建設的な面と、また逆に切断の力が強すぎて破壊に到る面と、両面をそなえている」と論じている。

この父性原理と母性原理は、男性原理と女性原理が親子の関係において現われたものであり、男性原理と女性原理の一部と見なしてもよいであろう。

無明は、断破されなければならない。そこにおいては、「包含する」という女性原理では用をなさない。こと無明に対しては、「断破する」「切断する」という男性原理の在り方によって対処しなければならない。大乗の『涅槃経』に「如来性は男性的在り方である」とあったが、その真意もここにあったのではないか。

こうしたことを考慮すると、『御義口伝』で男性原理によって無明を「害する」「対治する」「切る」「断破する」という表現が多用されていることと、女性原理から男性原理への転換によって成仏する「変成男子」とは軌を一にしていることが納得できよう。

ただ、ここで断っておかなければならないのは、河合氏の言われる父性原理の「切断する」「分割する」というのは、他者に対してなされることであるが、『御義口伝』で言う男性原理としての「断破する」「害する」「対治する」「切る」といった言葉は、自己の内面に潜む元品の無明（根本的な無知）に対してなされているということだ。ここに大きな違いがある。

男性原理によって無明惑を断破して、如来性の男性原理に立った女性たちが、『維摩経』や『法華経』に描かれている。『維摩経』には、智慧第一の誉れ高いシャーリプトラ（舎利弗）が小乗仏教の女性観を代弁する役を演じて、天女にやりこめられる場面が描かれていた。[19]『法華経』においては、女であること自体で成仏はあり得ないと難癖をつけてきたシャーリプトラに対して、龍女は、自らの意見を堂々と語り、自ら成仏の姿をシャーリプトラに見せつけて、黙り込ませてしまった。[20]

シャーリプトラは、小乗仏教の偏った女性観に執着していて、「女人の志は、一切法に於いて多く染著を生じ」とあったことを地で行っている。それに対して、『維摩経』の天女と『法華経』の龍女は、無明を断破して一切の執着にもとらわれず、ありのままに見る（如実知見）という「丈夫の志」に立っている。

## 池上兄弟とその妻たちへの日蓮の教え

これまで、いささか理屈っぽい話に終始した。最後に、日蓮が、以上のような人間観を踏まえて、実際に信徒たちにどのように対応していたのかを見ておこう。

まず、初めに武蔵国《むさしのくに》池上（現在の東京都大田区池上）の地頭であった池上宗仲と、その弟・宗長と、その妻たちについて見てみよう。

この兄弟が日蓮の信徒となってから十九年余も経った一二七五年四月、突然、極楽寺良観《ごくらくじりょうかん》の信者であった父・康光から、信仰を理由に兄・宗仲が勘当された。そして、その家督を弟・宗長に譲った。兄・宗仲の信仰は揺らぐことはなかったが、弟・宗長は信仰を取るべきか、親に従うべきかという板挟みになって心が揺れていた。

この勘当の三年前には、日蓮が『立正安国論』で予見していた「自《じ》界叛逆《かいほんぎゃく》の難」が北条時輔《ほうじょうときすけ》の乱（二月騒動、一二七二年）として、また半年前には、「他《た》国侵逼《こくしんぴつ》の難」が蒙古襲来《もうこしゅうらい》（文永《ぶんえい》の役《えき》、一二七四年）として現実化したばかりであった。そのため、日蓮への関心が高まっていた。勘当は、鎌倉の住民たちの日蓮への関心の高まりを恐れた極楽寺良観（一二一七〜一三〇三）が、日蓮の信徒に及ぼした圧力だと日蓮は見ていた。

この時、日蓮は長文の手紙（『兄弟抄』(21)と呼ばれている）を兄弟に送って激励した。日蓮は、兄弟に対して心を一つにして、『法華経』の信仰を貫くことが、真の親孝行になることを種々の角度から説いた。妻たちには、「女人《にょにん》となる事は、物に随って物を随へる身なり」と教示し、夫たちに対して「随って随わせる」という在り方を貫くことをアドバイスしている。それは、この一節の後に「一同して夫の心を諫《いさ》めば」とあるように、決して随いっぱなしになれということではない。

「物に随って物を随へる」とは、相手には随っていると思わせているが、実は相手を随わせているという一枚も二枚も上手《うわて》の高度な対応の仕方である。相手を立てながら、うまくコントロールするという智慧の表われだ。

当時は、封建時代で、女性は「家にあっては父に従い、嫁《か》しては夫に従い、夫の死後は息子に従う」という儒教の「三従」の教えが強調されていた。女性が一方的に従わされていた、そのような時代にあって日蓮は、「随って随わせる」という在り方を教示した。それは、儒教倫理に甘んじさせるものとは全く異なっている。「随って」は女性原理（女人の志）だが、「随わせる」は男性原理（丈夫の志）である。

兄・宗仲の勘当は、一年三カ月後に許された。しかし、それから一年四カ月後に再び勘当されている。弟の妻は、再度の勘当の兆候を感じて、日蓮を身延まで訪ね、指導を仰いでいる。日蓮の「随って随わせる」「夫の心を諫める」という教示を自ら実践していたのであろう。

## 心の師とはなるとも、心を師とせざれ

心が揺れる弟・宗長を支え、兄弟と、その妻たちが一丸となって誠意を貫き通して、二度目の勘当から二カ月後には、父・康光の理解を得ることができた。父も日蓮に帰依することとなった。

この勘当問題に対する心構えとして、日蓮は、『兄弟抄』の最後のところで「心の師とはなるとも、心を師とせざれ」という初期大乗仏典の一つである『六波羅蜜経《ろくはらみつきょう》』の一節を示していた。心というものは、喜怒哀楽《きどあいらく》などの感情や、煩悩からなるものである。移ろいやすく、はかないもので、迷妄にとらわれやすい。そのような心を師とすることは、判断を誤りかねない。『六波羅蜜経』は、そのような心を師とすることなく、そのような心の師となるべきだと言っている。

そこにおいて、「心の師」に相当するものは、何であるのかが問われる。それは、原始仏典で言うところの「自己の主《あるじ》」のことであり、「真の自己」とも言うべきものである。心も自己の一部ではあるが、「自己の主」でも、「真の自己」でもない。心を師とする無明の自己は、「一切法に於いて多く染著を生じ」る「女人の志」であり、「心の師」としての目覚めた自己は「丈夫の志」と言えよう。ここで日蓮は、二人の妻たちに、「自立した女性」であれ、「丈夫の志」の女人であれと激励していると言えよう。

原始仏典で釈尊は、「よく調えられた自己は人間の光明である」(『サンユッタ・ニカーヤI』)と述べていて、「自己こそ自己の主《あるじ》」であり「自己を調えよ」ということを強調している。その代表的なものが、次の『ウダーナ・ヴァルガ』の一節である。

まさに自己を調えよ。御者《ぎょしゃ》が名馬を〔調教する〕ように。実によく調えられた自己によって、念《おも》いを正し、苦しみの向こう岸へと到るのである。実に自己こそ自己の主《あるじ》であり、自己が自己のよりどころである。それ故に、自己を調えよ。御者が名馬を〔調教する〕ように。

仏典では、「自己の主」、あるいは「真の自己」について論ずる際に、このように馬と御者の関係を譬喩に用いることがしばしば見られる。感情や煩悩は放っておくと暴走し始め、どこへ突っ走るのか分からない。それを制御するのが「真の自己」であるということであろう。感情や煩悩も自己と言えるが「真の自己」とは言えない。このような両者の関係を、馬と御者の関係でとらえているのだ。

先ほどの『六波羅蜜経』の「心の師とはなるとも、心を師とせざれ」と比較すれば、「心」が馬に当たり、「心の師」が御者に相当すると言えよう。「心を師」とすることは、御者不在の馬任せという状態を意味していて、暴走は避けられない。仏教は、このように自らを制することを強調していたのである。

「心を師」として、心に振り回されるのではなく、「心の師」、すなわち心を制御する〝真の自己〟をよりどころとして、「たとえ、どのような煩わしいことが心に去来するとしても、夢だと思いなして、ただ『法華経』に説かれる永遠にして不動の境地のことだけを思いめぐらしてください」と、日蓮は、池上兄弟とその妻たちに教示した。それは、「丈夫の志」に立つようにということであった。

## 龍女の主体的女性像の跡を継ぐ

この手紙は、後世に『兄弟抄』と名付けられたように、大夫志《たゆうさかん》（宗仲）と兵衛志《ひょうえのさかん》（宗長）の兄弟二人にあてて書かれたものである。けれども、この手紙の末文に、

此《こ》の御文《おんふみ》は別して、ひやうへの志（兵衛志）殿へまいらせ候《そうろう》。又《また》、大夫志殿の女房、兵衛志殿の女房によくよく申しきかせさせ給ふべし。

とあるように、特に父と兄との間で板挟みになって、動揺しがちな弟に言い聞かせる手紙だということである。兄を勘当し、弟に家督を譲るというのだから、弟にとって大きな誘惑でもあったはずである。これ以後の手紙の多くが弟あてであるのも、最も心配な人に激励の手を差し伸べたということであろう。

さらには、勘当で収入源を絶たれて困っている兄の妻に対して、また動揺する弟を支えるその妻に対して書かれたものだという。その妻たちには、

此の法門のゆへには、設《たと》ひ夫《おとこ》に害せらるるとも悔ゆる事なかれ。一同して夫の心をいさ（諫）めば、龍女《りゅうにょ》が跡をつぎ、末代悪世《まつだいあくせ》の女人の成仏の手本と成り給《たま》ふべし。

と説いた。ここに、「設ひ夫に害せらるるとも」という極限状況を挙げて、どんなことがあっても怯《ひる》まない覚悟を促している。

龍女の成仏は、『法華経』提婆達多品《だいばだったぼん》に説かれている。インドで『法華経』が編纂《へんさん》される頃（紀元一世紀末〜三世紀初頭）、女性は、①梵天王、②帝釈天、③魔王、④転輪聖王《てんりんじょうおう》、⑤仏陀――の五つになれないとする「五障」説と、既に触れた「三従」説が、小乗仏教において、まことしやかに言われていた。そのような考えもあって、「女は穢《けが》れていて成仏できない」とされていた。そのような小乗仏教の女性観と、成仏観にとらわれて、女性を蔑視する智積《ちしゃく》菩薩と、シャーリプトラ（舎利弗）は、龍女の成仏を頭ごなしに否定してかかった。それに対して龍女は、「私にとって完全なる覚りは思うがままである」（植木訳『サンスクリット版縮訳　法華経　現代語訳』、二一六頁）と語り、彼らの言う成仏の仕方に則って、男性の身体に変じて（変成男子《へんじょうなんし》）成仏してみせ、多くの大衆に説法して大歓喜させる姿を智積菩薩とシャーリプトラの二人に見せつけて黙り込ませた。

その「変成男子」は、「第四章　普遍思想としての人間尊重」（二二一〜二二二頁）でも述べたように、女性が成仏するための必須条件であったのではなく、分からず屋の二人を説得するための手段であった。そのために、龍女は智積菩薩とシャーリプトラの二人の成仏観に〝随って〟成仏してみせ、説法によって人々が歓喜する姿を見せつけて二人を沈黙させた。ここで、二人は女性も成仏できるとする龍女の主張を認めざるを得なくなった。龍女は、智積とシャーリプトラの二人を〝随わせた〟のである。

龍女自身の振る舞いが、〝随って随わせる〟ものであった。智慧第一と言われながらも、龍女を蔑《さげす》むシャーリプトラを、龍女は自らの信念を明確に意思表示して沈黙させた。日蓮は、その龍女の主体的女性像の跡を継ぐように池上兄弟の妻たちに教示した。

## 時代・社会の偏見を超えての女人成仏

龍女は、智積菩薩やシャーリプトラの態度に表われた女性に対する当時の偏見と闘っている。その龍女の心は、「丈夫の志」であり、提婆達多との比較では女性原理とされるが、シャーリプトラを論破して成仏の姿を見せつける龍女は男性原理に立っている。先入観にとらわれているシャーリプトラのほうが、「一切法に於いて多く染著を生じ」る女性原理の「女人の志」に陥っている。

女性に対する偏見に泣き寝入りすることなく、龍女は、男性原理としての「丈夫の志」に立って、その偏見を乗り越えて女人成仏（女性の人格の完成）を自他ともに認めさせる形で確定させた。日蓮は、経典を文字として読むだけではなく、時代・社会に生きる人格として、その時代・社会との葛藤と闘って乗り越えるところに、あらゆる人にとっての「仏となる道」が開かれると主張しているのだ。龍女の成仏は、日蓮にとってその最善のモデルであった。その際の、方法論が、「随って随わせる」である。一見して、相手に随っているようだが、相手のレベルよりも高い次元の在り方を見せつけて相手を教導する。あるいは、視野を開いてやる。そのような意味が「随って随わせる」には込められている。これは、低次のものを頭ごなしに否定することなく、いったん受け入れて、より高次のものに目覚めさせて止揚する『法華経』の弁証法である。

その龍女の「随って随わせる」手法を、妻たちの夫たちに対する在り方だけでなく、『法華経』の信仰に無理解な義父に対する対応の仕方として、日蓮は教示した。

兄・宗仲の勘当をめぐって夫たちの心が揺らぐようなことがあれば、妻たちが心を合わせて、夫たちを諫め、父の偏見・無理解に対しても誠意をもって「随って随わせる」ことで乗り越える。それが、「龍女の跡を継ぐ」ということの意味することであった。

信仰をめぐる親子の確執を通じて、兄弟とその妻たちは中世の封建社会における〝個〟の自覚を強いられたことであろう。〝個〟の自覚に立った人は、時代・社会の偏見、価値観、先入観などとの葛藤にさいなまれることは避けられない。仏教は、そのような葛藤の原因を〝魔〟（māra）と表現していた。

〝魔〟という表現は、古代インドの神話的表現である。あらゆる人が、何らかの既成の価値観、偏見に取り囲まれていて、個の自覚、失われた自己の回復、真の自己に目覚め、人格の完成を遂げる際には、必ず直面しなければならない障害といえよう。この〝魔〟を打破するのは、「女人の志」ではなく、「丈夫の志」でなければならない。

日本仏教の復権のために、中村元先生が「自己との対決」の必要性を強調されていたのは[22]、日本人の大半が、〝個〟の自覚のないところで、すなわちそのような葛藤に直面することのないところで、仏教を信仰してきたということを意味していた。それに対して、日蓮の信徒たちは、自己と社会との葛藤にさらされながらも、社会を切り捨てるのではなく、社会のためにより貢献できる自己を探究する中に解決を図ろうとしている。すなわち、葛藤に充ち満ちた現実社会にあって自らの生き方において仏教思想を検証し、止揚していった。

## 自己卑下する女性への励まし

日蓮の著作を見ると、女性に対して与えられた手紙は約九十通にも上っている。それは、真蹟、写本等を合わせて約三百四十通ある日蓮の手紙の四分の一近くを占めている。拙著『日蓮の手紙』（角川ソフィア文庫）を執筆しながら、女性に対する手紙を読んでいて、慈愛に満ちた文章に何度も心が熱くなって涙を催すことがあった。

例えば、富木常忍《ときじょうにん》の夫人にあてた手紙『富木尼御前御書』(23)もその一つだ。彼女は子連れで、富木常忍の後妻として再婚した。富木常忍は知的エリートであった。しかも、富木家には九十歳近い高齢でも、かくしゃくとした姑《しゅうとめ》がいた。夫人は病気がちで、床に伏せることが多かったようである。

これだけ書くと、夫人の富木家における立場が見えてくる。きっと、「私がこんなだから主人の足を引っ張ってしまって……」と自己嫌悪のようなものを抱いていたのではないかと思えてくる。日蓮は、そんな夫人の気持ちが手に取るように分かっていたのであろう。

富木常忍は、母親が九十歳で亡くなったとき、その遺骨を持って身延《みのぶ》まで日蓮を訪ねたことがあった。その帰りに、日蓮は、夫人あての手紙を富木常忍に持たせた。日蓮はその中で、富木常忍が日蓮のもとで語った言葉をあえて書き入れている。「あなたのご主人は、『妻が、私の母によく対応してくれて、看病してくれました。その嬉しさは、いつの世にも忘れることはありません』と、私に話していましたよ」と。これは、「富木常忍は、あなたに面と向かって感謝の言葉を言わないかもしれませんが、私のところでは言っておりましたよ」「あなたのことを誉めていましたよ」という意味が込められている。

この手紙の冒頭には、次の言葉が書かれている。

や（箭）のはしる事は弓のちから。くも（雲）のゆくことはりう（龍）のちから。をとこ（夫）のしわざはめ（妻）のちからなり。

これは、「夫を生かすも殺すも妻次第である」「夫をしっかりさせるには、まず妻がしっかりしなければいけない」といったニュアンスで語られたりしているようだが、原文を素直に読むと、少し意味が違っていることが分かる。

私たちには飛んでくる矢しか見えないが、その勢いを見れば、向こうのほうにあるはずの弓の強弱が分かる。雨雲の勢いを見れば、雲の中にいるはずの龍の力の大小が分かる。それと同じように、私の目の前にあなたはいないけれども、富木常忍を見れば、あなたが見えてくる。あなたは、自分を卑下したり、自己嫌悪に陥ったりしているかもしれないが、富木常忍がこうして私のもとへ来ることができるのも、あなたがいればこそのことなのだ——といった夫人を励ます声が、私には聞こえてくる。

## 女性を「聖人」「法華経の行者」と称賛

女性信徒の中には、佐渡流罪中の日蓮のもとへ幼い娘（乙御前《おとごぜん》）とともに、山賊や海賊が横行している中、はるばると訪ねてきた女性もいた[24]。それは、三カ月前に北条時輔の乱という京都と鎌倉で同時多発的に企てられた謀叛《むほん》を鎮圧する内乱があったばかりのことで、「去年《こぞ》より謀叛の者、国に充満し（中略）いまだ世間安穏ならず」といった有様であった。「すくすく（宿宿）とまりとまり（泊泊）、民の心、虎のごとし、犬のごとし」とあることからすると、女の二人旅と足元を見て、宿代や、船賃をふっかけられたのであろう。帰りの旅費がおぼつかなくなっていることを知った日蓮は、『法華経』十巻を書写して与えることを条件に滞在先の一谷《いちのさわ》入道に旅費を借金し、それを持たせて帰したほどであった。

私だったら、「流罪の身で大変な時なんかに、何で訪ねてくるんだよ。しかも、帰りの旅費まで工面してやらなければならなくなった。おかげで『法華経』十巻全部書写する羽目になってしまったじゃないか」と言ってしまいたくなる。ところが、『日妙聖人御書』を読んでも、日蓮には恩着せがましいところは何もなく、迷惑をこうむったなどという思いのかけらも見られない。

そのように困難な状況下であるにもかかわらず、教えを求めてはるばる訪ねてきた母娘を絶賛した。釈尊の過去世物語に登場する不惜身命《ふしゃくしんみょう》の求道者《ぐどうしゃ》である楽法梵志《ぎょうぼうぼんじ》、雪山童子《せっせんどうじ》、常不軽菩薩などを挙げ、法を求めて十七年がかりでインドまで行ってきた玄奘三蔵《げんじょうさんぞう》、そして遣唐使として東シナ海の荒波を越えて中国大陸まで渡航した伝教大師などの名前を挙げて、それに匹敵する女性であるとして、次の言葉をもって称賛している。

此等《これら》は男子《なんし》なり。上古《じょうこ》なり。賢人《けんにん》なり。聖人《しょうにん》なり。いまだきかず、女人の仏法をもとめて千里の路《みち》をわけし事を。

その女性の深い求道心《ぐどうしん》に対して、

日本第一の法華経の行者の女人なり。故に名を一つつけたてまつりて、不軽菩薩の義になぞらへん。日妙聖人等云云。

と記し、日蓮は「聖人」という尊称を与えている。「聖人」とは、人徳があり、人として他の模範となる人物であり、修行を積んだ偉大な信仰者といった意味が込められている。

さらには、子どもに導かれて信仰を貫き通した光日尼に対しても、

何《いか》に況《いわん》や、今の光日上人は、子を思うあまりに法華経の行者と成り給《たま》ふ。

と、「上人」の尊称で呼んでいる。ここには、日蓮自身が伊豆流罪と、小松原法難を通じて自覚

した「法華経の行者」という日蓮にとって最も重要なキーワードまで用いて称賛しているが、ここにも「行為」によって人の貴賤が決まるとする観点が現われている。

この日妙聖人と光日上人について見ただけでも、日蓮は不退転の信心の有無によって人を判断しているのであり、男性か女性かという観点ではなかったということが明らかである。

## 男女はきらふべからず

こうしたことを見ても、日蓮が、『諸法実相抄』で断言していた、

末法《まつぼう》にして妙法蓮華経の五字を弘めん者は、男女はきらふべからず。

という言葉は、単なるスローガンではなく、日蓮の実際の女性観として貫かれていたということができよう。

これは、「生まれによってではなく、その人の行為によって賤しくも貴くもなる」という釈尊の人間観と共通している。日蓮も、生まれによって生じた身体的な差異によって浄・不浄だとか、貴・賤などの違いが生じるのではなく、「妙法蓮華経の五字を弘めん」という行為、すなわちその人の持《たも》つ法と、その振る舞いいかんによってこそ、貴賤が決まるという人間観であった。

## 註

（1）その博士論文は、二〇〇四年に岩波書店から『仏教のなかの男女観——原始仏教から法華経に至るジェンダー平等の思想』として出版され、その後、二〇一八年に講談社から『差別の超克——原始仏教と法華経の人間観』（講談社学術文庫）として出版された。

（2）「求女は龍女が成仏、生死即涅槃を顕すなり。求男は提婆が成仏、煩悩即菩提を顕すなり」は、要法寺版『御義口伝鈔』では「求女の生死即涅槃、龍女が成仏を顕すなり。求男は提婆が成仏の煩悩即菩提を顕すなり」となっているが、対句として不ぞろいなので、『昭和定本　日蓮聖人遺文』第三巻、および『日蓮大聖人御書全集』に従った。

（3）拙著『仏教、本当の教え』（中公新書）第一章を参照。

（4）拙著『法華経とは何か』（中公新書）、三一〜三六、二三八、二三九頁。

（5）植木訳『サンスクリット版縮訳　法華経　現代語訳』（角川ソフィア文庫）、三七八頁を参照。

（6）Masatoshi Ueki, *Gender Equality in Buddhism*, Asian Thought and Culture series vol. 46, Peter Lang Publ. Inc., New York, 2001.

（7）拙著『日蓮の女性観』（法蔵館文庫）の巻末に収録されたムルハーン千栄子博士による解説「アメリカの研究・出版事情から見た植木博士の業績」を参照。

（8）植木訳『サンスクリット版縮訳　法華経　現代語訳』（角川ソフィア文庫）、二一二〜二一八頁を参照。

（9）植木訳『サンスクリット版全訳　維摩経　現代語訳』（角川ソフィア文庫）、二二六〜二四〇頁を参照。

（10）共同研究の成果は、下記の本として出版された。妻・眞紀子にも手伝ってもらって抄訳（英文）した『仏説四十二章経』『法華経』観音品、『維摩経』観衆生品、『血梵経』などの女性像に関する経典と、私の解説が、二六六〜二九三頁に収録されている。

Robin Wang (ed.), *Images of Women in Chinese Thought and Culture*, Hackett Publ. Company Inc., Cambridge (Massachusetts), 2003.

（11）大正新脩大蔵経、巻五〇、三二二〜四二四頁。

（12）道端良秀著『中国仏教史全集』、第七巻、書苑、二六九〜二七〇頁。

（13）植木訳『梵漢和対照・現代語訳　法華経』、上巻、岩波書店、三四六頁。

（14）『新しい親子のあり方』、河合隼雄氏講演（一九八九年七月二十八日、富山県高岡文化ホール）、新潮カセットライブラリー。
（15）その真相については、拙著『法華経とは何か』（中公新書）、一六二～一六三頁を参照。
（16）岩本裕著『仏教と女性』、第三文明社、五二頁。
（17）同右、五二頁。
（18）正確には、mahā-yānaではなく、最後のaが脱落した「マハー・ヤーン」（mahā-yān）の音写である。このように単語の末尾のaが脱落することは、中央アジアでよく起こった。「ダーナ」（dāna、檀那）が「ダーン」（dān）となって「檀」、パーリ語の「ニッバーナ」（nibbāna）が「ニッバーン」（nibbān）となって「涅槃」と音写されたのもそのためである。
（19）拙訳『サンスクリット版全訳　維摩経　現代語訳』（角川ソフィア文庫）、二二六～二四〇頁。
（20）拙訳『サンスクリット版縮訳　法華経　現代語訳』（角川ソフィア文庫）、二一二～二一八頁。
（21）日蓮著・植木雅俊訳『日蓮の手紙』（角川ソフィア文庫）、二三三～二七八頁。
（22）「第一章　自己の探求」を参照。
（23）日蓮著・植木雅俊訳『日蓮の手紙』（角川ソフィア文庫）、七六～九三頁。
（24）同右、四五三～四八一頁。

第六章

# 人間離れした諸仏・菩薩への批判

『法華経』が編纂された頃には、イランなどインド国外の神々が、如来や菩薩の名前で仏教に取り込まれることが盛んに行なわれたようである。その代表が弥勒《みろく》（マイトレーヤ）菩薩である。『法華経』や『維摩経』などでは、弥勒菩薩に対する痛烈な皮肉がつづられている。その弥勒菩薩が、「寿量品廿七箇《にじゅうなな》の大事」の中の「第廿六　寿量品の対告衆の事」で取り上げられている。

**第廿六　寿量品の対告衆の事**

御義口伝に云く、経文《きょうもん》は弥勒菩薩なり。然《しか》りと雖《いえど》も、滅後を本とする故に、日本国の一切衆生なり。中にも日蓮等《ら》の類《たぐ》い、南無妙法蓮華経と唱え奉る者、是《これ》なり。

〔以下、略〕

「対告衆《たいごうしゅ》」とは、釈尊が説法の相手として特別に選んだ相手のことである。日蓮は、寿量品の対告衆をまず、**「経文は弥勒菩薩なり」**と述べている。『法華経』では、弥勒菩薩の要請に応じて如来寿量品第十六が説かれているから、弥勒菩薩が対告衆になっていると言える。ところが、弥勒菩薩の要請の内容は、次のようになっている。

我等は仏より聞きたてまつれば、此《こ》の事《じ》に於《お》いて疑《うたがい》無し。願わくは、仏よ、未来の為《ため》に演説して開解《かいげ》せしめたまえ。

（植木訳『梵漢和対照・現代語訳　法華経』下巻、二一〇頁）

従地涌出品《じゅうじゆじゅつぽん》第十五で出現した無数の地涌《じゆ》の菩薩を見て、あまりの立派さに圧倒された弥勒菩薩らは、「これらの菩薩をいつ、誰が教化《きょうけ》したのか」という疑問を抱いた。それに対して釈尊は、「久遠以来、私がこれらの人たちを教化してきたのだ」と答えた。その答えを聞いて、自分たちは、釈尊から直接説明を聞くことができたので信ずることができるが、未来の人たちは、信ずることが困難であろうということで、弥勒菩薩が説法を要請した。寿量品は、この流れで説かれていて、ここに、「未来の為に演説して開解せしめたまえ」とあることからも、**「然りと雖も、滅後を本とする」**ということになる。

ということは、日蓮にとって寿量品の対告衆は、**「故に、日本国の一切衆生なり」**ということになるし、今日的には、閻浮提《えんぶだい》、すなわち全世界の衆生にまで拡大されよう。それも、『妙法蓮華経』に南無してこそ、寿量品に展開された境地を体現できることになるから、**「中にも日蓮等の類い、南無妙法蓮華経と唱え奉る者、是なり」**と論じている。

『法華経』『維摩経』等で批判された弥勒菩薩

ここでは、滅後の衆生のことを強調するのに、なぜ弥勒菩薩が対告衆に選ばれたのかということについて検討してみよう。

弥勒菩薩は、この上ない正しく完全な覚り（阿《あ》耨《のく》多《た》羅《ら》三《さん》藐《みゃく》三《さん》菩《ぼ》提《だい》）に到るまで、あと一度の生涯だけこの迷いの世界に留まっている（一生補処《いっしょうふしょ》）と、釈尊から予言（授記《じゅき》）され、釈尊と入れ替わりに五十六億七千万年後に出現する未来仏だとされていた。現時点では、菩薩として兜《と》率《そつ》天《てん》（トゥシタ天）に待機しているという。『維摩経』や『法華経』が編纂されたのは、そのような弥勒信仰（弥勒菩薩待望論）が盛んになっている頃のことであった。

「第三章　日蓮の時間論」（一八九～一九一頁）でも触れたように、『法華経』と『維摩経』のサンスクリット原典を翻訳していて思ったことは、これらの経典は、弥勒菩薩に対して皮肉に満ちた厳しい態度が共通していることであった。

『法華経』では、序品第一で文殊師利《もんじゅしり》（マンジュシリー）菩薩が過去世における一人の菩薩を次のように紹介している。

> 怠《なま》けもので、利得を貪《むさぼ》り、名声が知れわたることを求める一人の菩薩がいた。その菩薩は、自分のために繰り返して教えられたことも忘れてばかりいた。その菩薩に〝名声を求めるもの〟（求名《ぐみょう》）と命名された。
>
> （植木訳『サンスクリット版縮訳　法華経　現代語訳』、二九頁）

その〝名声を求めるもの〟（求名）こそ、ほかならぬ過去世における弥勒菩薩であったことが明かされる。ここには、未来仏としての偉大さのかけらも感じられない。だらしなくて、情けない、不名誉極まりない菩薩として、弥勒は描かれている

さらに、従地涌出品第十五では、大地の下から出現した無数の菩薩（地涌の菩薩）の偉大な姿に圧倒されることに始まり、それらの菩薩たちを遥かな過去から教化してきたという釈尊の言葉が理解できず、その疑問について弥勒菩薩が釈尊に質問するという設定になっている。

その疑問に答えて釈尊は、如来寿量品第十六で、遥かな久遠において既に成道していたことを告げる。釈尊は、それだけの長い寿命をもってこの娑婆《しゃば》（サハー）世界で常に説法教化《せっぽうきょうけ》していて、永遠の菩薩道を貫いている永遠のブッダであることが明かされた。

この教示を聞いて、弥勒菩薩は、分別功徳品第十七の冒頭で次のように感想を述べた。

指導者（釈尊）の寿命の長さがいかに無限であるのか、私たちは、かつて聞いたことがありません。

（同、二八〇頁）

これは、釈尊の寿命の長さが無限であるのだから、五十六億七千万年後の弥勒菩薩の出番はないということを、弥勒菩薩自身に語らせたものだ。痛烈な皮肉である。

『法華経』の少し前の紀元一世紀に編纂された『維摩経』にも、出家の菩薩である弥勒が、在家の菩薩である維摩詰《ゆいまきつ》（ヴィマラキールティ）からやり込められる場面が見られる。維摩詰は、弥勒菩薩がこの一生だけ迷いの世界に縛られていて、次に生まれる時は仏となる（一生補処《いっしょうふしょ》）と予

言（授記）されているということをやり玉に挙げる。

維摩詰は、弥勒菩薩に、いつ、どのようにして予言されたのかと問う。この問いは、弥勒菩薩が歴史上の人物ではなく、イランのミトラ（mitra）神を仏教に取り入れて考え出された架空の人物であり、歴史上の事実ではないことを突いた追及であろう。

弥勒菩薩があと一回だけ生まれてきて、釈尊に代わってブッダになると予言されているということについても、「どうして、あなただけなのか？　一切の衆生、あらゆるものごと（一切法）、一切の聖者、そしてあなたにも真如（あるがままの真理）が具わっている。あなたが、あと一回の誕生でブッダとなると予言されているのだったら、一切衆生もブッダになると予言されているのだ」といった主旨で、維摩詰《ゆいまきつ》からやり込められる（植木訳『サンスクリット版全訳　維摩経　現代語訳』、一三五～一三七頁）。

そして、維摩詰が弥勒菩薩に言った。

マイトレーヤが、覚りを完全に覚る時、あらゆる衆生もまた、まさに同じ覚りを完全に覚るであろう。それは、どんな理由からか？　あらゆる衆生が覚知することこそが、覚りであるからだ。（同、一三七頁）

原始仏典において釈尊は、自分が覚った「法」は、自分の占有物などではなく、あらゆる人に開かれていて、万人が覚ることができると説いていた。自分だけが特別な存在だとは言っていない。初転法輪において、五人の弟子たちが覚った場面の描写においても、その覚りの内容は、釈尊の場合と何ら変わりない表現がなされていた。どうして、弥勒菩薩だけ特別なのだ――という道理にかなった追及である。誰か、特定の人を特別扱いすること自体が、本来の仏教とは異なるものだ。

『維摩経』菩薩品第四§51の末尾に、

マイトレーヤよ、今、これらの神々の子たちを甘言《かんげん》でそそのかしてはならない。欺《あざむ》いてはならない。（同、一三七頁）

とあるのは、弥勒信仰、弥勒菩薩待望論という「甘言」で人々をそそのかしてはならないということであろう。

弥勒信仰が強まったのは、クシャーナ王朝（一～三世紀）になってからのことで、イランのミトラ（**mitra**）神を取り込んでマイトレーヤ（**maitreya**、弥勒）菩薩が考え出されたとして、イランの影響が指摘されている。ガンダーラ仏教美術では、釈尊の成道以前（＝菩薩）と成道以後（＝ブッダ）の像、そして弥勒の菩薩像が礼拝《らいはい》の対象として彫刻されていた。ガンダーラ地方で、弥勒菩薩の像が多数、発掘されていることからも、イランの影響が指摘されている。ガンダーラ美術の影響を受けた中《ちゅう》インドのマトゥラーやアヒチャトラでも水瓶《すいびょう》を持ったガンダーラ様式の弥勒菩薩像が見られる。その二例には、「マイトレーヤ像」を意味する文字が刻まれている。

弥勒信仰に基づく弥勒菩薩待望論は、釈尊滅後に大乗と小乗のいずれにも受け入れられていた。歴史上の人物である釈尊を差し置いて、架空の仏・菩薩を待望することに疑問を抱く人たちがいたのであろう。ガンダーラで作られた『雑譬喩経《ぞうひゆきょう》』の冒頭（大正新脩大蔵経、巻四、四九九頁中）には、弥勒菩薩に会うまでは死んでも死にきれないと言い張っていた高僧の話が登場する。弟子たちから「弥勒の教えには、六波羅蜜《ろくはらみつ》や、四無量心《しむりょうしん》、四恩《しおん》、四諦《したい》の教えと何か異なる点があるのでしょうか」「異なることがないのなら、弥勒の出現を待つ必要などないではありませんか。今、釈尊の恩を受けていながら、どうしてそれに背いて弥勒に帰依《きえ》するのですか」と諭《さと》されて目が覚め、弥勒菩薩の出現を待つことなく阿羅漢《あらかん》に達して入滅したという話である。

こうした話が経典として作られたということは、歴史上の人物である釈尊を差し置いて、架空の仏・菩薩を待望する弥勒信仰に納得できない人たちが仏教徒の中にいたということであろう。

イランのミトラ神など、外来の神格が仏・菩薩として仏教に取り込まれるのに伴い、西洋の一神教的絶対者のような宇宙大の永遠だが抽象的な如来（法身仏《ほっしんぶつ》）が考え出され、本来の仏教の人間観・ブッダ観とはかけ離れたものになる傾向が出てきた。その代表が、ゾロアスター教の最高神アフラ・マズダーに起源をもつとされる毘盧遮那《びるしゃな》（vairocana）仏である。

中村元先生は、「西洋においては絶対者としての神は人間から断絶しているが、仏教においては絶対者（＝仏）は人間の内に存し、いな、人間そのものなのである」（『原始仏教の社会思想』〈決定版〉中村元選集、第一八巻、二六一頁）と言われていた。仏教では本来、人間からかけ離れた絶対者的存在を立てることはない。決して個々の人間から一歩も離れることはない。仏教は、人間を原点に見すえた人間主義であり、人間を〝真の自己〟（人《にん》）と、人間としてあるべき理法（法《ほう》）に目覚めさせるものであったのだ。

## 如来の巨大化への批判

『法華経』の中でも比較的遅れて追加された妙音《みようおん》菩薩品第二十四に、浄華宿王智《じようけしゆくおうち》如来という仏の住む世界から妙音菩薩が、釈尊の住む娑婆世界に訪ねてくる場面が描かれている。妙音菩薩が出かけようとすると、その如来が忠告した。

「サハー（娑婆）世界は、山の起伏があり、泥土でできており、カーラ山によって囲まれ、糞尿の不浄物が満ちている。〔中略〕しかも、シャーキャムニ如来も、菩薩たちも背の低い体つきをしている。ところが、あなたは、身長が四百二十万ヨージャナの身体を得ている。私は六百八十万ヨージャナの身長である。〔中略〕あなたはサハー世界に行って、如来についても、菩薩たちについても、そのブッダの国土についても劣ったものという思いを生じてはならない」と。

（植木訳『サンスクリット版縮訳　法華経　現代語訳』、三六〇頁）

妙音菩薩と浄華宿王智如来の身長は、私の計算では、それぞれ地球と月の距離の約百六十倍と、二百六十倍という巨大さだ。極端な如来の巨大さと、この忠告は何を意味するのか？

この章が追加された頃、仏教界では種々の如来が考え出されるようになっていた。それらの如来は巨大化される傾向にあった。特に毘盧舎那仏は、生身《なまみ》の人間である釈尊を超える宇宙大の仏とされた。

この『法華経』の編纂者《へんさんしゃ》は、如来の巨大化傾向に疑問を抱いていたのであろう。浄華宿王智如来の仏国土の名前を、鳩摩羅什は「浄光荘厳《じょうこうしょうごん》」と漢訳し、私は「太陽の光明によって荘厳されているところ」と訳したが、サンスクリット語ではヴァイローチャナ・ラシュミ・プラティマンディター（**vairocana-raśmi-pratimaṇḍitā**）となっていて、ヴァイローチャナ（毘盧舎那）という文字を用いているところにもその意図が感じられる。

いわゆる小乗仏教は、歴劫修行《りゃっこうしゅぎょう》と言って、何劫（$10^{24}$年）もの天文学的な時間をかけて修行してやっと仏になったとか、常人にはない身体的特徴の三十二相・八十種好がブッダに具わっているなどとすることにより、ブッダを人間離れしたものに神格化した。「歴劫修行しなければ仏になれない。出家者の我々も、仏にはなれないけれど、阿羅漢にはなれる。在家のお前たちは、阿羅漢にもなれない。ましてや女性は、穢《けが》れていて成仏できない」――このようにして、釈尊を人間離れしたものに神格化することで、人間を卑小化させた。一部の大乗仏教が如来を巨大化させたことは、人間だけでなく歴史的人物としての釈尊までも卑小化させたことになる。

妙音菩薩に対する浄華宿王智如来の忠告は、当時の仏教界の実情に対する忠告であろう。如来や菩薩を偉大／巨大なものとする一方で、人間を卑小なものとすることは、本来の仏教思想と相反する。『増一阿含経』第二八巻によると、釈尊自ら「私は人間に生まれ、人間に長じ、人間においてブッダとなることを得た」（大正蔵、巻二、七〇五頁下）と語っていた。仏教は人間主義であり、人間を離れてブッダの覚りはない。

『法華経』は「如我等無異《によがとうむい》」と言って、「一切の衆《しゅ》をして、我が如《ごと》く等しくして異なること無《な》からしめん」（植木訳『梵漢和対照・現代語訳　法華経』上巻、一一〇頁）という思想であり、そこに説かれる釈尊は、我々の娑婆世界に偉大なる人間として常住し、永遠の菩薩道を実践し続けている。その釈尊は、肉体的にはちっぽけな存在かもしれないが、人間の中にあって同等・対等に振る舞い、人間としてのあるべき理法を探求することを説いた。まさにそれが、中村元先生の探求されていた〝人間ブッダ〟の実像であった。

『法華経』は、人間として人間対人間の関係性を通して、対話（言葉）によって人々を覚醒させる行為を重視していて、その模範として『法華経』の常不軽菩薩の振る舞いが示されていた。そこにおいて、身体の大小など全く関係ない。身体の大小が人の貴賤を決めるのではないのだ。「法、妙なれば人貴《とうと》し」である。

## 「自己」と「法」からの逸脱

入滅間近の釈尊の言動を記録した原始仏典の『大パリニッバーナ経』には、「今でも」「わたしの死後にでも」「誰でも」という三つの条件を挙げて、「自らをたよりとし、他人をたよりとせず、（中略）法をよりどころとし、他のものをよりどころとしない」人こそが、「最高の境地」に達するということを〝遺言〟のように言い残していた。釈尊の在世中にも、釈尊の入滅後にも、誰であっても、拠り所とすべきものは、「自己」と「法」なのだ。

ところが、いつの間にか弥勒菩薩や、毘盧遮那仏、阿弥陀如来などといった、「自己」とも、「法」とも異なるものが強調されるようになったのである。それは、本来の仏教からの逸脱以外の何物でもない。

『法華経』と『維摩経』は、このような原始仏教からの逸脱の代表である弥勒菩薩に対する皮肉や批判を展開したと言えよう。

だから、寿量品の対告衆として、この御義口伝で**「滅後を本とする故に、日本国の一切衆生なり」**として、弥勒菩薩待望論を一蹴して、滅後の衆生、すなわち特定の誰かではなく、人間のために説かれていたのだと、日蓮は述べている。

ところが、この御義口伝の後半部には、**「弥勒とは末法法華の行者の事なり。弥勒をば慈氏と云う。法華の行者を指すなり」**とある。

これは、弥勒と音写されたサンスクリット語の maitreya が、「情け深い」という意味を持ち、それは、maitra（親切な、友情のある）、maitrī（慈しみ、好意、友情）とともに mitra（友達）から造られた派生語であることから「慈氏」とも意訳された。

こうして、(1)「弥勒」は「慈氏」とも漢訳される。(2)「慈氏」とは「慈しみを体現した人（菩薩）」といった意味。(3)それは、「法華経の行者」のことである――このような論法で、弥勒菩薩を法華経の行者として評価している。これは「慈氏」と漢訳された文字の意味だけに注目して、弥勒菩薩が仏教に取り込まれた歴史的背景を認識できずに、なされた判断であり、『法華経』が、批判的な意味をもって弥勒菩薩を序品、涌出品、寿量品、分別功徳品に登場させた意図からかけ離れてしまうことになる。従って、本書では後半部分を割愛した。

第七章

# 神通力の意味の塗り替え

「神通力」というと、激しい仏道修行の結果得られる超自然的で特殊な能力であると思っている人が多いようである。それは本来、仏教とは関係ないもので、釈尊によって否定されていたにもかかわらず、長い仏教史の中で、いつの間にか仏教の装いをもって取り込まれてしまった経緯がある。その「神通力」について日蓮は、「寿量品廿七箇の大事」の中の「第二　如来秘密神通之力《にょらいひみつじんつうしりき》の事」において、神がかり的な意味から脱却する論理を展開していて注目される。

**第二　如来秘密神通之力の事**

御義口伝に云く、無作三身《むささんじん》の依文《えもん》なり。此の文に於《おい》て重重の相伝之《これ》有り。**神通之力**とは、我等衆生《しょう》の作作発発《ささほっほつ》と振舞う処《ところ》を神通と云《い》うなり。獄卒《ごくそつ》の罪人を苛責《かしゃく》する音《こえ》も、皆神通之力なり。生住異滅《じゅういめつ》の森羅三千《しんらさんぜん》の当体、悉《ことごと》く神通之力の体なり。今、日蓮等の類《たぐ》いの意《こころ》は、即身成仏《そくしんじょうぶつ》と開覚するを如来秘密神通之力とは云うなり。成仏するより外の神通と、秘密とは之《こ》れ無きなり。

〔以下、次章に続く〕

## 寿量品のあらすじ②

寿量品第十六に先立って、涌出品第十五で地涌の菩薩が出現した。それによって、そこに参列していた菩薩をはじめとする大衆が、あまりにも立派なその姿に驚き、圧倒されて、「これらの大いなる神通を持つ菩薩たちは、どこから、何故にやって来たのか?」「誰が、これらの菩薩たちに法を説いたのか?」という疑問を抱く。それに対して、釈尊が「久遠よりこれらの人たちを教化してきた」と答えた。それでも、釈尊が成道したのは四十数年前のことであり、そのような短期間にどうしてこれほど無数の人たちをここまで教化できるのかという疑問が次に生ずる。それに応えて寿量品が説かれた。それは、次の場面から始まる。


その時、仏は多くの菩薩たちと、すべての人々に告げられた。

「良家の子どもたちよ、あなたたちは、今こそ如来の真実の言葉を信解しなさい」

仏は再び、人々に告げられた。

「あなたたちは、今こそ如来の真実の言葉を信解しなさい」

仏はまたまた、人々に告げられた。

「あなたたちは、今こそ如来の真実の言葉を信解しなさい」

この時、大勢の菩薩たちは、弥勒菩薩を代表として合掌して仏に申し上げた。

「世尊よ、お願いですから、これを説いてください。私たちは、今こそ仏の言葉を信受いたます（我等当信受仏語《がとうとうしんじゅぶつご》）」

このように三度にわたって申し上げて、さらに言った。

「世尊よ、お願いですから、これを説いてください。私たちは、今こそ仏の言葉を信受いたします」

その時、世尊は、多くの菩薩たちが三度まで懇請してやまないのをお知りになって、彼らに告げて言われた。

「あなたたちよ、明らかに聴きなさい。**如来の秘密の神通の力を**」

本章の御義口伝に関連する部分のあらすじは大要、以上のようになっている。ここに釈尊とマイトレーヤ（弥勒）菩薩とのやりとりが三回繰り返されている。これは、「今から重要な法門を説くぞ」ということを示唆するときの常套《じょうとう》の手段である。

ここに、「如来秘密神通之力」という言葉が出てくるが、本章ではこの八文字についての御義口伝である。

### 十方三世の諸仏について

日蓮は、この「如来秘密神通之力」という文について「**無作三身の依文なり**」として、無作三身という考えの依り所となるものだと述べている。この一節を文字通りに読むと、「如来」の「秘密」としての「神通之力」となる。

天台大師は、『法華文句』巻九下において、これらの「如来」「秘密」「神通之力」のそれぞれについて、次のように説明している。まず、「如来」については、

如来とは、十方三世の諸仏、二仏、三仏、本仏・迹仏の通号なり。

（大正蔵、巻三四、一二七頁下）

これらは、釈尊滅後に考え出された如来の種々相である。「十方三世の諸仏」の前半部は、四方・八方に上下を加えた「十方」の全空間において存在すると考えられた諸仏のことである。地球だけが特別であることはなく、広大な宇宙に生命が存在していると考えるのは自然なことであり、そこに如来のような存在がいると考えるのも、また何ら不自然なことではない。ただ、我々が生息している天の川銀河だけでも端から端まで光の速さ（秒速三十万キロメートル）で横断したとしても十万五千年かかる。他の銀河に如来がいたとしても、我々との接触は不可能と言えよう。「十方の諸仏」は、空間の平等性から考え出される当然の帰結であるが、「三世の諸仏」も、時間の平等性から、如来は何も現在だけ存在するのではなく、過去にも、未来にも存在すると考えるのはごく自然なことである。しかし、イギリスの理論物理学者スティーヴン・ホーキング博士（一九四二～二〇一八）が言っていたように、タイムマシンなどあり得ないのだから、現在に生きている我々にとって、そのような存在との接触もあり得ないと言えよう。

「十方の諸仏」にしても、「三世の諸仏」にしても、その存在自体は否定されるべきものではな

いが、我々との接触の可能性としては、限りなくゼロに近いと言うしかない。

## 二身論から三身論へ

次の「二仏」とは、「第一章　自己の探求」（一一三〜一一九頁）で触れた二身論の如来のこと、「三仏」とは三身論の如来のことである。仏教史的に「二仏」は、釈尊の滅後、〝具体的だが有限〟の応身如来である釈尊と、〝抽象的だが永遠〟の存在としての法身如来とでは、どちらが勝れているかという二身論の議論の中で成立した如来の概念であった。有限と永遠という両者の両極端の隔たりを調整しようとして、両者を折衷《せっちゅう》した〝具体的かつ永遠〟の存在としての報身如来が追加されて「三仏」となり、三身論が展開された。このようにして、「二仏」や「三仏」のいずれが勝れているかといった議論が展開された。こうして、人間からかけ離れた架空の存在でしかない如来が考え出されたと言えよう。「第一章　自己の探求」でも述べたように、「二仏」や、「三仏」を考え出したことは、本来の仏教の「人」と「法」の関係からすれば、余計なことであった。

紀元一世紀頃に編纂された『維摩経』は、既に仏国土も、如来の身体も人間からかけ離れたところには存在しないということを強調していた(1)。それにもかかわらず、その後、それらは人間離れしたものにされていった。

## 一身と三身の相即

仏教史上、応身如来や、報身如来、法身如来という言葉が既成事実化してしまった中で、天台大師智顗は、人間からかけ離れることのない如来の在り方を何とか取り戻そうとしたように思われる。それが、「如来秘密神通之力」の「秘密」という言葉に、彼なりの意義付けをすることによってなされている。先の『法華文句』巻九下の言葉の後に出てくる次の一節が、それである。

秘密とは、一身即三身なるを名《なづ》けて秘と為《な》し。三身即一身なるを名けて密と為す。又昔《また》より説かざる所を名けて秘と為し。唯《ただ》仏のみ自ら知るを名けて密と為す。（同、一二九頁下）

ここで、「一身即三身」と「三身即一身」とが、どちらが「秘」で、どちらが「密」になるかは、どっちでもいいと思う。要するに、「一身」と「三身」が相即していて、人間を離れて仏身はないということを漢文的なレトリック（言い回し）(2)で、二つに分けて表現しただけのことである。

「秘」と「密」に分けることに意味があるのではなく、「秘密」とされることの内容には、「一身即三身」と「三身即一身」の二点があると言っているにすぎない。すなわち、三身を対立的にとらえたり、個別に取り出してどれか一つを強調したりする在り方を否定して、相即したものとして融合させることを意図している。それは、法身如来という在り方のみを強調するような人たちも知らないことであり、それは、これまで説かれることのなかった（秘）、仏のみが知っていること（密）だという意味で「秘密」であると天台は意義付けたのである。それについては、次のような言葉もある。

仏は、三世に於《お》いて等しく三身有り。諸教の中に於いて之《これ》を秘めて伝へたまわず。
（同、一二九頁下）

このことを、歴史的な経過を踏まえて言いなおせば、三身がバラバラの如来などいるわけがなく、一身と三身の相即など、こと改めて言う必要もなかった。ところが、釈尊の滅後に二身論や三身論が論じられるようになり、三身のいずれか一身を取り出して、他の二身よりも勝れているなどと主張されるようになった。だから、一身と三身の相即が改めて説かれることになった――ということを「秘」と「密」と表現したのである。

その上で、「三身」のそれぞれが、どのように「一身」に具足するのかということを言うために、「神通之力」という言葉から「三身」のそれぞれに意味付けを行なった。それが、次の一節である。

神通之力とは、三身の用《ゆう》なり。神《しん》は是れ天然不動の理、即《すなわ》ち法性身《ほっしょうしん》なり。通《つう》は是れ無壅《むよう》不思議の慧、即ち報身なり。力《りき》は是れ幹用《かんゆう》自在、即ち応身なり。
（同、一二九頁下）

「神通之力」がその三身の働き（用）を示しているとして、まず「こころ」「たましい」という意味を持つ「神」を、自然のしからしむる人為《じんい》を超えた揺るぐことのない真理（法）として、真理を身体とするものである法性身、すなわち法身に割り当てた。「通」という漢字に「自在に滞りなく行きわたる」という意味があるので、天台大師は、遮《さえぎ》られることのない（無壅）、思議すべからざる智慧のことだと意義付けし、報身如来のことだとした。「力」には「外に現われる働きのもと」「ものを動かす作用」という意味があるので、ものごとに働きかける能力が自在であるものという意味にとらえて、応身如来のことだとした。

## 無作三身の依文

このようにして、天台大師は三身のそれぞれが、対立的に、また個別に存在しているのではなく、一人の如来に具わっているものであり、それぞれが切り離されて存在することはないとして、当時の二身論、三身論の軌道修正をしようとしたと言えよう。また、人間からかけ離れた存在に祀り上げることを批判したとも言える。

伝教大師は、天台大師の考えを踏まえたうえで、「無作の三身」という表現を用い、日蓮もこの『御義口伝』において、「無作の三身」という表現を随所で用いている。そのような意味で、日蓮は「無作三身の依文なり」と言ったのであろう。それは、「三身」という言葉に人間離れしたイメージを持たせることに対抗したもので、「はたらかさず、つくろわず、もとの儘《まま》」の最も人間らしい如来であることを強調しようとしたのであろう。

## 本仏と迹仏について

最後の「本仏・迹仏」という分類法は、「本仏」が諸仏を統括する根本の一仏であるのに対して、「迹仏」は、その「本仏」が仮の姿をもって現われたとする仏のことである。これも、仏教史において多くの諸仏が考え出された中で、歴史上の人物である現実の釈尊を「本仏」、架空の人物として考え出された三世十方の諸仏を皆、「迹仏」としている。それは、この寿量品で、釈尊自らが「私は久遠以来、ずっといろんな国土に、いろんな名前の如来として出現して教化してきた」と述べることによって、釈尊滅後に考案された諸仏を釈尊に統一しようとしたことを踏まえれば理解できよう。ここの「私」が「本仏」で、「いろんな名前の如来」が「迹仏」である。これも、根本とすべき本来の仏は、人間が考え出した架空の諸仏ではないということを意図していると言えよう。

## 架空の如来への批判

これらの如来の分類法の中で二身論、特に三身論が最も問題とされたのであろう。天台大師智顗は、それに対しての対応を迫られたようだ。その対抗策が「三身即一身」「一身即三身」という考え方の導入であった。

天台は、この三身について、『摩訶止観』巻六下でも、境《きよう》について法身《ほつしん》となし、智《ち》について報身《ほうしん》となし、起用《きゆう》について応身《おうじん》となす。
（大正蔵、巻四六、八五頁上）

と、定義しているが、これは、仏教史において登場した当初の三身の意義からすれば、観点が異なっていると言えよう（「第一章　自己の探求」の一一三〜一一九頁を参照）。何とか、三身を本来の如来の在り方に戻そうとするための意義付けだと言える。三身のそれぞれを、一仏に具わる「真理」「智慧」「振る舞い」という三つの面からとらえたものだとして、三つの仏が別々に存在しているのではないと論じたのだ。三身といっても一身にすべて具わっているのであり、逆に一身だけを取り出しても、そこにはおのずから三身が具わっているとして、三身のどれか一つ、特に法身如来を取り出して、他の二身より勝れていると強調することの不本意を主張したのである。

それなのに、経典によっては、法身のみで身体（応身）を具えない仏が登場してきたりするなど、三身がバラバラで説かれたものもある。そういう仏は、現実にあり得るはずのものではなく、抽象的、架空の存在であり、現実に衆生を救済することはできない。

このように、仏は三身をすべて具えており、衆生や娑婆世界という現実からかけ離れた存在ではなく、「法」という「真理」をわが身に体現して、現実の中で「智慧」によって清浄の仏性を発現し、無限の慈悲をもって衆生を救う「振る舞い」をなすものであるべきだという思いを込めて、「一身即三身」「三身即一身」と言った。だからこそ、この現実社会の中に生きる衆生を救済することができると言うのである。

それに対して、大日如来《だいにちにょらい》（毘盧遮那仏《びるしゃなぶつ》）や、薬師如来、阿弥陀如来《あみだにょらい》といった仏は、人間が頭で考え出した架空の如来であり、この娑婆世界という現実とは無縁の仏であり、衆生を救済することはできないと日蓮は随所で述べている。例えば、

大日の父母なし。説所なし。生死《しょうじ》の所なし。有名無実《うみょうむじつ》の大日如来なり。

（『諸宗問答抄』）


大日如来は、何《いか》なる人を父母として、何《いか》なる国に出で、大日経を説き給《たまひ》けるやらん。

（『祈禱抄』）


大日の出世《しゅつせ》・成道《じょうどう》・説法《せっぽう》・利生《りしょう》は、釈尊より前か後か、如何《いかん》。対機説法《たいきせっぽう》の仏は、八相作仏《はっそうさぶつ》す。父母は誰れぞ。名字《みょうじ》は如何《いか》に。

（『真言見聞』）


阿弥陀如来・薬師仏《やくしぶつ》・大日等は、他土《たど》の仏にして、此《こ》の世界の世尊にてはましまさず。

（『善無畏三蔵抄』）


阿弥陀仏は、我等が為《ため》には主ならず。親ならず。師ならず。

（『主師親御書』）

諸仏は、又《また》世尊にてましませば、主君にてはましませども、娑婆《しゃば》世界に出でさせ給はざれば、師匠にあらず。

（『祈禱抄』）

大日経、並《ならび》に諸大乗経の無始無終は、法身の無始無終なり。三身の無始無終に非《あら》ず。

（『法華真言勝劣事』）

これらの引用文では、報身仏とされる阿弥陀如来と薬師如来、そして法身仏とされる大日如来などが、誰を父母として、いつ、どこで、現実社会に生まれてきて、どこで説法し、どこで涅槃《ねはん》したのかということを問題にしている。これらの問いに、何ら答えることができない。それは、「兎《うさぎ》の角《つの》」や「亀の毛」のように、あるいは「丸い三角形」のように名前（言葉）のみあって、その実体が存在しない「有名無実《うみょうむじつ》」、すなわち架空の人物にすぎないからだと批判している。

このように、実在しない架空の存在についての追及は、釈尊自身も原始仏典で行なっていた。それは、「第八章　仏教における信」（三六九〜三七一頁）で論ずることにする。

## 人間関係において展開されるブッダの活動

釈尊自身は、「八相作仏《はっそうさぶつ》」と言って、①下天《げてん》、②託胎《たくたい》、③誕生、④出家、⑤降魔《ごうま》、⑥成道《じょうどう》、⑦転法輪《てんぼうりん》、⑧涅槃《ねはん》――の八段階、すなわち、①トゥシタ（兜率《とそつ》）天から人間界に下り、②マーヤー（摩耶《まや》）夫人の胎内に宿り、③その脇の下から生まれ、④人生の苦悩に目覚めて出家し、⑤魔の妨害を降《くだ》して、⑥ついに覚りの境地に達し、⑦人々に説法して、⑧八十年の生涯を閉じた――という具体的姿を示してブッダとしての活動を展開した。それは「対機説法《たいきせっぽう》」といって、仏は、人間対人間の対話を通じて、あるいは現実の人間関係において法を説いてはじめて、人々を救済することができるということである。

仏は、人々を利するものであるが、それは、主・師・親の三徳を通じてなされる。「寿量品廿七箇の大事」の中の「第十六　我亦為世父《がやくいせぶ》の事」において、

> 本門の仏の主・師・親の三徳は、主の徳は我此土安穏《がしどあんのん》の文《もん》なり。師の徳は常説法教化《じょうせっぽうきょうけ》の文なり。親は此《こ》の我亦為世父《がやくいせぶ》の文是《これ》なり。

とあるように、「主の徳」は、「此の土を安穏ならしめる徳」であり、社会的に衆生を守るという働きの徳である。「師の徳」は、「衆生に説法し教化する徳」だから、正しい思想や人生観を説いて、人生を誤らせないという教育的な働きの徳と言えよう。「親の徳」は、「世の父としての徳」であり、慈悲をもって命を守り育む徳である。主・師・親の三徳というと、何か特別な人に具わる神格化された働きかと思いきや、そうではなくて、現実世界にあって具体的人間関係において、誰にとっても他者を利するための三つの在り方と言えよう。

それに比べて、阿弥陀や、大日、薬師などの如来は架空の人物であるから、現実社会において「八相作仏」の一つとしても示現することはなく、主・師・親の三徳のいずれをもってしても、

我々を利することはあり得ない。日蓮は、この点を批判しているのである。

また、それらの如来の住する国土が、我々の住む娑婆世界以外であることについても日蓮は、次のように論じている。

### 何ぞ煩しく他処を求めんや

問ふて云《いわ》く、法華経修行の者、何《いず》れの浄土を期す可《べ》きや。答へて云く、法華経二十八品の肝心たる寿量品《じゅりょうほん》に云く、「我れ常に此《こ》の娑婆《しゃば》世界に在り」と。亦《また》云く「我れ常に此《ここ》に住す」。亦云く「我が此《こ》の土は安穏」文、此の文の如《ごと》くんば、本地《ほんち》久成《くじょう》の円仏（筆者注・久遠実成の本仏）は此の世界に在《いま》せり。此の土を捨てて、何れの土を願ふ可《べ》きや。故に法華経修行の者の所住の処《ところ》を浄土と思ふ可し。何ぞ煩《わずらわ》しく他処を求めんや。

（『守護国家論』）

『法華経』に説かれる浄土を日蓮は〝霊山浄土《りょうぜんじょうど》〟と呼んでいるが、それは『法華経』を実践する人のいる所のことだとして、「他処」を求めることを批判している。ここで批判されている「他処」としての極楽浄土は、「西方十万億土」の彼方に存在しているとされる。「十万億土」は「一万の十億土」と書き直すことができ、「十億の国土」は三千大千世界のことであり、[3]「第三章　日蓮の時間論」（一七〇頁）でも言及したように、それは銀河系宇宙に匹敵する。だから、「十万億土」は「一万個の銀河系宇宙」を意味する。一つの銀河系宇宙の直径は光の速さで飛んで行っても十万年以上かかる。それを一万個通り過ぎた彼方だというのは、光の速さで飛んで行っても何百億年、何千億年かけても到達できないところだということになる。人類で初めて南無阿弥陀仏を唱えた人は、二千年ほど前でしかない。その人たちが、そこに到達するには、気が遠くなるほどの遠さである。日蓮の言葉通り、「何ぞ煩しく他処を求めんや」と言いたくなる。

このように三身の中のどれか一つを取り出して意義付けしたとしても、人間が考え出した架空の存在であり、現実離れしたものでしかない。「一身即三身」「三身即一身」という表現によって、天台大師は、そのような人間離れした架空の如来ではなく、人間からかけ離れることのない現実的な如来であるべきだと主張しているのだ。

このようなことを考え合わせると、一身と三身が相即しているとして、天台大師が訴えようとしたことは、大変に重要な意義があったわけである。伝教大師は、さらにそれに加えて、ありのままの人間という側面を強調して「無作の三身」と言った。

「如来秘密神通之力」には、以上のような意味が込められているが、日蓮はここで、**「無作三身の依文なり」**と述べるだけで軽く済ませて、**「此の文に於て重重の相伝之有り」**として、それ以下のことを力説している。

### 自然と生命の能動的働きの発現

ここから本題に入って、**「神通之力とは、我等衆生の作作発発と振舞う処を神通と云うなり」**と論じている。日蓮の言う「神通之力」とは、私たち衆生が瞬間瞬間にさまざまな生命活動を行なっていることであり、その能動的な現われが、「作作」「発発」として表現されている。「作」という漢字には、「つくる」「なす」「働く」「起こる」「動く」「働き」「振る舞い」などの意味がある。「発」のほうには、「起こる」「開く」「外に現われ出る」「動く」などの意味がある。いずれも、同様の意味を持っているが、それぞれを二つ重ねることによって、瞬間瞬間、絶えることなく能動的に働きを発現している様子を表現している。

そのように、あらゆる生命の能動的な活動が現われてきたところを「神通」と言っている。「神」には、「かみ」(god)という意味もあるが、ここでは「たましい」「こころ」「精神」のことを意味している。「通」とは、「物事がとどこおりなく行なわれること」「ゆきわたること」を意味している。その「こころ」「精神」が、あらゆるものにゆきわたり、とどこおることなく能動的な働き(作用)を発揮する。それを、日蓮は「神通之力」と言って、元々の「超自然的な特殊な能力」という意味を塗り替えている。

それが、次の一節からも読み取れる。

神通とは、神《たましい》の一切の法に通じて礙《さわり》無きなり、此《こ》の自在の神通は、一切の有情《うじょう》の心にて有るなり。

(『三世諸仏惣勘文教相廃立』)

このように、日蓮の言う「神通之力」とは、すべての生きとし生けるもの(一切の有情)の生命活動の発露として現われきたったすべての働きを意味している。

その具体例として、**「獄卒の罪人を苛責する音も、皆神通之力なり」**を挙げている。ただ、「獄卒の罪人を苛責する音」では、苛責する側である「獄卒の音」ということになるが、ここは、地獄の苦しみの音声を例としたかったようなので、獄卒に苛責される「罪人の音」であるほうが、自然であるように思えてならない。

この箇所は、要法寺版『御義口伝鈔』『昭和定本　日蓮聖人遺文』『日蓮大聖人御書全集』では、それぞれ次のようになっている。

獄卒ハ罪人ヲ苛責ノ音　（要法寺版『御義口伝鈔』）

獄卒ノ罪人ヲ苛責スル音　（『昭和定本　日蓮聖人遺文』）

獄卒の罪人を苛責する音　（『日蓮大聖人御書全集』）

送り仮名の振り方を見ると、要法寺版は文章自体が不自然であり、あとの二つは内容的に不自然である。

なぜこうなったのか、いろいろと考えてみたが、これは、口述している時によく起こる、勘違いだと考えられる。国会で「補正予算」を「ほさんよせい」と発言して質問した議員がいたが、その時、誰もその間違いに気づくことなく議事が進行したという話を、何かで読んだことがあった。口述においては、このような勘違いがよく起こる。この場合も、「獄卒に苛責される罪人の音」と言おうとしたけれども、つい「獄卒の罪人を苛責する音」と言ってしまったのではないか。それが、何の違和感も持たれずにそのまま筆録されて、今日に至っているのであろう。

そうであるならば、地獄の番人に責め苛《さいな》まれた罪人のうめき声も、その罪人の心の現われであり、地獄における「神通之力」だということになる。ここには、極端な例が挙げられているが、ごく普通の日常生活で泣いたり、笑ったり、怒ったり、生命活動に伴う種々の心の現われもすべて「神通之力」ということができる。

このようなとらえ方には、人間離れした超自然的な能力といった意味は、全く見られない。生命現象だけでなく、自然現象のすべての働きが「神通之力」であると言ってもかまわない。それが、**「生住異滅の森羅三千の当体、悉く神通之力の体なり」**ということである。「生・住・異・滅」とは、「成《じょう》・住《じゅう》・壊《え》・空《くう》」と同じことである。一切のものは、形成されて（生）、それが安定して存続し（住）、変化し（異）、「空無」の状態に帰していく（滅）。そして、その四つのリズムを、絶えることなく周期的に繰り返している。宇宙にある一切のものごと（＝森羅三千、あるいは森羅万象《しんらばんしょう》）は、この四つのリズムを繰り返しているのであり、宇宙それ自体も、「作作」「発発」と能動的に変化相を示しており、「神通之力」という働きを示す「当体」なのである。

## 星の生成と変化をもたらす万有引力

宇宙そのものの運行、星の誕生、成長、爆発を引き起こしている原動力は万有引力である。太陽が輝いているのも、水素原子（H）が太陽自身の万有引力で超高密に圧縮され、その時に生ずる超高エネルギーによって核融合反応を起こしているからだ。

ビッグ・バンが起こった数分後の宇宙には、水素原子のみが充満していた。その水素原子同士が、極めて微小な引力でありながら、長大な時間をかけて凝集し、太陽のような巨大な星にまで成長し、巨大な引力によって中心部が圧縮され、陽子一個を持つ水素の原子核同士が融合して、陽子二個の原子核になってヘリウム原子（He）になる。その時、巨大なエネルギーが放出され、引力による圧縮と、核融合エネルギーによる膨張のバランスが取れていることで、一定の大きさを保っている。それが現在の太陽である。すべての水素原子がヘリウムになってしまうと、核融合が起こらなくなるので、再び圧縮が始まり、あるところまで圧縮されると次の核融合が始まり、圧縮と膨張が釣り合って大きさが安定する。

こうしたことを繰り返しながら、酸素（O）や、炭素（C）、ひいては鉄（Fe）の原子が核融合で形成される。私たちの体を作っているすべての原子も、こうやって作られたものである。ここにも万有引力が寄与している。こうして生成され、安定していた太陽も、次第にエネルギーを使い果たし、超新星の爆発を起こして、破壊され、宇宙に散らばり宇宙の塵、星間物質となって「空《くう》」となる。そして、再びこうした物質が、万有引力によって集合して星を形成し始め、以上のリズムが繰り返される。

宇宙があるがゆえに万有引力があり、万有引力があるがゆえに宇宙も星も生成、発展し、変化している。天地創造の神がいるわけでもなく、宇宙がそこにあること自体が、宇宙を生成・変化させているという事実がある。宇宙そのものが、万有引力という「法」の当体と言ってもいいほどである。それは、何も宇宙に限ったことではなく、宇宙に存在する一切のものも同じことであるのだ。

それが、**「生住異滅の森羅三千の当体、悉く神通之力の体なり」**ということである。

また、植物が春になると芽吹き（生）、夏に緑豊かに繁茂し（住）、秋に花を咲かせ、実をつけ（異）、冬に枯れる（滅）。そして、春を待つ。これも、植物の「作作発発」とした営みの発露であり、日蓮の言うところの神通之力と言えよう。万物が、それぞれの個性を発揮して生命を謳歌して神通之力を発現しているのだ。

## 神通力を嫌悪していた釈尊

以上のことから言えるのは、「神通之力」というものを日蓮はごく普通の生命現象や、ごく普通の自然現象としてとらえ直しているということだ。普通、「神通之力」といえば、「神がかり的な超能力」「一般の人間の能力を超えた超人的な能力」などを思い浮かべる。ところが、ここの御義口伝のとらえ方には、そのかけらも見られない。ごく普通の人間的な振る舞い、日常茶飯のできごと、そういったものすべてを、宇宙と生命の働きの自然な現われだとして「神通之力」と称している。ということは、日蓮は、ごく普通の人間らしい在り方こそ重要であると言っているのではないかと思う。それが、本来の仏法であるとも言えよう。そのために、日蓮は、「神通之力」という言葉の意味を塗り替えている。

世間では過去世が見えてきたとか、他人の心が読み取れるとか、遠いところで起こったことを見ることができるとか、先祖のたたりがどうのこうのとか……そういうことで「神通之力」をとらえることが多いと思う。神通力の元々の意味はそれであった。

ところが、本来の仏教ではそのような「通力」を用いることは否定されていた。原始仏典で、歴史上の人物としての釈尊は、

ケーヴァッタよ。わたしが神通力を嫌い、恥じ、ぞっとしていやがるのは、神通力のうちに患《わずら》いを見るからである。

（『ディーガ・ニカーヤI』）

と語り、神通力を否定していた。

## 舎利弗による神通力の否定

また、智慧第一の誉れ高いシャーリプトラ〔舎利弗〕が、男性出家者たちの手記詩集である原始仏典の『テーラ・ガーター』において、わざわざ通力の名前を一つひとつ挙げて、次のように書き残していることも注目すべきことである。

私は解脱して、煩悩のないものとなった。〔しかし〕実に、過去世の生活〔を知る通力〕を得るために、ものごとを見透す天眼《てんげん》〔の通力〕を得るために、他人の心を読みとる〔通力〕を

得るために、死と転生を知る〔通力〕を得るために、聴く働きを浄める〔通力〕を得るために私の誓願が存在するのではない。

（第九九六、九九七偈）

これは、シャーリプトラが、「五つの通力（五通《ごつう》）を得ることを目的として仏道を修行しているのではない」ということを自ら明言した言葉である。シャーリプトラは、大乗仏典では小乗仏教の代弁者の役割を持たせて、批判すべき対象として描かれているが、歴史上の人物としてのシャーリプトラは、釈尊の信頼も厚い、高潔な人格者であった。原始仏典では、そのような人格者として記録されている。従って、その使い分けに注意が必要である。

最古の原始仏典である『スッタニパータ』（中村元訳『ブッダのことば』）の釈尊自身の言葉を見ても、通力や、おまじない、占い、超能力、呪術的な医療、呪術的祭式、儀式偏重などを次のように否定していた。

瑞兆《ずいちょう》の占い《うらな》、天変地異の占い、夢占い、相《そう》の占いを完全にやめ、吉凶の判断をともにすてた修行者は、正しく世の中を遍歴するであろう。

（第三六〇偈）

わが徒は、アタルヴァ・ヴェーダの呪法と夢占いと相の占いと星占いとを行なってはならない。鳥獣の声を占ったり、懐妊術や医術を行なったりしてはならぬ。

（第九二七偈）

このように釈尊が、迷信や、通力を排除し、否定していたことなどは、拙著『仏教、本当の教え――インド、中国、日本の理解と誤解』（中公新書）の三〇～四二頁に詳細に記しておいたので参照していただきたい。

通力よりも重視すべきものは、法（ダルマ）であったのだ。本来の仏教は、理知的で、自覚を重視した宗教であると言っても過言ではない。

原始仏典を読んでいると、バラモン教の火の供犠であるホーマ（homa、護摩《ごま》と音写され、真言密教に取り入れられた）を、釈尊は「堕落した儀式」「畜生の魔術」（『ディーガ・ニカーヤ』）と評し、徹底的に排除していた。火の供犠は、火を燃やすことで過去世からの穢《けが》れをなくすことができるものだと言われていた。これに対して釈尊は、火によって穢れがなくなるというのなら、朝から晩まで火のそばで仕事をしている鍛冶屋《かじや》さんが、最も穢れが少ないはずである。それなのに、カースト制度では最下層に位置付けられているのはどうしたわけであるか、と批判した。

## 釈尊の滅後に取り込まれた神通力

ところが、釈尊のそのような思いに反して、釈尊が亡くなると徐々に神通力が仏教に取り込まれてくる。当時の民衆の間では、依然として昔ながらの呪術的信仰が根強く、一般民衆を教化するのは容易ではなかった。そのような事情もあって、ダーラニー（呪文）や、神通力などの呪術的要素を取り込み、民間信仰を取り入れることによって民衆に迎合した。それを教化の導入部にしようとしたかもしれないが、最終的に本来の仏教から遠ざからせ、堕落の道を開くことになったと言えよう。

普遍的平等思想が説かれた『法華経』ですら、焼身供養や現世利益など『法華経』の思想と反することを強調した薬王品、観音品などの六品《ろっぽん》（六章）が、後世になって末尾に追加されている。釈尊は、機会あるごとに異教徒を教化した。ところが、その記述も神格化されて、それは論議によってではなく、神通力を示すことによってなされたという記述に変わっていった。成道後ほどなくして、バラモン教の火の行者として評判だったカッサパ（迦葉《かしょう》）三兄弟を教化する場面も、パーリ文の『律蔵』では、三兄弟の長兄ウルヴェーラ・カッサパの聖火堂で、釈尊が一夜を明かし、そこにいる猛毒を持つ毒蛇とお互いに火炎を放って、神通力で勝負をしたことになっている。こうして、釈尊が毒蛇の火力を消耗させて、鉢に入れて長兄に見せた。それを見て、長兄は「この大修行者は、大神通力を持ち、大霊力をそなえている」と語って弟子になったと記されている。(4)ところが、男性出家者たちが自ら記した詩集『テーラ・ガーター』において、当事者である三兄弟の末弟ガヤー・カッサパが、釈尊の教えを聞いて、

〔ブッダの〕よく説かれた言葉と、法（ダルマ）と利（アルタ）を伴った語句を聞いて、私は、ありのままの真実に即した道理を根源的に省察しました。（第三四七偈）

と感想を書き綴っている。兄弟たちが先祖代々、何の疑問も差しはさむことなく行なってきた火の儀式について、釈尊は道理に照らして、ありのままの真実を見ることを語って聞かせていたの

である。神通力など使っていない。『法華経』の妙荘厳王品《みょうしょうごんのうほん》第二十七においても、バラモン教に帰依している父の妙荘厳王を二人の息子が説得する場面が描かれている。二人は、空中に浮いて、足元から水を放出し、肩から炎を出すという神変《しんぺん》（奇跡）を見せて、父王を仏法に帰依させたと描かれている。そこにおいて、仏教の教理など何一つ語られていない。これも、『法華経』の根幹部分が編纂された後、神通力が好まれる時代に、この妙荘厳王品が創作・追加されたからであろう。

## 日蓮による神通力依存の否定

日蓮は、「通力」が存在するかどうかといえば、存在を否定はしていない。それは、『三世《さんぜ》諸仏《しょぶつ》総勘文教相廃立《そうかんもんきょうそうはいりゅう》』に、

狐狸《こり》も分分に通《つう》を現ずること、皆心の神《たましい》の分分の悟《さとり》なり。

とあることからも分かる。

ということは、狐《きつね》や狸《たぬき》が通力を現ずることを否定はしていない。しかし、あくまでもそれは「分分」なのであって、全体ではない。それは、畜生界《ちくしょうかい》の命が研ぎ澄まされた形で現われてきたものである。これに対して、日蓮の言う「神通之力」というのは、一念三千として、〈地獄《じごく》・餓《が》鬼《き》・畜生《ちくしょう》・修羅《しゅら》・人《にん》・天《てん》・声聞《しょうもん》・独覚《どっかく》・菩薩《ぼさつ》・仏《ぶつ》〉の十界（十種類の心の働き）のすべてが円融

円満に現われてくるものであるから、全く異なっている。日蓮が言っているのは、十界のいずれか一つだけを肥大化させ、研ぎ澄ましていくという方向ではない。南無妙法蓮華経の智慧に照らされた十界のすべてが円融円満に輝いていくような方向であり、十界が互具していく方向での成仏（人格の完成）を目指すものである。

『御義口伝』に、

十界同時の成仏。

歓喜とは、善悪共に歓喜なり。十界同時なり。

南無妙法蓮華経と唱え奉《たてまつ》るは、十界同時の光指《さす》なり。

南無妙法蓮華経と唱え奉る時は、十界同時に成仏するなり。

十界同時の授記。

と、「十界同時」という言葉が多用されているのもその意味である。

それなのに、十界の中の一つ、例えば畜生界だけを肥大化させ、通力を追い求めていくということは、本来、十界が互具して円融円満であるはずの生命を偏らせ、生命の全体像をゆがめることであり、生命を偏頗《へんぱ》なものにしてしまうことになる。神がかりになりやすい人というのは、どこか目つきや相が不自然である。畜生界の相が出ていたりする。

また、超能力を自慢している人は、人よりも変わったことができるということで、自己への慢心が生じ、自己にとらわれてしまいやすいものである。これでは、仏教で最も戒められている「名聞名利《みようもんみようり》」や「我慢偏執《がまんへんしゆう》」に陥っていることになってしまう。

さらに日蓮は、『唱法華題目抄《しようほつけだいもくしよう》』において、

通力《つうりき》をもて智者《ちしや》・愚者《ぐしや》をばしるべからざるか。〔中略〕法門をもて邪正《じやしよう》をただすべし。利根《りこん》と通力とにはよるべからず。

と述べて、「通力」の有無を智者と愚者の判断材料としてはならないと戒めている。何が正しくて、何が間違っているのかを判断するときは、あくまでも法門によって行なうべきであるというのである。「利根」とか「通力」によってはならない。「超能力があるから、あの人はすごい」「あの人の言うことだから、きっと正しいだろう」などということはできないということである。日蓮は、このように通力への依存を否定した。

## 雨を降らせるための仏法に非ず

ところが日蓮は、通力の一つである雨乞《あまご》いの勝負を行なったとされる。これを、どうとらえたらいいのか？　日蓮は、極楽寺良観らに対して公場対決を迫った。日蓮は、当時の仏教界について「仏陀の本意を忘失《もうしつ》し」（『忘持経事』(5)）と述べているように、「本来の仏教は何だったのか」を明らかにするために公開討論を挑んだ。良観らは、それには出てこようとしなかった。文永八（一二七一）年に大旱魃《かんばつ》が続き、良観が大衆の要望で雨乞いをやることになった。それを聞いた日蓮は、「あなたが雨を降らせることができたら、私はあなたの弟子になろう。できなければ、心を入れ替えて、『法華経』に帰依せよ」と、雨乞いの成否をめぐって勝負を挑んだ。これは、日蓮の本意ではなかったであろう。あくまでも、公場対決を通して、本来の仏教は何だったのかを明確にすることを願っていたに違いない。だから、『報恩抄』で、

光宅《こうたく》が忽《たちまち》に雨を下《ふら》し、須臾《しゆゆ》に花をさかせしをも、妙楽は「感応《かんのう》、此《かく》の如《ごと》くなれども、猶《なお》理に称《かな》はず」とこそ、かかれて候《そうら》へ。されば、天台の法華経をよみて、須臾に甘雨《かんう》を下せ、伝教の三日が内に甘露《かんろ》の雨をふらしておはせしも、其《それ》をもつて仏意に叶《かな》ふとは、をほせられず。

と言っている。須臾に、すなわち直ぐに雨を降らせたからといって、それが仏意にかなうものではないということだ。仏教はいかに生きるかを説いたものであり、雨を降らせるためにあるので

はない。

## 「釈尊の生まれ変わり」と「上行再誕」の違い

「私は〇〇の生まれ変わりである」という人もたまに聞く。ある人が、「私は、釈尊の生まれ変わりである」と言っていた。そんなことを聞いても、私は何にもすごいとは思わない。「ああ、そうですか。すごいですね」と感情も込めずに言ってやることにしている。そして、「だから、何ですか」と尋ねる。過去の有名な人を持ち出して、その生まれ変わりであると言っても、現在の生き方がどうなのか、どういう人生観を持ち、何をなそうとしているのか、ということが大事であって、だれだれの生まれ変わりであるということが大事なのではない。過去の有名人を持ち出すことによって、現在の自分を権威づけしたいのだろうが、過去の人物が偉大だからといって、その人が偉大であるとは限らない。現在、その人がどのような生き方をしているのか、この点によって、その人の価値が決まる。

そのような考え方は、原始仏典の中でも最古とされる『スッタニパータ』において、

生まれによって賤しくなるのではなく、生まれによってバラモンとなるのではない。行ないによって賤しくなるのであり、行ないによってバラモンとなるのである。

とあったように、人の貴賤は生まれではなく、行ないによって決まると説かれていた。

「第三章　日蓮の時間論」（二〇六〜二〇八頁）で書いたように、私の知っている限りでも、釈尊の生まれ変わりを名乗っていたのは、麻原彰晃《あさはらしょうこう》（本名・松本智津夫《まつもとちづお》）をはじめとして五人いた。私には、彼らが過去の釈尊を利用して自分を権威づけしているとしか思えない。

日蓮も上行菩薩《じょうぎょうぼさつ》の再誕ということをよく言っていたが、それは、自らを権威づけするための発言ではない。『法華経』に説かれたことを身をもって実践する使命感の表明であり、あくまでも、伊豆流罪をはじめ、小松原での刀杖《とうじょう》の難、龍口《たつのくち》の首の座、佐渡流罪などと、徹底して経文に照らして身読しぬいた末の発言であった。

日蓮が上行菩薩として虚空会《こくうえ》の儀式に参加していたのであろうかどうかを自問した『諸法実相抄』の一節をもう一度引用すると、

凡夫《ぼんぷ》なれば過去をしらず。現在は見えて法華経の行者なり。又《また》、未来は決定《けつじょう》として当詣道場《とうけいどうじょう》なるべし。過去をも是《これ》を以《もっ》て推するに、虚空会にもやありつらん。

とあった。過去のことについて、日蓮は「私は、凡夫だから分かりません」と言っている。ここには、「過去において、どうだった」ということよりも、「現在は、だれが見たって目に見えて法華経の行者である」ということから話が展開されている。『法華経』を弘通《ぐつう》しようとして、諸難に遭った。それにもめげずに信念を貫いている。だから現在において法華経の行者であることは間違いない。この書は、佐渡で書かれているから、二度の流罪、二度の刀杖の難に遭った後である。現在そうであるのだから、「当詣道場」（当《まさ》に道場に詣《もう》づべし）で、未来の成仏は疑いない。現在と未来がそうであるならば、過去もひょっとしたら虚空会の儀式にも参列していたのかもしれない、という言い回しをしている。

これは、過去によって現在の自分を権威付けるものではない。現在の生き方いかんによって、未来と過去をとらえていくという視点が打ち出されている。

## 念力によるスプーン曲げ

念力でスプーンを曲げるという人のことが、かつて話題になったことがあった。私は、そういうことの存在を否定も肯定もしない。しかし、それを「すごい」と言って騒ぐことは愚かなことだと思っている。スプーンを曲げるのなら、何も念力を使わなくたって、ペンチで曲げればすむことだ。スプーンが曲がったという結果については、念力を使おうが、ペンチを使おうが、いずれもたいした差はない。念力で、スプーンが曲げられることが大事なのではなく、この人生をいかに生きるのかということが遥かに大事なことである。スプーンを曲げるような念力を持っているからといって、果たしてその人が人生を価値的に生きているかどうかは別問題である。

ただ現在では、スプーンのどこに力を加えれば簡単に曲げることができるのかも明らかにされていて、念力でも何でもないということが分かっている。

一九七〇年代に、マスコミで騒がれていたスプーン曲げの少年は、その後、罪を犯して新聞ざたになっていた。超能力の有無と、人生が価値的であるかどうかということは関係ないのだ。

## 神通力の限界を示すエピソード

その象徴的な話が、目連尊者の話である。目連は、釈尊の十大弟子の一人で、神通第一と言われていた。ある日、亡くなった母の死後の世界を通力で見た。すると、母は餓鬼界に堕して骨と皮だけの姿で、栄養失調の末期症状のように、おなかがプクーッと膨《ふく》れていた。それを見た目連尊者は、通力で食べ物を死後の世界の母に送った。母は喜び、それを急いで口にしようとする。そのとたん、それは燃え上がり母を苦しめた。それを見た目連尊者は、慌てて今度は水を送った。その水が、火にかかると、たちまちそれは薪《たきぎ》に変わり、ますます火の勢いを大きくした。

本来、飢えた人にとって食べ物は喜ぶべきものである。ところが、それは母を苦しめる働きにしかならなかった。本来、火に苦しむ人にとって、水は喜ぶべきものであるはずである。ところが、それは薪となって火の勢いを増し、母を苦しめた。

自らの神通力ではどうすることもできず、目連尊者は、釈尊のもとを訪ね、事情を説明した。これに対して、釈尊は「法」による供養の重大性を説いて聞かせたという話である。

これが実話でないことは、明らかであろう。しかし、このような話で、何か大切なことを分かりやすく教えてくれていると思う。

ここで問題なのは、本来喜ぶべきものを苦しみとしてしか受け止めきらない餓鬼界という生命の偏狭さである。その点に対して、超能力は食べ物や水を送ることはできても、そのように偏狭な命自体を変えることはできなかったということである。命自体を変えるのは、十界すべてを輝かせる妙法でなければならなかったということだ。

超能力を誇示する人は、必ず「どうだ、俺はすごいだろう」という意識が働いているということも指摘しておかなければならない。これは、仏教の目指す方向とは逆の、「名聞名利《みようもんみようり》」「我慢《がまん》偏執《へんしゆう》」の心にとらわれてしまっている。

日蓮の仏法は、人間離れした超能力のような特殊な神通力を求めてなされるものではない。ありのままの無作として、「作作」「発発」として振る舞う最も人間らしい在り方としての人格の完成を説いたものである。

## 成仏こそ如来秘密神通之力

以上のように、生きとし生けるものが、種々の生命活動を織りなしている。自然がさまざまな現象を織りなしている。それらがすべて「神通之力」であると、日蓮はとらえているが、そういうことを前提としたとき、最高の「神通之力」とはどういうことになるのかということが次に論じられる。そこで、**「今、日蓮等の類《たぐ》いの意《こころ》は」**どうなのかとして、話が展開される。

それは、**「即身成仏と開覚するを如来秘密神通之力とは云うなり」**ということだ。「即身成仏」とは、今、現在、ここに生きているこの我が「身」に「即」して「成仏」するということである。小乗仏教が主張したような、何度も生まれ変わって激しい修行をやってはじめて段階的に成仏するというのではない。原始仏教でも、「時間を要せずして目の当たりに得られる」（『スッタニパータ』）ものであったのだ。「成仏」とは、我が身に「無作の仏」を開き覚知するということである。

それは、現代的な言葉で言い換えれば、「人格の完成」ということである。人間性豊かな人になることだと言ってもよいと思う。決して、超能力を得ることが仏教の目指したものではなかったということだ。

「十界互具」ということ、あるいは「十界同時の成仏」ということは、十界のすべて、苦しみも、悲しみも、悩みも、欲望も、怒りも、喜びも、あらゆる感情や、心を具えて欠けたものがないということである。それであって、南無妙法蓮華経の智慧によって、十界それぞれが、妙法の智慧に照らされ、妙法の輝きを帯びてきて、十界それぞれが「善悪ともに歓喜」した姿を示してくる。そのように円融円満の人格が具わるということである。

それはまた、「第一章　自己の探求」（一〇九～一一〇頁）で論じた〝心の自由度〟が最大になった状態をも意味している。

このことを日蓮は、『日女御前御返事』で、「本有《ほんぬ》の尊形《そんぎょう》」と言っていた。それは、「輪円具《りんえんぐ》足《そく》」とあるように、円融円満の人格の完成であり、最も人間らしい姿のことである。その姿を日蓮は、十界の曼荼羅、本尊として図顕したと言えよう。

「無作」とあることと自体が、超能力とは無縁であることが分かる。そして、南無妙法蓮華経という「法」を覚知し、南無妙法蓮華経という「智慧」を体現し、南無妙法蓮華経に基づいた「振る舞い」として一切に滞ることがない。

以上のように「神通之力」をとらえると、最も人間らしいという意味の「神通之力」を発揮することは、我が身に即して成仏（人格の完成）する以外にない。成仏したときにこそ、心が一切に通じて滞ることがない「神通」となり、また「秘密」としての「一身即三身」「三身即一身」を我が身に開くことができるのである。だから、**「成仏するより外の神通と、秘密とは之れ無きなり」**と、日蓮は言っている。

**註**

（1）植木訳『サンスクリット版全訳　維摩経　現代語訳』（角川ソフィア文庫）、八〇頁、九六頁を参照。

（2）このようなレトリック（修辞法）は漢文では頻繁に用いられる。例えば、「方便品八箇の大事」の中で、妙法蓮華経の五文字を、身体が五つの部分から成ることにからめて、「我等が頭は妙なり。喉は法なり。胸は蓮なり。胎は華なり。足は経なり」という文章があるが、これは身体のパーツ（部分）との対応に意味があるのではない。この一節の後に、「此の五尺の身、妙法蓮華経の五字なり」とあるように、私たちの全身が妙法の当体であることを言ったレトリックなのである。

（3）第三章の注2を参照。

（4）中村元著『ブッダ伝』（角川ソフィア文庫）、一二七～一三一頁参照。

（5）日蓮著・植木雅俊訳『日蓮の手紙』（角川ソフィア文庫）、九五頁参照。

第八章

# 仏教における信

宗教においては、信仰の在り方が問われる。その信の在り方も、狂信、迷信、妄信、盲信、正信などのさまざまな形態を挙げることができる。仏教における「信」とは、いかなるものであるべきなのかをここに見てみよう。

**第二　如来秘密神通之力の事**

御義口伝に云く、無作三身《むささんじん》の依文《えもん》なり。〔中略＝この部分は、前章で既述〕此《こ》の無作の三身をば一字を以《もっ》て得たり。所謂《いわゆる》、信の一字なり。仍《よ》って経に云く、「我等当信受仏語《がとうとうしんじゅぶつご》」と。信受の二字に意《こころ》を留む可《べ》きなり。

## 無作三身を得るカギは信

前章において、「如来秘密神通之力」が無作三身の依文であることを見た。では、その無作の三身を我が身に開覚するためには、どうしたらよいのか、その答えが**「此の無作の三身をば一字を以て得たり。所謂、信の一字なり」**である。私たちには、日常的な心において自己の弱さ、ずるさ、煩悩、執着心、名聞名利、我慢偏執など、無作とは逆の方向を目指す動きが心に起こる。そうしたものを乗り越える「心作用」が「信」であるということだ。

わが身が「無作の三身」、すなわち無作の仏であるとは、我々の理解を超えたものであり、それを理解する第一歩は「信」ということであろう。

だから、**「此の無作の三身をば一字を以て得たり。所謂、信の一字なり」**となる。『妙法蓮華経』という法を我が身に開覚し、智慧を発現させ、『妙法蓮華経』にかなった振る舞いをする無作三身のカギは、『妙法蓮華経』に南無（帰依）すること、すなわち南無妙法蓮華経だと言うのだ。そこにおいては、『妙法蓮華経』を信受し、南無することが問われる。

だから、釈尊の三度にわたる問いかけに対して、マイトレーヤ（弥勒）菩薩は「我等当信受仏語」（我ら当《まさ》に仏語を信受すべし）として、四度にわたって説法を懇請したのである（三誡四請《さんかいししょう》）。そこに「信」の姿勢が現われている。

寿量品第十六において展開されたこの場面を理解するには、その前の涌出品第十五から見てこなければならない。涌出品で地涌の菩薩が出現したことによって、『法華経』の会座に参列していた大衆たちは、「動執生疑《どうしゅうしょうぎ》」を起こした。すなわち、大衆たちは、これまでの自己の狭い考えに執着していたことが動揺させられ、自己の理解を超えていることに対して疑問を生ずる。その疑問を納得したくて、ただひたすらに仏の言葉を信受しようという求道《ぐどう》の姿勢が現われた。その上でさらに、寿量品の冒頭で、「信」の姿勢を再三にわたって確認するということが行なわれた。それだけ、「信」の重要性が強調されている。

そのことを日蓮は、**「仍って経に云く、『我等当信受仏語』と。信受の二字に意を留む可きなり」**と言っているのだ。

## サンスクリット語で「信」を意味する語

この「我等当信受仏語」（我らは、当《まさ》に仏語を信受すべし）の「信受」に相当する箇所のサンスクリット語は、「信ずる」という動詞の語根アビシュラッダー（abhiśraddhā < abhi-śrat-√dhā）の未来・一人称・複数形アビシュラッダースヤーマハ（abhiśraddhāsyāmaḥ）である。これには、「〜へ」「〜の方へ」「〜に向かって」を意味する接頭辞のabhiがついているが、この接頭辞のないシュラッダー（śraddhā < śrat-√dhā）のみであっても、「信ずる」という意味である。またシュラッダーは、女性名詞として「信」も意味している。

サンスクリット語で「信」を意味する言葉は、①シュラッダー（śraddhā）のほかにも、②アディムクティ（adhimukti）、③プラサーダ（prasāda）、④バクティ（bhakti）——の四つ存在するが、仏典に出てくるのは、①②③のみである。

①は、シュラット（śrat、真理）とダー（√dhā、置く）の複合語で、「真理であるものに心／身を置く」の意味で、「信」「聞信《もんしん》」「敬信《きょうしん》」「信受」「信敬《しんきょう》」「浄信」「正信《しょうしん》」などと漢訳された。

②は、接頭辞アディ（adhi、上方に）とムクティ（mukti、解放）からなり、「対象に向けて心を解き放つ」を意味し、「信解《しんげ》」と漢訳されて『法華経』に多出する。古くは「之《ゆく》」の下に「心」と書いて、「心が何かに向かってゆく」を意味する「志」に近い。だから私は、サンスクリット

語の『法華経』を現代語訳する時、「信順の志」と訳した。[1]
③は、接頭辞プラ（pra、完全に）とサーダ（sāda、休止）からなり、真理に基づき「心が完全に静まり、澄みきって、歓喜していること」を意味する。これは、特に仏教的で、「澄浄《ちょうじょう》」「歓喜心」などと漢訳された。
①と②が、「信」という心の働きの在り方を言ったものであるのに対して、③はその「信」によって得られる内的な心の状態のことである。この三つの根本にあるのは、「法」に信順することであり、真理を見ることが仏教では問われている。それは、原始仏教以来、一貫していて、『法華経』においても変わることはない。
仏教の説く「信」は、盲信ではない。熱狂的、狂信的な「信」でもない。熱狂的で狂信的な忘我の信仰は、④のバクティであり、ヒンドゥー教において強調された。バクティが仏典で使用されることは絶無で、ヒンドゥー教と融合した密教の経典にのみ登場し、「信愛」と漢訳された。

## 「以信得入」の背景

『法華経』において、「信」が強調されたところとして知られるのが、譬喩品第三の「以信得入」（信を以《もっ》て入ることを得たり）という箇所である。この箇所だけを取り出して、闇雲《やみくも》に信じなさいという使い方をする人があるようだが、前後関係を踏まえると、それは誤解を生じかねない使い方である。

『法華経』に用いられたすべてのサンスクリット語の単語の解説を付した拙著『梵文「法華経」

翻訳語彙典』上巻（五八四頁）から、この「以信得入」が出てくる文章を、サンスクリット語の原文と、私の現代語訳、鳩摩羅什訳の三つを並べて、梵・和・漢を対照させて引用する。

まず、サンスクリット原文は、次の通りである。

**adhimukti-sāras** tuva Śāriputra kiṃ vā punar mahya ime 'nya-śrāvakāḥ /
ete 'pi **śraddhāya** mamâiva yānti pratyātmikaṃ jñānu na câiva vidyate //110//

私は、これを次のように現代語訳した。

シャーリプトラよ、あなたは**信順の志が堅い**。ましてや、私のこれらの他の声聞たちはなおさらである。これら〔の声聞たち〕もまた、まさに私に対する**信によって**智慧に到達するのであり、〔信なくして〕それぞれの個人に〔智慧が〕見いだされるのではないのだ。（110）

鳩摩羅什は、これを次のように漢訳している。

汝《なんじ》、舎利《しゃり》弗《ほつ》すら尚《なお》、此の経に於いては**信を以《もっ》て入ることを得たり**、況《いわん》や余《よ》の声聞《しょうもん》をや。其《そ》の余《よ》の声聞も仏語《ぶつご》を**信ずるが故に**此の経に随順す。己《おの》が智分に非ず。

（大正蔵、巻九、一五頁中）

ここに、「信」を意味する先の①と②の単語が用いられている。「以信得入」と漢訳された箇所は、**adhimukti-sāras** となっている。これは、②の **adhimukti**（信解、信順の志）と **sāra**（芯、堅さ）が複合して造られた形容詞 **adhimukti-sāra**（信順の志が堅い）の男性・単数・主格の形である。**śraddhāya**（信によって）は、①の女性名詞 **śraddhā**（信）の単数・具格である。

『法華経』のストーリー展開では、この時点で、シャーリプトラは既に未来成仏の予言（授記）を受けている。そのことを、鳩摩羅什は「信を以て入ることを得たり」と漢訳した。サンスクリット原文では、「あなたは信順の志が堅い」と表現していた。

他の声聞たちについては、**śraddhā** の「〜によって」を意味する具格形 **śraddhāya** を用いて「**信によって**智慧に到達する」となっていて、鳩摩羅什は「**信ずるが故に**此の経に随順す」と漢訳した。

そこにおいて、サンスクリット原典では「（信なくして）それぞれの個人に（智慧が）見いだされるのではない」と但し書きを入れ、鳩摩羅什は「己が智分に非ず」とした。智慧第一の誉れ高いシャーリプトラ（舎利弗）ですら、「信」が大事であったということを強調している。

このシャーリプトラに対する授記の場面を振り返ると、方便品第二において、質問されてもいないのに釈尊が一方的に語りだしたことにシャーリプトラたちは驚き、疑問を生じた。「世尊が如来の巧みなる方便について過剰に説明される理由は何か」「世尊は、『私が覚ったこの法は深遠である』『すべての声聞や独覚にも理解しがたい』と説明されたが、その意味を理解できない」

（植木訳『サンスクリット版縮訳　法華経　現代語訳』、三九頁）と。

そこで、シャーリプトラは釈尊に本当のことを説いてくださいと要請した。釈尊は、それを「やめなさい」と制止する。シャーリプトラは、三回頼んで三回とも断られるが、それでも釈尊にお願いした。ここでも、「三誡四請」の表現になっていて、これから重要なことが説かれることを予兆している。

その時、釈尊とシャーリプトラとのやり取りを見ていた増上慢の出家と在家の男女五千人が席を立って出て行った。そこには、釈尊の教えを心から聞きたいという人だけになった。そこで、如来がこの世に出現する究極の目的（一大事因縁）が、明かされた。それは、あらゆる人が等しく成仏できるという教え（法華経）を説くことであり、そのことを最初から説いても理解できない人たちのために方便として、種々の教えを説いてきたと明かした。

それを聞いてシャーリプトラは、譬喩品の冒頭で、これまでの自分の理解の狭さ、先入観にとらわれていたことを反省し、その上で、「私はブッダの智慧の中に立っています」と語るに至った。その言葉を聞いて、釈尊は、シャーリプトラに対して未来成仏の予言（授記）をなしている。この「私はブッダの智慧の中に立っています」ということは、①のシュラッダーの「真実なるものに心を置く」「真理にわが身を置く」と同じことを意味している。

「以信得入」は、以上の背景を踏まえて出てくる言葉である。何でもかんでも信じろというのではない。疑問を持つなというのでもない。シャーリプトラは、自分が抱いた疑問を納得しようとしているし、釈尊もその疑問に対して、理を尽くしてきちんと説明している。それによって納得した上での「以信得入」であったのだ。

これは、「総論　南無妙法蓮華経とは」で論じた天台大師智顗の『法華文句』の言葉、

疑い無《な》きを信と曰《い》い、明了《みようりよう》なるを解《げ》と曰う。是《こ》れを一念信解の心と為《な》す。

と軌を一にしたものだと言えよう。

「信」の反対語は、辞書的には「疑」とされる。ところが、「疑」を使った言葉を見てみよう。「疑惑」は、「本当かどうか、不正があるのではないかなどと疑いを持つこと」であって、「信」への方向性は希薄である。「疑問」は、「知らないことや、分からないことに気づき、関心を持つこと」であって、それを知りたいという探求心が伴うもので、「信」への方向性を伴っている。だから、「疑問」は「信」を深めるために欠かすことのできない経過点である。

国語のテストで「信」の反対語を問われて、「不信」と答えると「×」になる。「不信」は「信」の反対語ではなく、否定形であると教えられる。それは「疑問」とは違う。「不信」の因は、先入観や、心の偏狭さに固執することであり、聞く耳など持ち合わせていない。「以信得入」は、「自らの先入観や偏狭さを打破することによって、信を確立して入ることができる」という意味にとらえるべきであろう。

対象が誤ったものであれば、「疑惑」や「不信」を抱くのは当然のことである。「疑問」を抱いて、その真偽をただすべきである。対象が正しいのに、自らの理解を超えているということで、

ないのかと思えてくる。

「疑惑」や「不信」を抱くところには、それを理解することには至らない。理解を超えているから、「疑問」を抱いて、それを納得しようとするところに、理解が得られ、「信」に到って、見識が深まる。そこに「以信得入」がある。「疑問」は「信」を深めるために欠かせないものである。

こんなことを考えていると、「信」の反対語は、「疑」と言うよりも、「不信」と言うべきでは
ないのかと思えてくる。

## 妄信の否定

日本では、分からないことが有り難いことだという傾向が強い。真理を探究し、疑問を納得して開けるプラサーダに到ることは少なく、下手《へた》をするとバクティの熱狂的な忘我の「信」のほうが多いのではないか。仏教は自覚の宗教であり、納得することを重視していたことを知らなければならない。

四世紀のインドの大学者、ヴァスバンドゥ（世親《せしん》、または天親《てんじん》）は、「信」が成立する根拠として、①文証《もんしょう》（文献的裏付けがあるのか）、②理証《りしょう》（道理に適っているのか）、③現証《げんしょう》（現実に適っているのか）――の三証《さんしょう》を挙げた。キリスト教神学者テルトゥリアヌス（一六〇頃～二二二頃）の言葉の要約とされる「不合理なるが故に我信ず」（**Credo quia absurdum**）といったことは、仏教においては、あってはならないことなのだ。

「ゴッド（神）は存在するのか」「阿弥陀如来は存在するのか」――といったことは問うてはならないと言われるようだが、「ありのままに見る」ことを強調していた歴史上の人物としての釈

尊は、原始仏典によると、梵天《ぼんてん》（brahman）の有無を遠慮会釈《えんりよえしやく》なく問うている。梵天は、古代インドのバラモン教において万物を創造した最高位の神とされていた。

原始仏典の『ディーガ・ニカーヤ』には、自分自身で確かめたものでなければ何ものも信じてはならないという釈尊の合理的思惟が記されていて、注目される。

それは、梵天に至る道について議論して、結論を得られなかった二人のバラモンの青年が質問してきたことに対して、釈尊が答えたものである。釈尊が「ヴェーダに通じたバラモンで梵天を見た人がいますか?」と問いかけ、「いいえ」という返事を得ると、そのバラモンの師匠も、そのまた師匠も、そのまた師匠も……というように過去に次々とさかのぼっていって、実際に梵天を見た人が誰もいないことに気づかせ、「現在のバラモンも、昔の聖仙たちも梵天を見たことがないのに、梵天に至る道を説いている」として、バラモンの教えが無意義であることを語った。「見た人がいない」ということは、現代的に言い直せば、人間が考え出した「架空の人物」だということだ。

そして、自分で確かめたこともないのに、先人が言ったことを何ら疑問を抱くこともなく鵜呑《うの》みにして伝承しているバラモンの学問は、前後にいる人を見ない〈盲人の一列縦隊〉と同じで、「バラモンたちの語る言葉は、笑うべく、言葉のみであり、空虚で、虚妄《こもう》なものになる」（『ディーガ・ニカーヤ』）として、見たこともない美女を恋い焦がれ、見たこともない宮殿に梯子《はしご》を造って登ろうとするのと同じことだと論じている。

中村先生は、以上のことから、「聖典といっても、けっきょくは人間のつくったものである。

聖典を忠実に遵奉する宗教者というものは、じつは盲人のようなものにすぎない」と結論して、「〈他人からの伝承〉にもとづかない真理の教えを、わたしはみずから体得し、明確にした」（『テーラ・ガーター』、第三三一偈）というスマナ長老の言葉を踏まえて、「ことがらは、自分で確かめたのでなければならない」（『原始仏教の思想I』、二四二頁）と結んでいる。

このように、釈尊が徹底した合理的思惟をつらぬいていたということは、注目されるべきことである。

ところが、釈尊滅後百年たった頃から教団は保守・権威主義化が著しくなり、いわゆる小乗仏教と貶称《へんしょう》された説一切有部《せついっさいうぶ》が優勢となり、それを批判して紀元前後に大乗仏教が興り、さらには七世紀頃、呪術的世界観やヒンドゥー教と融合して密教へと、仏教は変質していく。それとともに、迷信じみたものや、神通力のようなものが取り込まれていった。「ありのままに見ること」が強調されていたにもかかわらず、迷信的・呪術的なものになっていった。それは、本来の仏教からの大きな逸脱である。中村元先生が主張されていたように原始仏教の原点に立ち還るべきであろう。

**註**

（1）植木訳『梵漢和対照・現代語訳　法華経』上巻、岩波書店、二八五頁を参照。

第九章
# 日蓮の仏国土観

本来の仏教は、自らの生き方を通して〝真の自己への目覚め〟〝失われた自己の回復〟、あるいは〝人格の完成〟を目指すものであった。それが、成仏という言葉の意味することであったのだ。それは、〝いま〟〝ここ〟に生きるこの〝わが身〟による実践を離れたところでは、あり得ない。その考えに基づいた仏国土のとらえ方が、「寿量品廿七箇の大事」の中の「第十三　常住此説法《じょうじゅうしせっぽう》の事」で論じられている。

**第十三　常住此説法の事**

御義口伝に云く、**常住**とは法華経の行者の住処なり。**此**とは娑婆《しゃば》世界なり。山谷曠野《せんごくこうや》を指して、此とは説き給う。**説法**とは一切衆生の語言《ごごん》の音声《おんじょう》が、本有の自受用智《じじゅゆうち》の説法なり。末法に入って、説法とは南無妙法蓮華経なり。今、日蓮等の類《たぐ》いの説法、是《これ》なり。

**寿量品のあらすじ③**

寿量品の自我偈の冒頭で釈尊は、次のように詩（偈）を吟《ぎん》じた。

「私が仏に成ることを得てからこれまで、無数の時間が経過した。それ以来、常に法を説き無数の衆生を教化して、覚りに至らせてきた。私は、衆生を救うために方便として涅槃《ねはん》の姿を示すけれども、実際には入滅するのではない。私は、**常にここにいて法を説き続けているのだ（常住此説法）**。私は、常にこの娑婆世界にいるのだが、諸々《もろもろ》の神通力によって、心の倒錯した衆生には、近くにいても私の姿が見えないようにしているのである」

本章では、この「常住此説法」（植木訳『梵漢和対照・現代語訳　法華経』下巻、二三八頁）という一節について論じられる。

◇　◇

## 釈尊にとっての常住此説法

この寿量品第十六の自我偈には、釈尊にとっての「常住此説法」（常に此《ここ》に住して説法す）が説かれている。釈尊は、実際には入滅するのではないのに、敢えて涅槃の姿を示すことによって、衆生に仏に会うことを渇仰《かつごう》させていて、衆生にその心が生じた時に姿を現わして、「私は、完全なる滅度に入ったのではない。そのように見せるのは、私の巧みなる方便なのだ」と衆生に告げるという。釈尊は、このようにしてこの娑婆世界に繰り返して出現しているのだ。

久遠以来、方便として涅槃を現ずるけれども、釈尊は、娑婆世界に常住していて、説法し続けているということだ。釈尊は、我々の住む娑婆世界を決して離れることはない。決して別世界にいることはない。それが、釈尊にとっての「常住此説法」だと言えよう。

## 〝法華経の行者〟にとっての常住此説法

日蓮は、『法華経』を読むのに、単に釈尊のみのこととしてとらえることはない。自分自身にとっての『法華経』、あるいは現在の人々にとっての『法華経』という読み方をしている。ここでも、その読み方がなされている。

仏が常住すると言っても、ただ漫然と存在しているのでは意味がない。「説法」という行為によって、その仏の存在が意味あるものとなり、その国土も、「説法」という行為があってはじめて、仏の常住に意義が伴うことになる。だから、「常住」ということは、ただそこに人がいるというのではなく、そこにいるのが『法華経』を実践する人、すなわち〝法華経の行者〟であることが重要になってくる。そのことが、**「御義口伝に云く、常住とは法華経の行者の住処なり」**と表現されている。

その「住処」が具体的にどこかということで、**「此とは娑婆世界なり。山谷曠野を指して、此とは説き給う」**と言っている。すなわち、「此」とは娑婆世界というこの私たちが住んでいる現実世界のことである。もっと具体的に言えば、山や、谷、広野も「此《ここ》」の意味するものである。この「山谷曠野」という言い方は、部分を挙げて全体を示す言い方で、文法的には、提喩《ていゆ》(1)と言われる。だから、これは「山」「谷」「曠野」だけに限定されているのではない。それらに代表される「あらゆる場所」ということである。

『法華経』は、二千年近くも前に編纂されたものであり、しかもインドという風土における話であるから、現代的に言えば、ビル街の中であれ、繁華街の中であれ、田園地帯の中であれ、さらには家庭の中であれ、職場であれ……などと言い直すことができる。

「山谷曠野」という言葉をここに挙げたのは、神力品第二十一の一節を意識してのことであろう。神力品では、大地の下から出現した菩薩（地涌の菩薩）たちに釈尊滅後の弘教《ぐきょう》を託したのに続いて、釈尊は、果樹園、精舎《しょうじゃ》、在家の家、森、町、木の根もと、宮殿、住房、洞穴などの場所を列挙し、「どこであっても」と前置きして、次のように語り出した。

この法門が読誦《どくじゅ》され、解説《げせつ》され、説き示され、書写され、考察され、朗詠され、写本になって存在する〔中略〕地上のその場所は、すべての如来の覚《さと》りの座であると知られるべきである〔中略〕。また、地上のその場所において、すべての如来が、この上ない正しく完全な覚りを得られ、真理の車輪を転じられ、入滅されたのだと知るべきである。

（植木訳『サンスクリット版縮訳　法華経　現代語訳』、三二八頁）

つまり、どんな場所であれ『法華経』を実践する人のいる所こそが、如来が覚りを達成（成道《じょうどう》）し、説法（転法輪《てんぽうりん》）し、逝去（涅槃《ねはん》）した地――すなわち、ブッダとしての振る舞いをなした所である。どこであっても、『法華経』を受持・読誦・解説する――すなわち、「如来によってなされるべきことをなす人」（同、一八〇頁）のいる所が〝仏国土〟であり、釈尊と行動をともにしていることになるというのだ。(2)

この一節を鳩摩羅什は、次のように漢訳した。

若《も》しは経巻《きょうかん》所住の処《ところ》、若《も》しは園中《おんちゅう》に於《お》いても、若《も》しは林中《りんちゅう》に於いても、若《も》しは樹下《じゅげ》に於いても、若《も》しは僧坊に於いても、若《も》しは白衣《びゃくえ》（筆者注＝在家）の舎《いえ》にても、若《も》しは殿堂に在《あ》っても、若《も》しは**山谷曠野**《せんごくこうや》にても、〔中略〕当《まさ》に知るべし。是《こ》の処《ところ》は即《すなわ》ち是れ道場なり。諸仏、此《ここ》に於いて阿耨多羅三藐三菩提《あのくたらさんみゃくさんぼだい》を得《え》、諸仏、此に於いて法輪を転じ、諸仏、此に於いて般涅槃《はつねはん》したもう。

（植木訳『梵漢和対照・現代語訳　法華経』下巻、三九四頁）

この一節は、瀕死《ひんし》の病になった道元《どうげん》（一二〇〇～一二五三）が亡くなる前に口ずさみ、「妙法《みょうほう》蓮華経庵《れんげきょうあん》」という文字とともに柱に書きつけた箇所として知られる。

日蓮は、この一節を念頭に置いて、**「常住とは法華経の行者の住処なり。此《ここ》とは娑婆世界なり。山谷曠野を指して、此とは説き給う」**と言ったのであろう。釈尊滅後の弘教を付嘱され、託された地涌の菩薩、すなわちその自覚に立った〝法華経の行者〟が、娑婆世界のあらゆる所に存在していることこそが、「常住此」（常に此に住す）の意味するところであるというのだ。

## 日蓮にとっての常住此説法

この言葉に則って日蓮は、自分にとっての「常住此説法」として、日蓮の仏国土観を、『南条《なんじょう》殿御返事《どのごへんじ》』で次のように記している。

教主釈尊の一大事の秘法を霊鷲山《りようじゆせん》にして相伝し、日蓮が肉団の胸中に秘して隠し持てり。されば、日蓮が胸の間は諸仏入定《にゆうじよう》の処《ところ》なり。舌の上は転法輪《てんぼうりん》の所、喉《のど》は誕生の処、口中は正《しよう》覚《かく》の砌《みぎり》なるべし。かかる不思議なる法華経の行者の住処なれば、いかでか霊山浄土に劣るべき。

日蓮は、『法華経』に説かれていることを、一字一句も漏らすことなく、わが身のこととして受け止めて、実践した人である。「教主釈尊の一大事の秘法」、すなわち南無妙法蓮華経という法を、日蓮は霊鷲山の虚空会で行なわれた『法華経』の会座で相伝（付嘱）されたという自覚に立っている。だから、その南無妙法蓮華経という法は、日蓮自身の胸中に脈打っていて、それに基づいて日蓮は振る舞っている。

だから、日蓮の胸の間が、諸仏が禅定《ぜんじよう》に入られた所（入定の処）になると言う。また、舌によって法を説くわけだから、その舌の上が「転法輪の所」になる。法を説くために音を発生させる所は喉であるから、喉が「誕生の処」になる。胸の間にある法が、喉において音として発され、舌によって声となるわけである。それは、すべて口の中で展開されるのだから、口の中が正覚（覚り）を開いた場所（正覚の砌）であるということになる。このような〝法華経の行者〟がいる所は、インドの霊山浄土に劣るわけがないと断じている。

ここに挙げられた①誕生、②入定、③正覚（＝成道）、④初転法輪――は、釈尊の生涯における四つの重要な出来事を並べたものである。普通、②と③を統一して②成道とし、初転法輪を③、最後の④に「入滅」を追加して、それぞれの場所が四大聖地とされている。いずれも、釈尊にとって重要な場所である。現在、インドに行っても、これは聖地となっている。

ところが、日蓮は、過去に歴史的なことが行なわれた場所だからという理由だけでは聖地と呼ぶに値しない、という考えをここに表明していると言えよう。すなわち、その聖なることは、場所としてあるのではなく、人間の振る舞いとしてあると言うのだ。その振る舞いのいかんによって、その場所が聖なる所になるかどうかが決まるという考えである。日蓮自身の場合で言えば、その胸中に法が脈打ち、それに基づいて振る舞い、語るという〝法華経の行者〟の生き方があり、その〝法華経の行者〟がいる所であるから、そこが尊い所であるという考えである。その人のいる場所が尊くなるかどうかは、そこにいる人の振る舞いによるということだ。

転法輪と言っても、過去のことであって、ベナレス近郊の鹿野苑《ろくやおん》の跡地へ行っても、仏道修行している人はほとんどいない。現在における私たちにとっては、あくまでも過去を追憶するものでしかない。成道の地であるブッダ・ガヤーへ行っても、そこで菩提樹の葉などを売っているのは皆ヒンドゥー教徒なのだ。チベットや、東南アジアなどインド以外の国の修行僧が訪れて読経《どきょう》しているくらいである。それに対して、日蓮が言うのは、南無妙法蓮華経を持《たも》ち、それを口にしているその舌、あるいはその人のいる所こそが、現在における転法輪の場所であると言うのだ。

ここでは、「舌」「喉」「口」「胸」などと、身体の部分に分けて論じられているが、それぞれの部分に分けることに意味があるのではなく、そうした部分からなる私たちがいる所を強調したいだけである。我が身を離れて法は生かされることなく、法を持《たも》った人を離れて尊い所もないということだ。一人の人間を離れて、仏の振る舞いもない。場所として、仏の振る舞いがあるのでもない。

仏は、種々の振る舞いをなした。誕生し、禅定に入り、覚りを開き、教えを説き始めた……いろんな仏の振る舞いがあるけれども、それは場所として重要なのではなく、一人の人間の振る舞いとして現わされたことに意味がある。

日蓮自身は、霊山浄土で一大事の秘法を相伝されたとの自覚に立って、その法を持《たも》っている。その一大事の秘法を根本にして教えを説いている。それ自体が、転法輪ではないか。また、日蓮自身が仏の振る舞いをなしている。それ自体が、正覚の場所であり、入定の所ではないかと言うのだ。

これは、これまでの宗教観をひっくり返すものである。これまでは、私たちとかけ離れた〝偉大な〟人物がいて、その人がそこで何かをなされたということで、聖地にされていた。特定の場所が絶対化され、そこに行くことが、宗教的実践の一つであるかのようになっている。日蓮は、そんなことを重視していない。それに対して、一人の人間の振る舞いとしてどうであるか、自らがいる所でどのような法に基づいて何をするのかということを重視している。

だから日蓮は、わが身に即して、法に基づいて実践することによって、自らが住する国土に意義付けをしている。これは、日蓮が自分を自慢して言っているのではなく、仏教の実践は一般論としてあるのではなく、ほかならぬ「自己」と「法」との関係としてとらえられるべきだということを言っている。日蓮は『乙御前御消息《おとごぜんごしょうそく》』において、「例《ため》しには他を引くべからず」として、自らの体験を具体例としている。「私だけでなく、皆さんも同じことである」と言うのに、まず自らが率先垂範しているということである。

こうしたことは、他の日蓮の著作にもたくさん見られることである。例えば、『四条金吾殿御消息《しじょうきんごどのごしょうそく》』には、日蓮が首を切られそうになった龍口《たつのくち》のことを、「寂光土《じゃっこうど》」と言っている。これは、「常寂光土」の略で、「常住・寂滅《じゃくめつ》・光明《こうみょう》の仏国土」ということ、すなわち、煩悩が寂滅して、智慧の光明が充ち満ちた輝かしい永遠の仏国土ということである。すなわち、

今度《このたび》、法華経の行者として流罪《るざい》・死罪に及ぶ。流罪は伊東、死罪はたつのくち（龍口）。相州《そうしゅう》のたつのくちこそ、日蓮が命を捨てたる処《ところ》なれ。仏土におとるべしや。其《そ》の故は、すでに法華経の故なるがゆへなり。経に云く「十方仏土中唯有一乗法《じっぽうぶつどちゅうゆいういちじょうほう》」と、此の意なるべきか。此《こ》の経文に一乗法と説き給うは法華経の事なり。十方仏土の中には、法華経より外は全くなきなり。除仏方便説《じょぶつほうべんせつ》と見えたり。若《も》し然《しか》らば、日蓮が難にあう所ごとに仏土なるべきか。娑婆《しゃば》世界の中には日本国、日本国の中には相模《さがみ》の国、相模の国の中には片瀬、片瀬の中には龍口に、日蓮が命をとどめをく事は、法華経の御故なれば寂光土《じゃっこうど》ともいうべきか。

というのがそれである。

ここで言われているのは、「法華経の行者として」「日蓮が難にあう」という振る舞いがあるが

ゆえに「仏国土」、あるいは「寂光土」となるのであって、場所ということ自体に意味があるのではない。

もしも、場所自体に意味があるのであれば、かつて日蓮が修行し、難に遭い、生活していたそれぞれの場所を訪ねることに意義があることになってしまう。日蓮は、それを重視していない。一人ひとりが本尊を受持して、『法華経』を読誦し、題目を唱え、日常生活の中で仏法の実践をしている。その場所が転法輪の場所であり、入定の場所であり、成道の場所であるということだ。大事なのは、その「法」をどのように実践しているのか、そこにこそ、すべてが収まっているということである。それは、先の神力品の一節が強調していたことである。

## 国土を尊くするのは「法」と「人」

日蓮は、先の『南条殿御返事』の一節に続けて、『法華文句』巻八上の次の一節を引用している。

法《ほう》、妙なるが故に人貴《にんとうと》し。人、貴きが故に所《ところ》尊し。（大正蔵、巻三四、一一〇頁上）

「法」が勝れたものであるがゆえに、それを受持している「人」も勝れたものになってくる。その人がどういう教えを持《たも》っているのか、どういう教えに基づいた振る舞いをしているのか、それによってその人の振る舞いも貴くなるか、賤しくなるかという違いがある。あくまでも、「法」

が根本であり、その「法」によって「人」も貴くなってくる。今度は、その「人」が貴くなれば、その人の振る舞いを通して、その「人」がいる「所」も尊くなるという関係があるわけだ。「法」を受持した「人」がいる。その「人」のいる「所」がある。このように「法」があって、「人」があって、「所」があるという順番であり、その逆ではない。「所」があって「人」があり、「人」があって「法」があるという順番ではないのだ。

だから、正しい「法」が見失われてしまって、その「法」を実践する「人」もいないのに、その「所」だけが尊いということはあり得ないのである。

あくまでも「法」を受持し、その「法」に基づいて現実の社会の中で実践し、振る舞っている「人」がいる。それによって、偉大な「法」がその「人」に生かされて、その「人」自体が尊い振る舞いをなす。それによって、その「法」の偉大さも証明され、その「人」も貴くなる。また、その尊い振る舞いをなす「人」が、そこにいることによって初めてその「所」も尊くなるという関係である。

一般的には、過去に偉大な人がいたとか、釈尊が覚りを開いたとか、日蓮ゆかりの場所であるとかということで、その場所自体を崇拝する傾向が強いように見受けられる。ところが、この日蓮の考えからは、それは本末転倒したものであることが分かる。あくまでも、そこに生きている人間が問われるのであり、その「人」の生き方に「法」が息づいているのかどうかということが最も大事であるということである。

「法」というのは、「人」があってはじめて生かされ、価値を生ずることができる。「法」が勝手に独りで、教えを説いて「人」を救済することはあり得ない。それができるのは、「人」である。それによって、その「人」も価値ある生き方になる。だから、「人」と「法」は、相互に切っても切り離せない関係にある。この「人」と「法」がお互いにかみ合って初めて、「人」と「法」いずれも貴いものとなることができる。この「人」も貴く勝れた在り方になり、そしてその「人」が住している「所」も尊くなる――という関係である。厳しい言い方をすれば、「法」を見失い、それを行ずる「人」もいなくなった〝聖地〟など、もはや〝聖地〟ではない。単なる〝観光地〟にすぎないものであり、もっと厳しく言えば、〝遺跡〟であり、思想的には〝廃墟〟である。

どんなに偉大な教えであっても、それを現実社会の中に生かすことがなければ、それは「宝の持ち腐れ」になってしまう。そこにおいて、私たちが仏法を自ら実践し、この現実社会の中に生かそうとし、また応用・具体化しようとするならば、私たちのいる「所」こそが尊い所としての仏国土になるというわけだ。そこにこそ、「生きた仏法」がある。

この考え方からすると、日蓮が主張した「立正安国《りっしょうあんこく》」とは、「正《しょう》（法《ほう》）」を一人ひとりの「人《にん》」の生き方として確立させること、すなわち仏教本来の慈悲や、平等、生命の尊厳といった思想を一人ひとりの生き方に反映させ、その一人ひとりの振る舞いの総和として「安国」があるということであろう。

「平家納経《へいけのうきょう》」のように、書の達人に『法華経』を書写させ、金粉、銀粉などで美しく芸術的装飾を施して寺社に奉納することが大事なのではない。『法華経』を人間の生き方として生かすことが大事なのだ。

以上のように、『南条殿御返事』『四条金吾殿御消息』などから日蓮の国土観を大まかに見てきた。こうしたことを念頭において、この御義口伝では、仏が常住する「此《ここ》」というのは、**「法華経の行者の住処」**のことであると結論している。「今」「ここ」にいる、この「我が身」を離れることはないということだ。

## 一切衆生にとっての常住此説法

『法華経』では、神力品《じんりきほん》第二十一だけでなく、法師品《ほっしほん》第十にもそれを示す言葉が述べられていた。それは、釈尊滅後の『法華経』弘通の付嘱《ふぞく》に当たって、それを担うにふさわしい人格について述べたところである。

それは、「善男子」「善女人」と漢訳された〝行ないの立派な男女〟という意味の「良家の息子」（kula-putra）、「良家の娘」（kula-duhitṛ）であり、「この上ない正しく完全な覚りにおいて完成されている」「如来と見なされるもの」「世間の人々に安寧《あんねい》をもたらし、慈しむもの」「過去の世における誓願の意志によってこのジャンブー洲《しゅう》（閻浮《えんぶ》提《だい》）の人間の中に、この法門を説き示すために生まれてきたもの」「私の入滅後、教えの勝れた功力《くりき》も、ブッダの国土への勝れた誕生も自発的に放棄して、衆生の幸福と、憐《あわ》れみのために、この法門を顕示するという動機でこの世に生まれてきた如来の使者」（植木訳『サンスクリット版縮訳　法華経　現代語訳』、一八〇頁）と知られるべき人だとされる。さらに、次のようにも語られている。

> 如来の入滅後、如来のこの法門を説き示したり、密かに隠れてでも、誰か一人のためだけでさえも説き示したり、あるいは語ったりする人は、如来によってなされるべきことをなす人であり、如来によって派遣された人であると認めるべきである。
> （同、一八〇頁）

この法師品第十の段階では、まだ地涌の菩薩は登場していない。これらは、その地涌の菩薩のことを予兆して語られた言葉であろう。ここに語られた在り方が、『法華経』を信奉する一切衆生にとっての「常住此説法」の在り方だと言えよう。

## 一切衆生の声が説法

以上のところで、「常住」と「此」について、明らかにされた。**「法華経の行者の住処」**が「此」だとすると、次の「説法」はどういうことになるのか——ということが問題になる。「説法」とは、仏が教えとしての「法」を「説」くことであるが、ここではその意味を拡大して、広い意味で定義されている。それが、**「説法とは、一切衆生の語言の音声が本有の自受用智の説法なり」**というところである。

「法を説く」ことを、一切衆生が言葉として発するすべての音声のことだとしてとらえている。これは、本書の「総論　南無妙法蓮華経とは」（三二頁）の中の「経とは一切衆生の言語《ごんご》音声《おんじょう》を経と云うなり」の一節と同じ趣旨である。それは、「第七章　神通力の意味の塗り替え」の中で取り上げた「第二　如来秘密神通之力の事」（三二五頁）で、一切衆生や自然現象の「作作《ささ》・発《ほっ》発《ほっ》」と振る舞うこと自体が「神通之力」であると言っていたのと同じ一般論化である。

　声というものは、心の思いを音声として発したものであるから、その心の思い（法）を説いていることになる。悲しい思いがあれば、その思いが声となって出てくるわけで、喜びがあれば、その思いが声として表現される。それも広い意味の「説法」だと言っている。地獄の獄卒に呵責《かしゃく》されて罪人が上げるうめき声も、地獄の境地の「説法」ということになろう。

　その思いは、私たちに本来的に具わった「本有《ほんぬ》」のものであり、それを「本有の自《じ》受用智《じゅゆうち》」と言っている。「自受用」とは、「自ら受け用いる」ということである。だれかにやらされているのではなく、自分自身が自らの思い（智）のままに生命の発露として表現することである。

　あらゆるものの発する声というものは、その境涯に応じたもの以上でも、以下でもない。その境涯の高低といった価値判断は抜きにして、心の思いの現われ自体、「本有の自受用智の説法」だと言うのだ。

### 末法の説法とは南無妙法蓮華経

　ここまでは「説法」ということが、一般論として論じられた。そこで、いかなる説法が貴いものであり、価値的なものなのかという議論に焦点が絞られる。

　それが、**「末法に入って、説法とは南無妙法蓮華経なり。今、日蓮等の類いの説法、是なり」**というところである。末法における最高の価値ある、最も貴い「説法」とは、南無妙法蓮華経のことであると言っている。これは、本尊に向かって南無妙法蓮華経と声に出して唱えるということも意味しているのであろう。また、唱題によって我が胸中に、南無妙法蓮華経という法を呼び起こし、その智慧に基づいて振る舞う姿、それも「説法」と呼んでもかまわないのではないか。『法華初心成仏抄《ほっけしょしんじょうぶつしょう》』には、説法としての唱題のダイナミズムが、譬喩を用いて見事に表現されている。

我が己心《こしん》の妙法蓮華経を本尊とあがめ奉《たてまつ》りて、我が己心中の仏性《ぶっしょう》、南無妙法蓮華経とよびよばれて、顕《あらわ》れ給《たま》う処《ところ》を仏とは云《い》うなり。譬《たと》えば篭《かご》の中の鳥なけば、空《そら》とぶ鳥のよばれて集まるが如《ごと》し。空とぶ鳥の集まれば、篭の中の鳥も出でんとするが如し。口に妙法をよび奉れば、我が身の仏性もよばれて、必ず顕れ給ふ。梵王《ぼんのう》・帝釈《たいしゃく》の仏性は、よばれて我等を守り給ふ。仏・菩薩の仏性は、よばれて悦《よろこ》び給ふ。

『妙法蓮華経』（『法華経』の正式名称）という経典は、我々の生命（己心《こしん》）がいかなる存在であり、いかに尊いものであるかということが書かれている。すなわち、我々の「己心」を説明したものが『妙法蓮華経』であり、「己心」があってこその『妙法蓮華経』なのである。『妙法蓮華経』は、我々に「己心」の尊さを気付かせようとして説かれた経典なのだ。だから、あがめるべきなのは経典なのではなく、「己心」のほうであり、「我が己心の妙法蓮華経を本尊とあがめ奉りて」と言われている。そのようにして、南無妙法蓮華経と口に唱えることは、外在している「梵王・帝釈の仏性」や「仏・菩薩の仏性」を南無妙法蓮華経と呼んでいることである。同時に、その声は、自分の耳から入って、内在している「我が己心中の仏性」を呼び起こす。それによって内外の「仏性」が呼応し合って仏の境地が自己に顕在化すると言うのだ。

ここには、南無妙法蓮華経の説法（唱題）によって自己に内在する仏性（仏の本性）が「よびよばれて」顕在化する在り方が、「籠の中の鳥」と「空とぶ鳥」が互いに呼応し合って活発になるという巧みなる譬喩を用いて説明されている。

それは、我々が声を発する時、対象に聞かせているだけでなく、自分にも聞かせているということを言っているのではないか。学生時代に、自分たちで作った歌を録音し、深夜にミキシングしていたことがあった。真夏のことで窓を開け放っていたので、近所迷惑を考えて、ヘッドフォンを装着して、やっていた。当時のヘッドフォンは、耳を完全に覆うもので、外からの音が聞こえない。聞こえてくるのは、録音を再生した歌だけである。そのうち、軽い気持ちでその歌に合わせて軽く歌い始めた。すると、近所の人が怒鳴り込んできた。「何時だと思っているんだ！」。小声で歌っていたかと思っていたが、大きな声で歌っていたのだ。しかも、ものすごい音痴であったという。そういえば、ベートーヴェンも、耳が聞こえなくなって、大声で話すようになったという。

この体験をして、人は声を出す時、相手だけでなく自分も聞きながら話していることに気づいた。発した声を自分の耳で聞いて、その音量や、音程を調節しながら話したり、歌ったりしていたのだ。ヘッドフォンから耳に入ってくる音は、音程がしっかりしているが、自分が発した声は聞こえてこない。だから、音量も音程も調節できていなかった。

他人を愉快にする声も、不愉快にする声も、同時に自分にも聞かせているのだ。不愉快な声を発すれば、自分も「よびよばれて」不愉快な心を呼び起こしていることになる。心が豊かになる声を発すれば、豊かな心が「よびよばれる」ことになる。

このような発声の仕組みを思い出して、「我が己心中の仏性《ぶつしょう》、南無妙法蓮華経とよびよばれて、顕れ給う処を仏とは云うなり」という一節が理解できたかと思う。

このようにして、自己の仏性を顕在化させ、自らの尊さに目覚めた人のことが、『一生成仏抄』で次のように論じられている。


一心《いっしん》を妙と知りぬれば、亦《また》転じて余心《よしん》をも妙法と知る処《ところ》を妙経とは云《い》うなり。


これは、「総論　南無妙法蓮華経とは」（九〇頁）でも論じたことだが、まず、自己の心を『妙法蓮華経』の当体だと知った感動をもって、他者の心も『妙法蓮華経』の当体だと知る、あるいは信ずることができる。だからこそ、その他者にもそのことを伝えたくて言葉によって語りたくなる。それを最も勝れた言語表現だとして、日蓮は「妙経」と言っている。それは、言い換えれば「最も勝れた説法」ということである。

『妙法蓮華経』には、あらゆる人々が差別なく平等に成仏できることが明かされていて、人間の尊さに自他ともに目覚めることが説かれている。その『妙法蓮華経』に南無すること、また他者にも自らの尊い生命に目覚めさせること――このように自行化他《じぎようけた》にわたり、南無妙法蓮華経の智慧をやむにやまれぬ表現として語ること、それが「最高の説法」(妙経)だと言っている。

そして、このような〝説法〟が、常に行なわれている所こそが仏国土なのだ。

**註**

(1)「花見」と言って「桜の花を見ること」を意味するように、全体を表わす言葉で部分を表わしたり、逆に「飯の種」で「生計を立てるための手段の全般」を意味するように、部分を表わす言葉で全体を示したりする譬喩。

(2) 拙著『法華経とは何か――その思想と背景』の「Ⅲ 『法華経』各章の思想」の如来神力品の箇所(二二〇~二二三頁)を参照。

## 第十章
# 日蓮の死生観

世界的な仏教学者である中村元先生の最晩年の十年近く、中村先生が開設された東方学院で毎週三時間、講義を受けることができたことは、何にも代えがたい幸運であった。その講義は、形式張らないざっくばらんな雰囲気で行なわれ、先生は、気軽に質問したことにも丁寧に答えてくださった。その中で、ある婦人が「中村先生は、生命は永遠だと思われますか?」と質問したことがあった。中村先生は、しばし目を瞑《つむ》って考え込まれ、一呼吸おいて、言葉をかみしめるように「私は、永遠であるように思います」と答えられた。古今東西の万巻《まんがん》の書を読み、〝人間ブッダ〟の本来の仏教を探究し続け、傘寿《さんじゅ》（八十歳）を過ぎた先生の言葉の重みを感じた。誰もが知りたい永遠のテーマである。ここに、『法華経』、および日蓮の死生観を「寿量品廿七箇の大事」の中の「第四　如来如実知《にょらいにょじつち》見三界之《けんさんがいし》相無《そうむ》有《う》生死《しょうじ》の事」に見てみよう。

**第四　如来如実知見三界之相無有生死の事**

御義口伝に云《いわ》く、**如来**とは三界の衆生なり。此《こ》の衆生を寿量品の眼《まなこ》開けてみれば、十界本有《じっかいほんぬ》と**実**の**如**《ごと》く**知見**《ちけん》せり。**三界之相**《さんがいしそう》とは生老病死《しょうろうびょうし》なり。本有の生死《しょうじ》とみれば、**無有生死**《むうしょうじ》なり。生死無ければ、退出も無し。唯《ただ》、生死無きに非ざるなり。生死を見て厭離《おんり》するを迷《まよい》と云《い》い、始覚《しかく》と云うなり。さて本有の生死と知見するを悟《さとり》と云い、本覚《ほんがく》と云うなり。今、日蓮等の類《たぐ》い、南無妙法蓮華経と唱え奉る時、本有の生死、本有の退出と開覚するなり。又《また》云く、**無**も**有**も、**生**も**死**も、**若退**《にゃくたい》も**若出**《にゃくしゅつ》も、**在世**も**滅後**も、悉《ことごと》く皆、本有常住《ほんぬじょうじゅう》の振舞なり。

**無**とは、法界同時に妙法蓮華経の振舞より外は無きなり。**有**とは、地獄は地獄の有《あり》の儘《まま》、十界本有の妙法の全体なり。**生**とは、妙法の生なれば随縁《ずいえん》なり。**死**とは、寿量の死なれば法界同時に真如なり。**若退**の故に滅後なり。**若出**の故に在世なり。

されば**無**《む》・**死**《し》・**退**《たい》・**滅**《めつ》は空《くう》なり。**有**《う》・**生**《しょう》・**出**《しゅつ》・**在**《ざい》は仮《け》なり。**如来如実**《にょらいにょじつ》は中道《ちゅうどう》なり。**無**・**死**・**退**・**滅**は無作《むさ》の報身なり。**有**・**生**・**出**・**在**は無作の応身なり。**如来如実**は無作の法身なり。此の三身は我が一身なり。一身即三身名為秘《いっしんそくさんじんみょういひ》とは是なり。三身即一身名為密《さんじんそくいっしんみょういみつ》も此の意なり。然《しか》らば、無作の三身の当体の蓮華の仏とは日蓮が弟子檀那等なり。南無妙法蓮華経の宝号を持《たも》ち奉る故なり云云。

## 寿量品のあらすじ④

寿量品第十六の冒頭で、釈尊が久遠において既に成道していたということが明かされた。それ以来、釈尊は、常にサハー（娑婆）世界にあって説法・教化してきたし、無数の世界において衆生を導いてきた。そのたびに方便として涅槃を現じてきたという。ところが、久遠において成道していた仏が、なぜ生と滅を繰り返し、誕生・出家・成道・説法・入滅という姿を示すのかということが問題になるが、釈尊は、次のように説き聞かせた。

◇　◇

如来である私は、衆生が劣った教えを求め、徳が薄く、けがれが多いのを見て、これらの人たちのために、

「私は若くして出家して、この上ない覚りを得ました」

と説いた。しかし、私が成仏してから既に久しい時間が経過している。そのように説くのは、方便によって衆生を教え導き仏道に入らせるためなのだ。良家の子ども〔善男子〕たちよ、如来が説くところの経典は、すべて衆生を救済し、解脱《げだつ》に至らせるためなのだ。

ある時は自分の身を説き、ある時は他の仏の身を説く。ある時は自己の身体を示現し、ある時は他の仏の身体を示現するのだ。ある時は〔仏としての〕自己の行ないを示し、ある時は他の〔仏の〕行ないを示して見せるのだ。そのようにして仏が説くさまざまな教えは、みな真実であって偽りではない。

その理由は何かといえば、**如来は、〔智慧によって〕ありのままに三界〔欲界《よっかい》、色界《しきかい》、無色界《むしきかい》〕のありさまを見るからだ。すなわち、三界〔の衆生〕には生まれたり死んだりすることもなく、あるいは消滅したり出現したりすることもなく、世に在るとか、入滅するとかということもないのだ。**それは、真実でもなく、偽りでもなく、そのままの在り方でもなく、異なる在り方でもない。如来は、三界〔の衆生〕が三界を見ているような在り方で〔見ること〕はないのだ。

このようなことを如来は明らかに見ていて、誤ることはない。〔中略〕このように、私が仏と

なってこのかた、極めて長い時間が経過している。私の寿命は、計り知ることのできない無数の天文学的な年数であり、常にここに存在し続けていて、消滅することはないのだ。

◇　◇

この太字の部分を鳩摩羅什は、

如来如実知見《にょらいにょじつちけん》。三界之相《さんがいしそう》。無有生死《むうしょうじ》。若退若出《にゃくたいにゃくしゅつ》。亦無在世《やくむざいせ》。及滅度者《ぎゅうめつどしゃ》。
（如来は、如実に三界の相を知見す。生死、若《も》しは退、若しは出有ること無く、亦《また》在世、及び滅度の者無し）
（植木訳『梵漢和対照・現代語訳　法華経』下巻、二二八頁）

と漢訳しているが、これが本章で論じられる箇所である。

## 如来とは衆生のこと

「如来如実知見……」における「如来」とは、まず欲界・色界・無色界の三界にいる衆生のことであると押さえられる。それが、**「御義口伝に云く、如来とは三界の衆生なり」**というところである。

ここにも、これまでの「如来とは人間離れしたものではなく、衆生自身のことだ」という一貫した主張が見られる。それは、原始仏教において釈尊自らが、〝人間ブッダ〟として強調していたことでもある。ここでは、「三界の衆生」と言っているが、「第三章　日蓮の時間論」（一五一頁）で「法界の衆生」と言っていたことと、意味するところは同じである。宇宙、あるいは現象の織りなされる世界を意味する「法界」を、観点を変えて「三界」としただけである。

「三界」とは、①欲望にとらわれた衆生の住む「欲界」、②物質的なものに支配された衆生の住む「色界」、③欲望も物質的なものも超越し、精神性のみを有する衆生が住むとされる「無色界」――の三つの世界のことである。これは、極めてインド的な世界の分類の仕方であるが、もともと禅定によって到達する境地の三段階を表わす言葉であった。分かりやすく言えば、生死流《しょうじる》転《てん》する衆生が住む世界と言っていいであろう。

ここで、今まで通り「法界の衆生」と言えばすむことを、なぜ「三界の衆生」と言ったかといえば、「如来如実知見三界之相」という一節に「三界之相」という文字があるからだ。それだけのことである。

このように「如来」とは、三界の衆生のことであるが、その衆生を「寿量品の眼」が開けて見るならば――すなわち、寿量品に一貫している人間観、成仏観、如来観、そして現象と本質の捉え方などをもって見るならば、ということである。そうすると、九界を否定し、断滅させたところに仏があるのではなく、九界を離れて仏界はなく、九界も仏界も同時であり、なくなったり現われたりするものでもなく、十界それぞれが「本有」（本来的な存在）としてあることを、あるがままに見る（実の如く知見する）ことができるというのである。それが、**「此の衆生を寿量品の眼開けてみれば、十界本有《ほんぬ》と実の如く知見せり」**ということになる。

## 如実知見こそ釈尊の覚り

ここに「如実知見」（yathābhūtaṃ paśyati）という語が出てくるが、これは最古の原始仏典『スッタニパータ』にも見られる重要な言葉である。

釈尊の覚りは、何だったのか？　経典によって十二因縁《じゅうにいんねん》、中道《ちゅうどう》、四聖諦《ししょうたい》、八正道《はっしょうどう》などと異なっている。そこに共通項は見いだしがたい。その違いは、弟子たちの受け止め方の違いによると思う。あえて最大公約数を見いだせば、ものごとを「ありのままに見る」という〝ものの見方〟を覚ったのではないか。

悩みや苦しみの生じ方を如実知見すれば「十二因縁」となり、その眼で、善悪などの二元的対立を見れば両極端に偏らない「中道」となり、修行の在り方を見れば「八正道」となり、苦の生成と消滅の因果の在り方を見れば「四聖諦」となった。そこに一貫しているのは、「ありのままに見る」見方である。

「ありのまま」とは、執着などにとらわれないということだ。先入観や、権威ある教え、部分観にとらわれることも執着心の現われだ。

成道後ほどなくして、釈尊はバラモン教の火の行者として評判だったカッサパ（迦葉《かしょう》）三兄弟を教化《きょうけ》した。後世には、神通力比べをやったかのように書かれているが、それは後世の神格化である。その末弟ガヤー・カッサパは、釈尊の教えを聞いて、「ありのままの真実に即した道理を根源的に省察しました」と、手記詩集『テーラ・ガーター』の第三四七偈に感想を記している。

先祖代々、何の疑問も差しはさむことなく行なってきた火の儀式に対して、釈尊は道理に照らして、ありのままの真実に目を向けさせたのである。

私たちは、果たしてありのままにものごとを見ているだろうか。虹の色は何色《なんしょく》かと聞かれたら、日本のだれもが七色と答える。しかし、アフリカのアル族は八色、アメリカでは六色、ドイツでは五色、台湾とアフリカのジンバブエでは三色、南アジアのバイガ族は二色と答える。ということは、私たちはありのままにものごとを見ていない。先入観や、〝文化の眼〟で見ているのだ。実際の虹をありのままに見るのではなく、虹が出たのを先入観の眼で見て、「ああ、七色だ」と口にしているだけだ。

中国の明の時代に、偉い漢方医が死刑囚の解剖《かいぼう》をさせてもらいたいと皇帝に願い出た。開腹してみると、五臓六腑《ごぞうろっぷ》の位置が、壁に貼って日ごろから見慣れていた図と違っていた。その医者は驚き、動揺するが、最終的に「この男は罪人だ。悪いことをしたから、心だけでなく五臓六腑の位置まで狂ってしまったのだ」と自らを納得させた。自分の眼で直接見た事実を認めようとせず、権威ある漢方の教えに固執してしまった。それほどに、ありのままに見ていないのだ。

これは、人の評価についても同じことが言える。自分で直接会って好印象を持っていたにもかかわらず、肩書のある人から根拠のないデマを吹き込まれただけで、自分の目で見て抱いた人物評価を覆してしまう人がいる。それは、自分で気付いていないかもしれないが、自分には「人を見る目がない」ということを自ら証明してみせていることを意味しているのだ。

原始仏典の『スッタニパータ』には、

この世において智慧《ちえ》を具《そな》えた修行者は、目覚めた人〔であるブッダ〕の言葉を聞いて、その〔言葉〕を完全に理解し、ありのままに見るのである。（第二〇二偈）

とある。この一節からしても、釈尊は弟子たちに「ありのままに見る」（yathābhūtam passati[1]、如実知見）という〝ものの見方〟を説いていたことがうかがわれる。それを体現した弟子を「智慧を具えた修行者」（bhikkhu paññāṇavā）と呼んでいる。このように、釈尊は「ありのままに見る」智慧を重視していたことが理解できよう。

釈尊がなしたことは、バラモン教をはじめとする諸宗教で言われていた迷信や、ドグマ、因習、慣例、儀式などについて根源的に問い詰めていって、そうした先入観を一切排して、人間をありのままに見すえることをなし、その上でいかに生きるかということを説いたと言えよう。そういう意味では、本来の仏教は人間（衆生）のための宗教であり、人間主義の立場に立っていた。

中村先生は、「実践哲学としてのこの立場は、思想的には無限に発展する可能性を秘めていました」と評価しておられた。

## 生死も退出も本有常住の振る舞い

御義口伝に話を戻すと、「三界之相」、すなわち三界において現象として現われてきた種々の姿（相）は、「生老病死」を繰り返すものであるとされる。それが、**「三界之相とは生老病死なり」**

というところになる。これは、三界の衆生について言われたものである。衆生以外の物質的なものについて言えば、「第七章　神通力の意味の塗り替え」（三二五頁）で論じた「生《しょう》・住《じゅう》・異《い》・滅《めつ》」、あるいは「成《じょう》・住《じゅう》・壊《え》・空《くう》」を繰り返すものになる。

「生死」とは、「生まれることと死ぬこと」を意味する。この生死は、現象面だけ見れば、誕生すれば「有」となり、死亡すれば「無」となって、そこで途絶えてしまったように見える。ところが、生命それ自体の現われ方が、ある時は「生」、ある時は「死」という姿をとっているだけで、生命それ自体は、なくなったり、現われたりするものではない。このように、生死と言っても、「本有」であって、生命に本来的に具わる在り方であると見るならば、「無有生死」（生死の有ること無し）となる。それが、**「本有の生死とみれば、無有生死なり」**である。現象として身体が生死を繰り返しているだけで、生命自体には生死があることはない。

また、「生」とか、「死」とかという現象は身体のことであって、生命それ自体のことでないのであれば、生命には退いたり、出現したりするということもない。すなわち、**「生死無ければ、退出も無し」**である。

といっても、現象としての「生死」がないと言っているのではない。これまでは、「有」とか「無」、「生」とか「死」という現象にとらわれてしまってはいけないということで、生じたり滅したりすることのない「本有」という側面が強調された。だからといって、現象自体がないわけではない。現象にとらわれてもいけないけれど、現象を無視することもいけないということが言われている。それが、**「唯《ただ》、生死無きに非ざるなり」**ということである。

現象としては、身体に寿命があり、「生死」という現象は厳然とある。しかし、そこで、途絶えて、無に帰するのではなく、生命それ自体は一貫している。一貫した生命が、あるときは「生」、あるときは「死」という姿を示しているだけのことである。

このように、ここでは現象と本質という二つの次元で話が展開されているので、どちらの観点で論じられているのかをわきまえないと、混乱して分からなくなる。

現象としての「生死」を見て、死ということをいたずらに厭離《おんり》（嫌悪）したり、不安にとらわれたりすることを迷いと言っている。また、「始覚」とも言うとあるが、これは「始成正覚《しじょうしょうかく》」のことで、「始めて正覚を成ずる」と読む。ということは、現在の我が身を厭離し、否定して、何か特別の仏というものを想定して、それに成ろうとする考えに基づいている。それは、「因果異時」という考えに通じる。「始めて」と言うのだから、正覚を成ずる前と後に生命的断絶がある。それは、「生」と「死」を断絶したものと見る生命観と軌《き》を一《いつ》にしている。それは、迷いの生命観である。それが、**「生死を見て厭離するを迷と云い始覚と云うなり」**ということだ。

寿量品で明かすのは、生死を厭《いと》い嫌って離れるのではなく、生命は、生死生死と、生まれかわり、死にかわりを繰り返しつつ一貫したものであると覚知することが大事であると説かれている。

このように生死が本有のものとしてあることを知見するところに覚りがあり、それを本覚《ほんがく》という。「本覚」とは、「始覚」に対する言葉であって、始めて覚るのではなく、本来的に覚っているということである。現象面では、「覚」と「不覚」の違いにとらわれがちだが、本質面では覚るべき存在である。現象界の諸相を超えて本来的に覚っていて、生命的断絶はないと知見するところに覚りがある。それが、**「さて本有の生死と知見するを悟と云い、本覚と云うなり」**ということだ。

このような生死観に立って、日蓮の弟子檀那として、南無妙法蓮華経と唱えている時、どうなるのかということが次に論じられる。智慧の眼が開けるがゆえに現象に目を奪われるのではなく、その本質部分が知見される。だから、現象としての生死にとらわれることなく、その生死が本有のものとして見えてくる。現象として生死という変化相を示しつつも、その生命自体の躍動が覚知される。退いたり、出てきたりする、その現象にとらわれることなく、その「退」「出」を本有のものとして覚知することになる。それが、**「今、日蓮等の類い、南無妙法蓮華経と唱え奉る時、本有の生死、本有の退出と開覚するなり」**ということである。

このように開覚した時は、「無と有」「生と死」「退くことと出づること」「在世と滅後」といった相反する現象も、ことごとくすべて本有常住として一貫する生命それ自体の二つの現われ方にすぎないということが覚知される。だから、**「無も有も、生も死も、若退も若出も、在世も滅後も、悉く皆、本有常住の振舞なり」**と結論されている。

「無」と「有」に関しては、元の漢文では、「無有生死……」で「生死……有ること無し」というように述語として用いられていたが、ここでは、「生と死」「退と出」などの対立語と同列に見なされて、「無と有」として論じられている。

### 有無も生死も妙法の振る舞い

ここから論じ方が少し変わってくる。「無」「有」「生」「死」のそれぞれに独特の意味付けがなされている。それぞれの文字に積極的な意味付けが行なわれるところだ。それによって、現象的なものから本質的なものへと視点が転換されている。ここで観点がこれまでと全く変わっているから、頭を切り換えなければならない。

まず、**「無とは、法界同時に妙法蓮華経の振舞より外は無きなり」**というように「無」という文字が用いられている。法界（宇宙）は同時に妙法蓮華経という法に基づいて現象しているのであり、それ以外には「無」いというように使われている。

宇宙の一切のあらゆる現象が妙法蓮華経という法に基づいて現われたものであり、それ以外のものは「無」いというのだ。「無」というと、何もないと否定的にとらえられることが多いと思うが、その「無」も妙法蓮華経の一つの現われであるということを強調するために用いられていて、「無」に積極的な意味付けがなされたわけだ。

次に、「有《う》」について、**「有とは、地獄は地獄の有の儘、十界本有の妙法の全体なり」**とする。十界それぞれの「有」りのままで妙法の全体であるということだ。地獄界は苦しみの境地で嫌なものだから、要らないというのではなく、地獄界も欠かすことができない。地獄界があるがゆえに、人の苦しみを理解することができ、人を励まし、自信を与え、救っていくことができることになる。地獄界だけでなく、十界のすべてが本有（本来の有るべき状態）としてあることが大事なのだ。十界のいずれも妙法の全体であり、不可欠なものなのだ。地獄界の苦しみにがんじがらめになっていたり、修羅界の怒りのみが単独に突っ走っていたりするのではなく、十界のすべてが妙法の智慧に照らされて円融円満に輝いた「十界同時の成仏」という在り方であることが本来の「有」るべき姿である。

先ほどは、「無」によって法界が同時に妙法の振る舞いであることが強調され、今度は「有」が妙法の全体と関連付けられている。「無」といい、「有」といい、妙法に関連するものであると日蓮は主張している。

次に「生」というのは、**「生とは、妙法の生なれば随縁なり」**と言っている。妙法に基づいて「生」ずるのだから、常住不変の法が縁に従って現象しただけであって、今初めて現われてきたものではないということだ。単なる現象としての「生」ではない。その背後に常住の法理がある。「死」というのは、**「死とは、寿量の死なれば法界同時に真如なり」**とされる。「死」といっても、寿量品に説かれる「死」というのは、方便として説かれたものである。それは常住するものを方便として「死」と説いたものなので、現象が織りなされる世界である「法界」は、生死を繰り返しているように見えるけれども、その生死を織りなす宇宙自体が妙法の当体であり、妙法のあるがまま（真如）の在り方をしている。

次に、**「若退の故に滅後なり」**とあるが、「若退」というのは滅後のことであり、「死」を意味する。**「若出の故に在世なり」**とは、「若出」は在世、すなわち「生」のことである。「生」「死」といっても、退くか、出づるかという違いがあるのみである。

以上は、「本有常住」としての本質の部分を踏まえた上で、現象としての「無」「有」「生」「死」「若退」「若出」というものに積極的な意義を与えたところである。

## 三諦論への展開

〈現象→本質〉、あるいは〈本質→現象〉という二つの方向性が以上のところまで論じられた。それは、無常なものと、常住なものとの関係性といってもよいであろう。そこで、この二つの相反する観点を統合する視点が提示される。それが、空《くう》・仮《け》・中《ちゅう》の三諦論《さんたいろん》である。

初めに、**「されば無・死・退・滅は空なり」**と論じている。すなわち、「無」「死」「退」「滅」のほうが目に見えない空無の在り方であり、「空諦《くうたい》」の側面をとらえたものである。次に、**「有・生・出・在は仮なり」**とされる。「有」「生」「出」「在」のほうは目に見える現象として、縁によって仮に存在することであるから、「仮諦《けたい》」の側面を表わした言葉であるということだ。そして、**「如来如実は中道なり」**と言っている。「如来如実」、すなわち如来が如実にものごとを知見する仕方は、「空諦」「仮諦」のいずれか一方に偏するのではなく、実の如く、あるがままに知見するということだから、これが「中道《ちゅうどう》」、あるいは「中諦《ちゅうたい》」ということになる。「従空入仮《じゅうくうにっけ》」（空より仮に入《い》る）、「従仮入空《じゅうけにっくう》」（仮より空に入る）の両面、言い換えれば〈空→仮〉〈仮→空〉という両面からものごとを見ていくのが中諦である。ここでいう、「空諦」は「本質」、「仮諦」は「現象」と置き換えてもかまわないであろう。このように差別・対立の仮諦（現象）から無差別・平等の空諦（本質）へという視点（従仮入空観）、またその逆の無差別・平等の空諦（本質）から差別・対立の仮諦（現象）へという視点（従空入仮観）、この両者が兼ね具わってはじめて、ものごとのありのままを如実に知見することができるというのである。そこに、「中道」としての「如実知見」がある。

「仮諦」にとらわれると、差別・対立の世界であるから、ものごとにとらわれてしまい、「自他《じた》彼之《ひし》」という対立する心が生じ、そこに執着することで、迷いの根源となる。「自他彼此」は「我他彼此《がたひし》」とも書かれた。「がたひし」は、古代の日本では「ガタピシ」と発音された。差別・相対の世界にとらわれ対立する心があると、人間関係もギクシャクする。そのさまをガタピシと言って、立て付けの悪い障子が、「ガタピシしている」というように用いられるようになった。

その差別・対立の「仮諦」にとらわれた心を打ち破って、無差別・平等の「空諦」へと向かう。ところが、「空諦」に向かうのはいいのだけれども、そこにとらわれてしまうと観念的で抽象論に終始してしまうことになる。これも偏頗《へんぱ》になる。そこで、「空諦」ということを知った上で、再び「仮諦」という現実に戻る。仮から空へ、また空から仮へという、この両方の方向性、視点を持ったところに「中道」あるいは、「中諦」という在り方が開けるのである。

こうしたことを日蓮は、『一生成仏抄』において、

有と思ふべきに非ず。無と思ふべきにも非ず。有無の二の語も及ばず、有無の二の心も及ばず、有無に非ずして、而《しか》も有無に偏《へん》して、中道一実の妙体にして不思議なるを妙とは名《なづ》くるなり。

と言っている。ここの「有」を「仮諦」、「無」を「空諦」と置き換えれば上記のことと同じことになる。

現象として現われたものは無常なものであるが、その背後には常住なものがあるのであり、現象としての無常なものに目を奪われてはならないことを教えている。無常な現象を通して常住なものを知ることができ、常住なるものも無常なる事物、現象と無縁ではないという二つの側面を知らなければならない。それは、現象としての「諸法」と、常住なる「実相」との関係を表現した「諸法実相」を言い換えたものである。

### 起も滅も、法性の起と滅

「常住なるもの」と「無常なる事物、現象」との関係について天台大師智顗が、『摩訶止観』巻五上において次のように言っている。

起《き》は是《こ》れ法性《ほっしょう》の起、滅《めつ》は是れ法性の滅。　（大正蔵、巻四六、五六頁中）

「起」と「滅」は、現象が生ずることと、滅することである。その「起」と「滅」は、常住不変の「法性」が、情況に応じて「起」と「滅」の在り方を示しているだけである――と天台大師は言っている。

「法性」は、サンスクリット語のダルマター（dharmatā）の漢訳語である。そのダルマターは、ダルマ（dharma）に抽象名詞を造る接尾辞ター（tā）を付したものである。「法」と漢訳されたダルマは多義的で、「真理」「教え」の意味で用いられることが多いが、ここでは「現象」「ものごと」の意味である。それが、ダルマター（dharmatā）になると、「法性」と漢訳されて、「法（現象）の本性」、あるいは「現象を現象たらしめるもの」という意味になる。インド人は、現象を見ても、その現象にとらわれるのではなく、現象の背後の普遍的なものを見ていることが理解できよう。

世界で最も抽象名詞が多い言語は、サンスクリット語である。すべての名詞、形容詞、副詞にター（tā）を付ければ抽象名詞になるからだ。それは、ものごとの現象を見ているのではなく、現象の背後の普遍的なものを見ているインド人の独特の思惟方法が文法に反映したものだ[2]。

例えば、日本語では「この紙は白い」と言う。英語でも、**This paper is white.** と言う。ほとんどの言語では、このような表現の仕方をする。それは、紙に「白い」という現象を見ていることを意味する。

ところが、インド人は、「この紙は白性《しろせい》を持つ」という表現を好む。「白性」（śuklatā < śukla + tā）という抽象名詞は、この紙の「白（śukla）という現象を白たらしめているもの」を意味している。「この紙は白い」というのは、現象を見ている。「白性」、あるいは「白を白たらしめるもの」という言い方には、「我々は、現象として白と見ているけれども、それが白いのは、白を白たらしめている働きが背後にあるからだ」という考え方が貫かれている。現象よりも、その背後にある実在を見ているのだ。

現象としてのダルマ（法）は、「起」と「滅」を繰り返すが、その「起」と「滅」は、常住不変のダルマター（法性）が条件に応じて「起」と「滅」の在り方を示しているだけなのだ。

鳩摩羅什は、『法華経』においてダルマターを「諸法実相」と漢訳した。ダルマターは、「法性」「法の本性」「実相」という意味でしかないのだが、鳩摩羅什は、「法の本性」は、「法」に対する言葉であることから、そこには諸々の「法」と「実相」の関係が前提となっていると考えて、「諸法実相」と漢訳している。「諸法」は、ダルマの複数形ダルマーハ（dharmāḥ）のことで、「諸々の現象」「あらゆるものごと」の意味である。だから、鳩摩羅什は、「諸々の現象」「あらゆるものごと」と「実相」の関係を「諸法実相」と漢訳したのである。

以上のように見てくると、「生」と「死」、「起」と「滅」など変転極まりない現象世界と、常住不変の法性の世界との両面からものごとをとらえるものの見方が理解されよう。

### 三身論への展開

以上の三諦論は、自然や衆生の在り方を見る見方であったが、日蓮は、この見方をそのまま仏身に当てはめて、「三身論」として展開している。それが、「無・死・退・滅は無作の報身なり。有・生・出・在は無作の応身なり。如来如実は無作の法身なり。此の三身は我が一身なり」として論じられている。

すなわち、「無」「死」「退」「滅」という言葉が示しているのは、姿形をもって現われる以前の在り方のことである。これは、仏身論としては「報身如来」のことになるという。「有」「生」

「出」「在」という言葉は、現実世界に現われ出た在り方だから、「応身如来」となる。「如来如実」すなわち、真実のありのまま、真理そのもの、これは「法身如来」ということになろう。この寿量品に説かれる如来というのは、無作の三身のことだと一貫して言われているから、この三つに「無作」をつけても結構である。

この「無作の三身」がことごとく我が身のことであると説くのが、この寿量品の趣旨である。それが、**「此の三身は我が一身なり」**ということである。天台が「一身即三身」「三身即一身」と言ったのもこのような意味であった（詳細は、「第一章　自己の探求」を参照）。

ここで、「一身即三身」であろうと、「三身即一身」であろうと、順番はどうであれ、三身が我が一身に具わっているということを表現しただけのことであるということも、それぞれ「秘」と「密」に配されることも既に、「第七章　神通力の意味の塗り替え」（三三〇頁）で述べた通りである。それが、**「一身即三身名為秘**（一身即三身を名づけて秘と為《な》す）**とは是なり、三身即一身名為密**（三身即一身を名づけて密と為す）**も此の意なり」**ということの趣旨である。

このように論じてきて、「無作の三身」という言葉で表わそうとしたその当体、さらには「蓮華」の意味する清浄、かつ因果俱時としてあるブッダというのは、ほかのだれでもない、衆生のことであり、なかんずく「日蓮が弟子檀那」ということになると結論される。それが、**「然らば無作の三身の当体の蓮華の仏とは日蓮が弟子檀那等なり」**というところである。「日蓮が弟子檀那等」という表現には、『法華経』の「如我等無異」（我が如く等しくして異なること無けん）の思いの表明であろう。

それは、なぜかといえば南無妙法蓮華経という無作三身の勝れた名前を受持しているからである。それを、**「南無妙法蓮華経の宝号を持《たも》ち奉る故なり云云」**と結論している。

## 元政上人の詩に見る無常と常住

三諦論において無常と常住の関係を見たが、「西の元政《げんせい》・東の芭蕉《ばしょう》」「江戸時代随一の詩人」と言われた京都・深草の元政上人（一六二三〜一六六八）の詩が思い出される。岩波書店の元編集部長であった高村幸治氏（一九四七〜）の依頼で、萩原是正《ぜしょう》編著『深草元政上人墨蹟』上下巻（大《おお》神山隆盛寺《がみやまりゅうじょうじ》、約四〇〇頁、二〇一六年刊、望月学術賞受賞）に長文の解説「元政上人の詩歌と仏教」を書いたことがあった。それは、二十一歳の頃元政の詩文集『艸山集《そうざんしゅう》』（草山集）に出会って感動した萩原是正氏（一九二七〜二〇二二）が、私財をはたいてその収集に当たってこられた墨蹟の集大成で、元政没後三百五十遠忌《おんき》（二〇一七年）の前年に出版された。その「解説」に大幅に加筆して、『江戸の大詩人　元政上人――京都深草で育んだ詩心と仏教』（中公叢書）を満没後三百五十年に当たる二〇一八年に出版することができた。

元政は、幼少の頃から『法華経』を読誦し、無類の読書家として和漢の書にいそしんだ。彦根藩主の井伊直孝（一五九〇〜一六五九）に仕えたが、十九歳で病を得て、二十五歳で職を辞し、翌年出家した。仏教に通じ、文学にも精通した人であった。そのため、元政を理解するには、文学だけでなく、仏教の素養も必要である。

その詩文に影響を受けた人には、熊沢蕃山《くまざわばんざん》（一六一九〜一六九一）、北村季吟《きたむらきぎん》（一六二五〜一七〇五）、井原西鶴《いはらさいかく》（一六四二〜一六九三）、松尾芭蕉《まつおばしょう》（一六四四〜一六九四）、小林一茶《こばやしいっさ》（一七六三〜一八二八）など多数である。昭和の初めぐらいまで、文学や哲学を学ぶ人は、仏教も学んでいた。だから、元政のことがよく知られていた。しかし、近年、仏教学と文学の両方にわたって学ぶ人がほとんどいなくなって、「一方は分かるけど、他方は分からない」と言って、元政は、それぞれの研究者たちから関心を持たれなくなって、残念なことに今では忘れ去られてしまっている。

　高村氏は、この『深草元政上人墨蹟』を編集するに当たり、巻頭に解説を入れようと考え、文学研究者たちに依頼されたそうだが、「仏教が分からないから」という理由でことごとく断わられた。そして、私にお鉢が回ってきた。恥ずかしながら、私も、二〇一五年まで「元政」の名前すら知らなかった。けれども、大恩人の高村氏の困り果てた表情を見て、やむなく引き受けることにした。その詩文を読み始めると、悠久で宏大な元政の心の世界に一気に引きずり込まれた。『法華経』の思想が、仏教用語を全く用いることなく、見事に詩として表現されていることに感銘した。その中から、無常と常住の関係を通して、時間の悠久さを詠った詩(3)を紹介しよう。

　草庵の境内に林をめぐって流れる小川があった。その小川に架かる水月橋《すいげつきょう》の辺りの水面に映った月を眺めていて抱いた詩情である。

**偶作**

水月橋辺水月秋
水光月色共悠々

**偶作《ぐうさく》**

水月橋辺《すいげつきょうへん》、水月《すいげつ》の秋《あき》
水光月色《すいこうげっしょく》、共《とも》に悠々《ゆうゆう》

我心如水還如月
月落水流流不流

我《わ》が心《こころ》、水《みず》の如《ごと》く、還《ま》た月《つき》の如《ごと》し
月《つき》は水流《すいりゅう》に落《お》ちて、流《なが》れて流《なが》れず

水月橋の辺りの水面に月が映っている。水月の美しい秋である。水に映った月の光も、天空にかかる月の色も、ともに時の流れを感じさせず、悠久のものとして輝いている。私の心は、水のようでもあり、また月のようでもある。

月は、水の中に影を落として、水が絶えず流れていても、月はそれによって流れていくことはない。私の心にもさまざまな思いが絶えず流れて去来するが、その心自体は何も変わることはない――。

「万物は流転する」と言ったのは、ギリシアのヘラクレイトス（紀元前五三五頃～同四七五頃）と言われているが、この元政の詩は、流転しつつも、そこに変わらず一貫したものが存在していることを気づかせてくれる。

鴨長明《かものちょうめい》（一一五五？～一二一六）は、河の流れを見ていて、次の感懐を抱いた。

ゆく河の流れは絶《たえ》ずして、しかももとの水にあらず。よどみに浮ぶうたかたは、かつ消え、かつ結びて、久しくとどまりたるためしなし。世の中にある人と栖《すみか》と、またかくのごとし。

これは、『方丈記《ほうじょうき》』の書き出しの部分だが、「移りゆくもののはかなさ」を嘆いた文章である。

長明は、京都下鴨神社禰宜《ねぎ》の家に生まれ、のちに社司《しゃし》（神職）に推挙されたが実現せず、失意のうちに出家し、山城国日野の外山《とやま》に方丈の庵を結び、隠遁《いんとん》生活を送った。この嘆きは、そうした経歴の影響であろうか。松岡正剛氏（一九四四年〜）は、その著『千夜千冊』の第42夜[4]で、長明のことを「失意の人」「典型的な挫折者」「内田魯庵《うちだろあん》のいう〝理想負け〟」「山口昌男のいう〝敗け組〟」と評している。

それに対して、元政の詩には、同じく「移りゆくもの」を見ていても、嘆きは全く感じられず、無常の変化相のなかにも常住の永遠相を感じ取り、悠久の思いに包まれている。ここには、『法華経』信奉者の悠久の時間意識が表現されている。

鴨長明は、世の無常を嘆いた「無常感」を記しているのみと言えよう。それに対して、元政は、世の無常を明らかに見ているだけでなく、常住なるものも確かに見すえて「無常観」を詠んでいる。それは、まさに『法華経』の「如来如実知見三界之相無有生死」に通ずる視点が感じられる。元政の詩には、『法華経』の諸法実相の観点が反映されている。諸法そのものが実相ではない。しかし、実相は諸法を通じて顕現する。移りゆく諸法にとらわれて、世をはかなみ無常であることを嘆いているのが長明であるとすれば、元政は、移りゆく諸法に執着することなく、諸法を通して確かな実相を観すえて、揺るぎない境地に立っているという違いが明確である。

### 元政上人の病を超越した詩

また、元政は十九歳以後、病に苦しむことしばしばであったが、病に臥して不自由な思いをしながらも、病を憂うことなく、病をも達観し、超越した境地を詠んでいる。次の詩(5)は、その一つである。

又得燠字

……

艸屋三五間
荘厳勝百福
昔為病所使
今以病為僕
有時積雨晴
出庭梅子熟
偶読西域記
逍遥五天竺

又《また》、燠《いく》の字を得《え》たり

……

艸屋《そうおく》、三五間《さんごけん》
荘厳《しょうごん》、百福《ひゃくふく》に勝《まさ》れり
昔《むかし》は、病《やまい》の使《つか》う所《ところ》と為《な》り
今《いま》は、病《やまい》を以《もっ》て僕《ぼく》と為《な》す
時有《ときあ》って、積雨《せきう》、晴《は》る
庭《にわ》に出《い》づれば梅子《ばいし》熟《じゅく》せり
偶《たまたま》、西域記《さいいきき》を読《よ》みて
五天竺《ごてんじく》を逍遥《しょうよう》す

草ぶきの粗末な庵は、三五間（＝三間×五間、一間は約一・八二メートル）ほどにすぎないが、その荘厳ぶりは、仏の具える三十二種類の身体的特徴（三十二相《さんじゅうにそう》）の一つひとつが百もの福徳によって飾られていることよりも勝っている。過去には、病に苦しめられ、病に使われる身であったが、今は逆に病を僕《しもべ》として使う立場に立っている。時節が到来して、長く続いていた雨が上がり、空が晴れ上がった。庭に出てみると梅の実が熟している。それは、ちょうど玄奘三蔵（六〇二～六六四）の『大唐西域記《だいとうさいいきき》』を開いて読んでいて、インドの東・西・南・北・中央の五天竺を気ままに歩き回っている時のことであった――。

昔は、病気の下僕として使われる立場だったが、今は逆転して病を下僕として使う立場になった。その転換を「時有って、積雨、晴る」の言葉が象徴的に示している。心は、梅雨の晴れ間に梅の実が熟したことを喜び、はるばると五天竺に至ってインドの大地を逍遥しているというのだ。肉体に病があるからといって、心まで支配される必要はない。この詩は、生死、あるいは生老病死をも超えた境地を元政が体現していたことを詠ったものだ。

## 極楽浄土と霊山浄土の違い

これまで概観してきた『法華経』、あるいは日蓮の死生観から見て、法然《ほうねん》（一一三三～一二一二）の言う「極楽浄土」と、日蓮の言う「霊山浄土」とは何が違うのか――それを最後に見ておこう。

日蓮の著作を読んでいて気づくことは、日蓮が「生きる」ことを尊ぶ人であったことだ。この世に生まれてきたことの貴重さ、命の尊さ、生をまっとうし、一日でも長く生きることの有り難さを人々に訴えている。

『可延定業書《かえんじょうごうしょ》』に、こんな言葉がある。

命と申す物は、一身第一の珍宝なり。一日なりとも、これを延《のぶ》るならば、千万両の金《こがね》にもすぎたり。

一日の命は、三千界の財《たから》にもすぎて候《そうろう》なり。〔中略〕一日もいきてをはせば、功徳つもるべし。あら、を（惜）しの命や、をしの命や。

『佐渡御書』の冒頭には、

世間に人の恐るる者は、火炎《ほのお》の中と、刀剣《つるぎ》の影と、此身《このみ》の死するとなるべし。牛馬猶《なお》身を惜《おし》む。況《いわん》や人身《にんじん》をや。癩人《らいにん》猶命を惜む。何《いか》に況や壮人《そうにん》をや。

「火炎の中」と「刀剣の影」というのは、当時の戦争のことであろう。世の中のあらゆる人が戦争で身を焼かれたり、刀剣で切られてたりして命を失うことを最も恐れている。牛馬も、難病の人も命を惜しむものであり、ましてや人間や、健康な人も命は惜しいものである。日蓮は、その事実を生きとし生けるものの、最も根源的な欲求として認めている。

生きることが大切なのは当たり前で、特に珍しいことではないと思われるかもしれない。しかし、当時は必ずしもそうではなかった。ことに宗教的な面においては、「今」「ここ」に生きていることよりも、死後の別世界のほうが尊く有り難いという考え方があったのだ。

その最たるものが、法然らの浄土信仰であった。その教えによると、我々が生きているこの世は、穢《けが》れていてどうすることもできないが、西の遥《はる》か彼方《かなた》（西方十万億土《さいほうじゅうまんおくど》）に阿弥陀仏のおわします極楽浄土があって、ひたすら「南無阿弥陀仏《なむあみだぶつ》」と念仏を称《とな》えれば、死後そこへ行けると説いた。いわゆる「厭離穢土《おんりえど》」（穢土を厭《いと》い離れる）と、「欣求浄土《ごんぐじょうど》」（浄土を欣《よろこ》び求める）である。

この考え方に、日蓮は異議を唱えた。我々は「今」「ここ」に、こうして生きている。なのに、なぜわざわざ死後の別世界（他土）に浄土を求める必要があるのか、と。

『法華経』では、「常に此の娑婆世界に住して説法教化している」とあるように、釈尊は常にこの現実世界にかかわり続けていると言っている。『法華経』を信じ実践する人のいるところこそ、釈尊が成道《じょうどう》し、法を説き、涅槃《ねはん》に入るなど、ブッダとしての活動を展開しているところだと言っていた。

そもそも「浄土」という言葉は、どこか特定の場所を指したものでもなければ、『阿弥陀経』のサンスクリット原典にも、鳩摩羅什訳にも出てこない。もともとは「仏国土（ブッダのいる国土）を浄化する」（浄仏国土）という意味であった。『維摩経』に書かれているこのサンスクリット語の原文を、鳩摩羅什《くまらじゅう》が「浄土《じょうど》」と漢訳した。『維摩経』は、如来の身体も、仏国土も人間を離れたところには存在しないことを強調する経典であり、人間を離れて、別世界に「浄土」を求めさせることはない。[6] 釈尊といえども、ブッダ（「法」と「真の自己」に目覚めた人）という人間であるから、我々人間が住んでいるこの国土に正法が行なわれ、清らかになることが、すなわち浄土である。この考えから逸脱し、西方十万億土という遥か彼方に極楽浄土を想定したのは、法然独自の見解であった。

その「十万億土」とは、「第七章　神通力の意味の塗り替え」（三三八〜三三九頁）で論じた通り、「一万個の三千大千世界」、すなわち「一万個の銀河系宇宙」のことである。その彼方には、光の速さで飛んで行っても何百億年、何千億年かけても到達できないところであって、全く現実離れした浄土であった。

では、現実世界を重んずる『法華経』には、「浄土」は説かれていないのかと言うと、ある。それは、霊山浄土《りょうぜんじょうど》と言われている。極楽浄土のように死後の別世界ではなく、我々が生きている今、この娑婆世界で体現できる世界である。その詳細は、「第三章　日蓮の時間論」（一六六〜一六九頁）で論じたことだが、説明の都合上、多少の重複を許していただきたい。

霊山浄土は、インド北東部に実在する霊鷲山《りょうじゅせん》の上方の虚空《こくう》で展開された『法華経』の説法の会座として象徴的に描かれている。『法華経』の説法は、霊鷲山で始まり、途中で空中（虚空《こくう》）に場所を移している。虚空は、地上世界と異なり、時空の概念を超越し、あらゆる対立概念が空無化する世界である。そこに、釈迦（現在仏）・多宝（過去仏）の二仏を中心に過去・未来・現在の三世の仏・菩薩や、十方の全空間に存在する仏・菩薩をはじめとして、あらゆる衆生が一堂に会して、説法が展開される。これは、「霊山虚空会《りょうぜんこくうえ》」とも呼ばれている。

この霊山虚空会に三世の諸仏・菩薩が同座していることは、「現在」の瞬間が、過去と未来をはらんだ永遠の世界であることを意味している。時間といっても、過去や未来はどこにも存在しない。あるのは、「今」「現在」のみである。過去と言っても、過去についての「現在」における記憶であり、未来と言っても、未来についての「現在」における期待や予想でしかない。所詮、「現在」である。過去も、未来も、「現在」を抜きにしてはあり得ない。常に「今」の連続である。

このように、霊山虚空会は、「今」「現在」の瞬間の生命にはらんでいる豊かな永遠の境地だけでなく、十方の諸仏の集合によって、我々の生命が宇宙大の広がりを持つものであることをも示している。

このように永遠の時間と、無限の空間をそなえた霊山虚空会に〈地獄・餓鬼・畜生・修羅・人間・天〉の六道の衆生と、〈声聞・独覚〉の自利的真理探究者、〈菩薩〉という利他的修行者、そして覚者としての〈仏〉の十界《じっかい》がすべて勢ぞろいしている。それは、瞬間に永遠をはらみ、宇宙大の広がりを持つ我々の生命に具わる十界の働きを表わしているものであって、この霊山虚空会自体が、一人の生命の全体像、命の本源を意味していると言えよう。これが、『法華経』に描写された霊山虚空会の意味であり、日蓮は霊山浄土と呼んだ。

「第三章　日蓮の時間論」でも書いたように、『法華経』を読誦することは、命の本源としての霊山浄土に立ち還ることであった。日蓮は、その霊山虚空会（霊山浄土）を文字の曼荼羅《まんだら》として図顕した。その曼荼羅に向かって「南無妙法蓮華経」と唱えることによって、『法華経』に展開される尊く豊かな生命の世界に立ち還ることになる。日蓮は、このようにして日々、霊山浄土に立ち還る方法を簡略化したと言えよう。

『法華経』の説法の場所が、霊鷲山という地上から虚空へと変わり、最後に再び地上に戻るという形式になっているのは、日常の場と霊山浄土の往復を言っているのであろう。

そのようなことを日蓮は『最蓮房御返事《さいれんぼうごへんじ》』という手紙に記している。既に「第三章　日蓮の時間論」でも引用したが、ここには現代語訳して引用する。

私たちが居住していて、『法華経』というあらゆる人を成仏させる一仏乗の教えを修行する所は、いずれの所であっても、久遠の仏が常住する永遠に安穏な国土（常寂光《じょうじゃっこう》の都）であるはずです。我らの弟子檀那となる人は、一歩も行くことなくして天竺の霊山浄土を見、本来有りのままに常住する仏国土へ昼夜に往復されることは、言葉で言い表わすこともできないほど嬉しいことです。

『法華経』を読誦し、実践する人のいるところ、そここそがそのまま霊山浄土であり、その人は、そこから一歩も動くことなく、日夜にそこに往復できると説かれている。

日蓮は、この『法華経』の思想に基づいて、「南無妙法蓮華経」と唱えることを勧めた。「第三章　日蓮の時間論」（一六二頁）で引用したように、哲学者の梅原猛《うめはらたけし》氏が、「『南無妙法蓮華経』ととなえる題目は、いわば永遠を、今において、直感する方法」と言っていたことは示唆に富んでいる。

『法華経』に説かれた永遠・常住の境地（霊山浄土）に立ち還ることによって、自己に永遠・常住の境地を体現することになる。永遠は、決して死後の世界にあるのではない。「今」「ここ」に生きているこの「わが身」を離れては存在しないのだ。

それを極めていけば、もはやこの世もあの世も分断されたものではない。サハー（娑婆）世界を離れて浄土は存在せず、サハー世界を穢土として厭《いと》い離れる必要もない。生も死も一つながりのものとなる。

それは、南条時光の母である上野尼に与えられた次の手紙『上野殿後家尼御返事』に示されている。

い（生）きてをはしき時は生《しょう》の仏、今は死の仏、生死《しょうじ》ともに仏なり。即身成仏と申す大事の法門、これなり。

生きておられる時は〝生《しょう》の仏〟であり、亡くなられた今は〝死の仏〟であって、生死《しょうじ》ともに仏だと言っている。

ここには、日蓮が「伝教大師云く」として引用していた「生死《しょうじ》の二法は一心の妙用《みょうゆう》」(7)（『大白牛《だいびゃくご》車書《しゃしょ》』）という考えが反映していると考えられる。「生」という在り方（法）も、「死」という在り方も、一つの生命（一心）に具わる不思議な働き（妙用）の二つの現われ方であるというのだ。

それは、ちょうど「水」と「波」の関係に似ている。風が吹けば波が生じる。風がやめば波は滅する。波の「生」と「滅」が、「生」と「死」に相当しているが、そこには「水」が変わることなく在り続けている。その水に、風が吹けば波が生じ、風がやめば波が滅するという現象が織りなされている。生命（一心）も、条件に応じて「生」と「死」の姿を現じているというのだ。

これは、先ほど触れた次の一節と同趣旨のことを言ったものである。

起は是れ法性の起、滅は是れ法性の滅。

これが『法華経』の教えであり、日蓮の死生観である。以上のことから、霊山浄土は、生存中に日々立ち還るべき生命の本源であり、死して後に還りゆくところと言えよう。

**註**

（1）yathābhūtaṃ paśyati はサンスクリット語だが、yathābhūtaṃ passati はパーリ語である。スリランカに伝えられた原始仏典はパーリ語で書かれている。

（2）普遍的なものを重視するインド人の思惟方法については、次を参照。植木雅俊著『江戸の大詩人 元政上人——京都深草で育んだ詩心と仏教』、中公叢書、二五四〜二五七頁。中村元著『インド人の思惟方法』、〈決定版〉中村元選集、第1巻、第二章、春秋社。

（3）拙著『江戸の大詩人 元政上人——京都深草で育んだ詩心と仏教』（中公叢書）、二三六頁。

（4）当初は、二〇〇〇年四月にインターネット上で公開されていたが、二〇一八年に松岡正剛著『千夜千冊エディション 面影日本』（角川ソフィア文庫）に収録された。なお、このシリーズの第千三百夜には、植木訳『梵漢和対照・現代語訳 法華経』上・下巻が取り上げられたが、二〇二一年に松岡正剛著『千夜千冊エディション 仏教の源流』（角川ソフィア文庫）に収録された。

（5）拙著『江戸の大詩人 元政上人——京都深草で育んだ詩心と仏教』（中公叢書）、一〇九頁。

（6）植木訳『サンスクリット版全訳 維摩経 現代語訳』の「第一章 ブッダの国土の浄化（仏国土品）」を参照。

（7）日蓮は「伝教大師云く」として引用しているが、平安時代末期の『牛頭《ごず》法門要纂《ほうもんようさん》』に出てくる一節である。

# 参考文献

## 【日本語文献】


植木雅俊著『仏教のなかの男女観』、岩波書店、二〇〇四年。

――『仏教、本当の教え――インド、中国、日本の理解と誤解』、中公新書、中央公論新社、二〇一一年。

――『思想としての法華経』、岩波書店、二〇一二年。

――『仏教学者　中村元――求道のことばと思想』、角川選書、ＫＡＤＯＫＡＷＡ、二〇一四年。

――『人間主義者、ブッダに学ぶ　インド探訪』、学芸みらい社、二〇一六年。

――『江戸の大詩人　元政上人――京都深草で育んだ詩心と仏教』、中公叢書、中央公論新社、二〇一八年。

――『今を生きるための仏教１００話』、平凡社新書、平凡社、二〇一九年。

――『梵文「維摩経」翻訳語彙典』、法藏館、二〇一九年。

――『梵文「法華経」翻訳語彙典』、法藏館、二〇二〇年。

――『法華経とは何か――その思想と背景』、中公新書、中央公論新社、二〇二〇年。

――『日蓮の女性観』、法藏館文庫、法藏館、二〇二三年。

――『パーリ文「テーリー・ガーター」翻訳語彙典』、法藏館、二〇二三年。

植木雅俊・橋爪大三郎著『ほんとうの法華経』、ちくま新書、筑摩書房、二〇一五年。

植木雅俊訳『梵漢和対照・現代語訳　法華経』、上下巻、岩波書店、二〇〇八年。

――『梵漢和対照・現代語訳　維摩経』、岩波書店、二〇一一年。

――『テーリー・ガーター　尼僧たちのいのちの讃歌』、角川選書、ＫＡＤＯＫＡＷＡ、二〇一七年。

――『サンスクリット版縮訳　法華経　現代語訳』、角川ソフィア文庫、ＫＡＤＯＫＡＷＡ、二〇一八年。

――『サンスクリット版全訳　維摩経　現代語訳』、角川ソフィア文庫、ＫＡＤＯＫＡＷＡ、二〇一九年。

――『日蓮の手紙』、角川ソフィア文庫、ＫＡＤＯＫＡＷＡ、二〇二一年。

風間喜代三著『印欧語の故郷を探る』、岩波新書、岩波書店、一九九三年。

金倉圓照編『インド哲学仏教学研究Ｉ　仏教学篇』、春秋社、一九七三年。

河合隼雄著『母性社会日本の病理』、中央公論社、一九七六年。

紀野一義・梅原猛著『永遠のいのち〈日蓮〉』、仏教の思想12、角川書店、一九六九年。

肥塚隆・田枝幹宏著『美術に見る釈尊の生涯』、平凡社、一九七九年。

坂本幸男・岩本裕訳注『法華経』上・中・下巻、岩波文庫、岩波書店、一九七六年。

静谷正雄著『インド仏教碑銘目録』、平楽寺書店、一九七九年。

関口真大校注『摩訶止観』上・下巻、岩波文庫、岩波書店、一九八九年。

ダグラス・ブリンクリー著、中村理香訳『ローザ・パークス』、岩波書店、二〇〇七年。

辻森要修訳・浅井円道校訂『国訳一切経　和漢撰述部　経疏部二　妙法蓮華経文句』、大東出版社、一九五九年。

中村元著『比較思想論』、岩波全書、岩波書店、一九六〇年。

――『インド人の思惟方法』、〈決定版〉中村元選集、第1巻、春秋社、一九八八年。

――『日本人の思惟方法』、〈決定版〉中村元選集、第3巻、春秋社、一九八九年。

――『インド史　Ⅱ』、〈決定版〉中村元選集、第6巻、春秋社、一九九七年。

――『仏弟子の生涯』、〈決定版〉中村元選集、第13巻、春秋社、一九九一年。

――『原始仏教の成立』、〈決定版〉中村元選集、第14巻、春秋社、一九九二年。

――『原始仏教の思想　Ⅰ』、〈決定版〉中村元選集、第15巻、春秋社、一九九三年。

――『原始仏教の思想　Ⅱ』、〈決定版〉中村元選集、第16巻、春秋社、一九九四年。

――『原始仏教の社会思想』、〈決定版〉中村元選集、第18巻、春秋社、一九九三年。

――『原始仏教から大乗仏教へ』、〈決定版〉中村元選集、第20巻、春秋社、一九九四年。

――『古代インド』、講談社学術文庫、講談社、二〇〇四年。

――『宗教における思索と実践』、サンガ、二〇〇九年。

中村元訳『ブッダの真理のことば・感興のことば』、岩波文庫、岩波書店、一九七八年。

――『ブッダ最後の旅――大パリニッバーナ経』、岩波文庫、岩波書店、一九八〇年。

――『仏弟子の告白――テーラガーター』、岩波文庫、岩波書店、一九八二年。

――『尼僧の告白――テーリーガーター』、岩波文庫、岩波書店、一九八二年。

――『ブッダのことば――スッタニパータ』、岩波文庫、岩波書店、一九八四年。

――『ブッダ　神々との対話――サンユッタ・ニカーヤ1』、岩波文庫、岩波書店、一九八六年。

――『ブッダ　悪魔との対話――サンユッタ・ニカーヤ2』、岩波文庫、岩波書店、一九八六年。

馮友蘭著、柿村峻訳『支那古代哲学史』、冨山房、一九四二年。

藤井教公著『法華経』、仏典講座7、下巻、大蔵出版、一九九二年。

プラトン著・藤沢令夫訳『メノン』、岩波文庫、岩波書店、一九九四年。

堀日亨編『日蓮大聖人御書全集』、創価学会、一九五二年。

松岡正剛著『千夜千冊エディション 面影日本』、角川ソフィア文庫、KADOKAWA、二〇一八年。

――『千夜千冊エディション 仏教の源流』、角川ソフィア文庫、KADOKAWA、二〇二一年。

柳宗悦著『南無阿弥陀仏』、岩波文庫、岩波書店、一九八六年。

立正大学宗学研究所編『昭和定本 日蓮聖人遺文』、第一～四巻、総本山身延久遠寺、一九五二～一九五九年。

中外日報創刊100周年記念「第7回日中仏教学術会議発表論文集――法華経思想と日中両国の文化」、中外日報社・中国社会科学院世界宗教研究所、一九九七年。


【辞典類】

荻原雲来編『梵和大辞典』、鈴木学術財団、講談社、一九七九年。

中村元著『縮刷版 佛教語大辞典』、東京書籍、一九八一年。

水野弘元著『パーリ語辞典』、春秋社、一九六八年。
M. Monier-Williams, *A Sanskrit-English Dictionary*, Oxford University Press, Oxford, 1899.

【欧米語文献】
Coulson, Michael; *Sanskrit — a complete course for beginners*, Teach Yourself Books, Hodder & Stoughton Ltd., 1976.
Kern, H. (tr.), *Saddharma-Puṇḍarîka, or the Lotus of the True Law*, Sacred Books of the East, vol. 21, Clarendon Press, Oxford, 1884; reprinted by Motilal Banarsidass in Delhi, 1965.
Speijer, J. S., *Sanskrit Syntax*, reprinted by Bodhi Leaves Corp. in Delhi, 1973.
Ueki, Masatoshi, *Gender Equality in Buddhism*, Asian Thought and Culture series vol. 46, Peter Lang Publ. Inc., New York, 2001.
Wang, Robin, (ed.), *Images of Women in Chinese Thought and Culture*, Hackett Pub. Co. Inc., Massachusetts,

2003. 筆者と妻の植木眞紀子らとの共著。

## 【梵語と巴利語文献】

*Aṅguttara-nikāya*, vol. I, P.T.S., London, 1885.
*Aṅguttara-nikāya*, vol. II, P.T.S., London, 1955.
*Dhammapada*, P.T.S., London, 1994.
　邦訳は、
　　中村元訳『ブッダの真理のことば・感興のことば』、岩波文庫、岩波書店、一九七八年。
*Dīgha-nikāya*, vol. I, P.T.S., London, 1889.
*Dīgha-nikāya*, vol. II, P.T.S., London, 1903.
　この経所収の一つ *Mahā-parinibbāna-suttanta* の邦訳が、
　　中村元訳『ブッダ　最後の旅』、岩波文庫、岩波書店、一九八〇年。
*Dīgha-nikāya*, vol. III, P.T.S., London, 1910.
*Jātaka*, vol. I, P.T.S., London, 1877.
*Majjhima-nikāya*, vol. III, P.T.S., London, 1899.
*Milinda-pañha*, P.T.S., London, 1880.
*Ṛgveda*, Part V–VII, edited by Vishva Bandhu, Vishveshvaranand Vedic Research Institute, Hoshiarpur, 1964.
*Saddharma-puṇḍarīka-sūtra*, edited by Jan Hendrik Kasper Kern and Bunyiu Nanjio, Bibliotheca Buddhica X, St. Petersburg, 1908–1912; reprinted by Motilal Banarsidass in Delhi, 1992.
*Saṃyutta-nikāya*, vol. I–Ⅲ, P.T.S., London, 1884.
　邦訳は、
　　中村元訳『ブッダ　神々との対話』、岩波文庫、岩波書店、一九八六年。
　　中村元訳『ブッダ　悪魔との対話』、岩波文庫、岩波書店、一九八六年。
*Suttanipāta*, P.T.S., London, 1913.
*Thera-gāthā*, P.T.S., London, 1883.
*Therī-gāthā*, P.T.S., London, 1883.

# あとがき

二〇二四年は、私にとっていろいろな意味で意義ある年である。私の少年時代のことを元にした小説『サーカスの少女』（コボル刊）の舞台であり、私の遊び場であった故郷の島原城の築城四百年に当たる。その小説は、島原市の築城四百年記念事業の一環として出版された。私の通った小学校、中学校、高校の校舎も運動場もすべてが二の丸と三の丸の跡地に収まっていた。

本丸には、五層で三十三メートルの高さの天守閣がそびえ、その外郭は東西約三百六十メートル、南北約千二百六十メートル。周囲に約三千九百メートルの塀をめぐらせて、要所には大小十六の櫓《やぐら》を配置していた。四万石にしては、巨大すぎる城である。子どもの頃から毎日、この城を見て育ち、「これがお城というものだ」と思っていた。ところが、徳川家康（一五四二～一六一六）ゆかりの岡崎城や、上杉鷹山《うえすぎようざん》（一七五一～一八二二）ゆかりの米沢城を訪ねて、その小ささに愕然《がくぜん》とした。

それだけ過分の城だから、築城による出費は、極限に達し、あらゆる名目で重税を課した。そこへ、一六三七年の大旱魃《かんばつ》があった。それにもかかわらず、城主は情け容赦《ようしゃ》なく重税を取り立てた。島原の乱（一六三七年）が起こるのも当然であった。

私の父は、従業員にお金を持ち逃げされたため、事業が倒産し、自宅を追われ、島原城のそばの農家の倉庫を改造した部屋に移り住んだ。どん底の生活からの再起であった。幸いなことに心の温かい人たちとの出会いで、家族は心が折れることなく楽しい日々を過ごすことができた。そんな思い出が、この島原城とともにあった。そんな我が家の前の原っぱには、毎年三月になるとサーカスの一座がやってきて、動物園のようになった。小説には、その頃のことを書いた。

また、本年は「西の元政《げんせい》、東の芭蕉」「江戸時代随一の詩人」と言われた元政上人（一六二三〜一六六八）の生誕四百一年目に当たる。二〇一七年に池上本門寺で行なわれた「元政上人第350遠忌《おんき》報恩法要」で「元政上人の詩歌《しいか》と仏教」と題して記念講演をさせていただいた。その没後三百五十年を記念して『江戸の大詩人　元政上人――京都深草で育んだ詩心と仏教』（中公叢書）を二〇一八年に出版した。『法華経』の思想が日本文学に多大な影響を与えていたということを知る機会となった。

元政上人は、二〇一五年まで私にとって未知の人であったが、私財をなげうって半世紀以上にわたって元政上人の墨蹟《ぼくせき》を収集してこられた萩原是正《ぜしょう》さん（一九二七〜二〇二一）という住職が『深草元政上人墨蹟』上下巻（大神山隆盛寺《おおがみやまりゅうじょうじ》、約四〇〇頁、二〇一六年刊、望月《もちづき》学術賞受賞）を出版することになり、その編集を担当された岩波書店の元編集部長・高村幸治さんの依頼で、その解説（原稿用紙約百枚）を書くことになって初めて聞いた名前であった。テーマが文学だけでなく、仏教にまで及ぶことから、執筆を引き受けてくれる人がなかなか見つからず、やむなく私に依頼してこられた。私にとって、高村さんは大恩人であり、断わるわけもいかず、引き受けることにした。ところが、その文章と詩歌を拝見して、目が覚めるような明晰さで、心の雄大な世界が描かれていたのには、いつの間にか、時間が経つのも忘れて、『法華経』の思想に基づいた元政上人の文学の世界に引き込まれてしまった。

また、私が自信喪失し、自己嫌悪に陥っていた学生時代に、原始仏教の思想に関する中村元《なかむらはじめ》先生（一九一二〜一九九九）の著書と出会い、それを乗り越えることができたことで、物理学と併せて仏教学を学ぶようになって、まさに五十年になる。その間、多くの人々に激励され、アドバイスを受けることができたことに感謝申し上げたい。

社会人となってからも、仏教学を学び続けていたが、三十代後半になって独学の限界にぶつかった。そんな時に、中村先生との出会いがあった。私が独学の限界にぶつかり、サンスクリット語も学ばなければならないと痛感していることを聞かれて、中村先生は、「東方学院にいらっしゃい」と言ってくださった。こうして、亡くなられる最晩年の十年近く、中村先生から毎週三時間の講義を受けることができた。その時、原始仏教の思想についての中村先生の著作を貪るように拝読し、講義の場で質問させていただいた。中村先生の講義を通して、私の仏教学の学び方に大きな転換があった。人間の真理の探究が普遍的であればあるほど、あらゆる宗教にも通ずるはずであり、仏教学を普遍的な視点で学ぶことの大切さを知ったのだ。このようにして、中村先生の下で学んでいることを喜んで下さっている人がいたのは、ありがたかった。

中村先生が亡くなられる一年四カ月前の一九九八年六月のことだった。「博士号を取りなさい」と言われた。日本は肩書社会で、論文や著書ではなく、肩書でしか人を評価しようとしないからです――とおっしゃった。私の専門が物理学であったことについても、「仏教学以外をやってこられたからこそ、見えるものがあります。異なる視点で見るからこそ、仏教学の可能性が開かれます」とも言ってくださった。この言葉にずっと支えられてきた。

博士論文のテーマは、その頃「仏教は女性差別の宗教だ」とする出版が相次いでいたことから、「仏教におけるジェンダー平等の思想」とした。インド仏教にさかのぼって、仏教の女性観が時代とともにどのような変遷を経たのかということを漢訳や、日本語で書かれた二次的、三次的文献ではなく、インドの原典からとらえなおすことにした。

インドの原典からの考察となり、大学の図書館で閲覧できるサンスクリット原典の必要なものは、すべて自分で翻訳して引用し、論文をまとめてお茶の水女子大学に提出した。幸いにも人文科学においては同大学で男性初の博士号を取得することができた。その論文は、岩波書店から『仏教のなかの男女観』(二〇〇四年)として出版され、その後、『差別の超克――原始仏教と法華経の人間観』(二〇一八年)というタイトルに改めて講談社学術文庫に収められた。

サンスクリット語からの翻訳には、当然『法華経』も含まれていた。ところが、自分の訳と、岩波文庫『法華経』の岩本裕《いわもとゆたか》氏(一九一〇~一九八八)によるサンスクリット語からの訳を突き合わせてみると、異なっている箇所が多かった。調べれば調べるほど、岩本訳の問題点が目についた。筑波大学名誉教授で、中村先生の後を継いで東方学院長になられた三枝充悳《さいぐさみつよし》先生(一九二三~二〇一〇)に相談すると、「自分で納得いく訳を出しなさい」と激励された。そして八年がかりで、全文をサンスクリット語から現代語訳し、『梵漢和対照・現代語訳 法華経』上下巻(岩波書店、二〇〇八年、毎日出版文化賞受賞）として出版された。

それによって、東京工業大学・世界文明センターの非常勤講師として、大学院生に対して「思想としての法華経」という集中講義を二〇一〇～二〇一一年に行なった。その講義内容をもとに岩波書店から『思想としての法華経』を二〇一二年に出版することができた。

その拙著に注目してくださった方がいた。ＮＨＫ－Ｅテレ『１００分de名著』のプロデューサー・秋満吉彦氏（一九六五～）である。そのおかげで、二〇一八年四月に放送された「１００分de名著　法華経」という番組で〝指南役〟を務めることになった（二〇一九年十一月に再放送）。『法華経』に対する関心が高まり、皆さんからの文庫化の要望が強かったこともあって、『サンスクリット版縮訳　法華経　現代語訳』（角川ソフィア文庫）を二〇一八年に出版した。

そして、二〇二二年の日蓮生誕八百年を前にして、角川ソフィア文庫編集長の大林哲也氏（当時）と、秋満氏の三人で懇談中に、大林氏から日蓮関係の本を書けないかと提案された。その場で『日蓮の手紙』ならいいのではないかと話がまとまった。その日から、日蓮の手紙をはじめとする著作を集中的に読んだ。そして、二〇二一年七月に『日蓮の手紙』（角川ソフィア文庫）として出版することができた。

それをもとに、二〇二二年二月に「１００分de名著　日蓮の手紙」が放送された（二〇二三年三月に再放送）。

この番組が放送された直後の二〇二二年春のことだった。一六五四年に彫られた版木をもとに、日蓮生誕五百年に当たる一七二一年に京都で重版された要法寺版『御義口伝鈔』という古文書を

NHK文化センターの受講者の方が持参され、私に下さった。それは、奇《く》しくも満で日蓮生誕八百年にあたる二〇二二年のことだった。何だか、「この書について学んで、現代に問え」と私に次の課題が与えられたかのような思いになった。

これをきっかけとして、じっくりとこの書に取り組んだ。本書は、世間にあまり知られておらず、読む人もほとんどなかったようだ。ところが、読んでみると、極めて人間主義的な思想が展開されていることに驚いて、本書をまとめた。

「シンクロニシティー」という言葉を知ったのは、数年前のことであった。「共時性」と訳されているそうだが、この年齢になると、いろいろな出会いが偶然とは思えないことが多くなった。時の必然としか思えないことが多い。

中村元先生との出会いを通して、東方学院でサンスクリット語と、原始仏教を中心に仏教思想を学び、『法華経』、さらには『維摩経』をサンスクリット語から翻訳することになり、次に『日蓮の手紙』の執筆を角川ソフィア文庫の編集長（当時）から依頼され、そして『御義口伝』に取り組むことになった。この順番がよかった。このように、原始仏教、『法華経』、日蓮と、通して読んでくると、その三者に一貫するものがあり、それぞれが連動していて、『御義口伝』も無理なく理解できた気がする。

本書の原稿が出来上がり、筑摩選書編集部長の松田健氏に読んでもらった。その感想として、「感銘しました」「本来の仏教がいかなるものであったのかが、よく分かります」「日蓮が、現代人から見ても、とても近代的な考え方の持ち主であったことに驚きました」——といったことを語られた。「近代的な考え方」という感想は、ＮＨＫ－Ｅテレ『100分de名著　日蓮の手紙』を収録する時、司会の安部みちこアナウンサーも語っていたことである。それは、日蓮が〝月《げっ》水《すい》〟（月経）について記した、次の言葉についての感想であった。拙訳『日蓮の手紙』（角川ソフィア文庫、四四四頁）から現代語訳を引用する。

月経というものは外からやってくる不浄（穢《けが》れ）ではありません。単に女性の体に生理現象として周期的に現われる変調であり、生命の種を継承する原理に基づいたものであり、また〔その時に体調が崩れるのも〕長病《ながわずらい》のようなものにすぎません。それは、例えば屎尿《しにょう》が人体から排泄《はいせつ》されますけれども、浄化し清潔にすれば、何の忌《い》み嫌《きら》うこともないのと同じです。〔月経というものは〕この程度のものではないでしょうか。（『月水御書』）

この言葉は、現在においても先端を行っていて、こんな考え方を十三世紀の日蓮が持っていたのには驚かされる。それに匹敵することが、この『御義口伝』には随所に見られた。松田氏の感想も〝むべなるかな〟である。

松田氏とは、二〇一二年以来の付き合いである。その年、東京工業大学で拙著『仏教、本当の教え』（中公新書）を教材として、「仏教の比較文化論」というインド、中国、日本の仏教受容の仕方を比較する授業を担当していた。ある日、学生にしては少し年食った男性が、教室の最後列に座っていた。講義終了後、「橋爪大三郎先生と『法華経』についての対談の本を出しませんいた。

か？」と言われた。それが松田氏であった。対談は、恐れ多いことだと思い、辞退させていただ

ところが、その後も、何度も熱心に声をかけられて、断り切れなくなって、二〇一五年に三回の対談を行なった。正午頃から五時、六時まで、矢継ぎ早に質問を浴びせられ、必死で答えるといった過酷な対談で、終わった時は、毎回、身も心もくたくたになり、何もやりたくない虚脱感に襲われたものだった。その対談を読まれた秋満氏は、「橋爪氏の厳しい質問攻めにもたじろぐことなく、たんたんと答えられているのが印象的であった」とどこかに書いておられた。

松田氏は、その三回の対談に辛抱強く付き合われ、それが『ほんとうの法華経』（ちくま新書）として、二〇一五年に出版された。そういう関係もあったので、本書の出版を相談したところ、二週間後に「出版させてください」と即決してくださった。

出版を快諾してくださった松田健氏、および筑摩選書編集部の皆さんに感謝申し上げる次第である。

二〇二四年二月十一日

植木雅俊

長年、仏教学を学ぶという私の〝我がまま〟を許容し、「をとこ（夫）のしわざは、め（妻）のちからなり」として支え続けてくれた最強の同志にして、最愛の我が妻・眞紀子との四十三回目の結婚記念日に感謝を込めて。

# 索引

**か行**

## さ行

**た行**

**な行**

## は行

## ま行

**や行**



**ら行**



**わ行**

**植木雅俊** うえき・まさとし

仏教思想研究家・作家。一九五一年、長崎県島原市生まれ。九州大学理学部物理学科卒。理学修士（九州大学）、文学修士（東洋大学）、人文科学博士（お茶の水女子大学）。東方学院で中村元氏からインド思想・仏教思想論、水野善文氏からサンスクリット語を学ぶ。著書『仏教、本当の教え――インド、中国、日本の理解と誤解』『法華経とは何か――その思想と背景』（以上、中公新書）、『ほんとうの法華経』（橋爪大三郎氏との共著、ちくま新書）、『日蓮の女性観』（法藏館文庫）、『梵文『法華経』翻訳語彙典』上・下巻（法藏館）ほか。訳書に『梵漢和対照・現代語訳　法華経』上・下巻（岩波書店、毎日出版文化賞受賞）、『梵漢和対照・現代語訳　維摩経』（岩波書店、パピルス賞受賞）、『サンスクリット版縮訳　法華経　現代語訳』『日蓮の手紙』（以上、角川ソフィア文庫）ほか。小説に『サーカスの少女』（コボル）。

筑摩選書 0281

# 日蓮《にちれん》の思《し》想《そう》
## 『御義《おんぎ》口《く》伝《でん》』を読《よ》む

二〇二四年六月一五日　初版第一刷発行

著　者　植木《うえき》雅俊《まさとし》

発行者　喜入冬子

発行所　株式会社筑摩書房
東京都台東区蔵前二-五-三　郵便番号 一一一-八七五五
電話番号　〇三-五六八七-二六〇一（代表）

装幀者　神田昇和

印刷 製本　中央精版印刷株式会社


ISBN978-4-480-01799-4 C0315